中国人民大学经济学院教授文选

毛振华自选集

毛振华 著

中国人民大学出版社
·北京·

图书在版编目(CIP)数据

毛振华自选集/毛振华著. --北京：中国人民大学出版社，2020.7
(中国人民大学经济学院教授文选)
ISBN 978-7-300-28283-1

Ⅰ.①毛… Ⅱ.①毛… Ⅲ.①经济学-文集 Ⅳ.①F0-53

中国版本图书馆 CIP 数据核字（2020）第 111164 号

中国人民大学经济学院教授文选
毛振华自选集
毛振华　著
Mao Zhenhua Zixuanji

出版发行	中国人民大学出版社		
社　　址	北京中关村大街 31 号	邮政编码	100080
电　　话	010-62511242（总编室）		010-62511770（质管部）
	010-82501766（邮购部）		010-62514148（门市部）
	010-62515195（发行公司）		010-62515275（盗版举报）
网　　址	http://www.crup.com.cn		
经　　销	新华书店		
印　　刷	北京联兴盛业印刷股份有限公司		
规　　格	158 mm×236 mm　16 开本	版　　次	2020 年 7 月第 1 版
印　　张	17.75 插页 4	印　　次	2020 年 7 月第 1 次印刷
字　　数	301 000	定　　价	88.00 元

版权所有　侵权必究　印装差错　负责调换

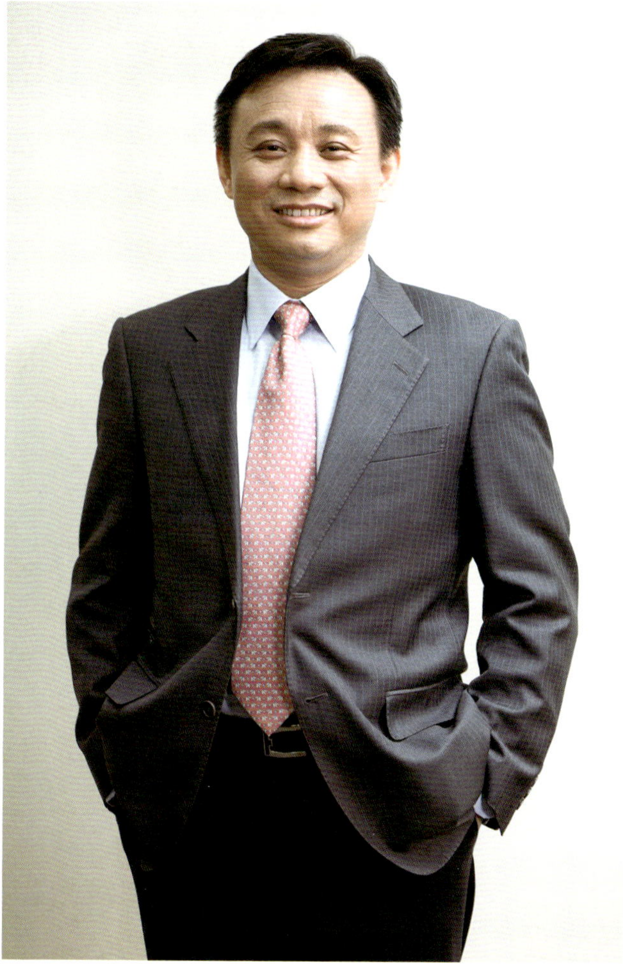

始终奋进在时代前列
——《中国人民大学经济学院教授文选》总序

八十载栉风沐雨，八十载薪火相传。作为中国共产党亲手创办的第一所新型正规大学，中国人民大学从1937年陕北公学的战火中走来，始终秉持"立学为民、治学报国"的办学宗旨，与党和国家同呼吸、共命运，勤俭办学，艰苦奋斗，积极探索，求真务实，为马克思主义在中国的传播和普及，为我国哲学社会科学的发展和繁荣，为社会主义革命、建设和改革事业做出了卓越的贡献。

从1939年陕北公学政治经济学研究室设立，到1950年成立经济计划系和经济系，再到1998年组建经济学院，中国人民大学经济学科穿越抗战的烽火，伴随着新中国的诞生，成长于改革开放的大潮中，历经数十载风雨洗礼，始终奋进在时代的前列，为马克思主义经济学的教学研究和宣传普及，为新中国经济理论的构建与完善和经济管理人才的培养，为改革开放和社会主义现代化事业，做出了重要的贡献，创造出辉煌的业绩。

中国人民大学经济学院实力雄厚，享誉全国，是新中国经济学科的重要奠基者与开拓者，是中国经济学教学、科研、人才培养和社会服务的重要基地。拥有理论经济学、应用经济学2个国家重点一级学科，政治经济学、西方经济学、国民经济学和区域经济学4个国家重点二级学科，世界经济学为北京市重点二级学科。在2004年、2008年和2012年连续三轮国家重点一级学科评估中，理论经济学、应用经济学名列全国第一。学院有国家百家重点人文社会科学研究基地和国家经济学基础人才培养基地，是2011中国特色社会主义经济建设协同创新中心和全国中国特色社会主义政治经济学研究中心。作为中国经济学教育与研究的旗舰，经济学院群英荟萃，名师云集，创造出了大批高质量、具有重大影响的优秀科研成果，在宣传和研究马克思主义经济理论、引进与研究外国经济思想和现代西方经济理论以及创建中国经济学学科体系、探索改革开放的理论与政策、培养经济学理论和实践人才等方面，始终保持着国内领先的地位。

为献礼学校八十周年华诞，梳理我校经济学科学术研究的发展脉络，经济学院于校庆之际出版了《中国人民大学经济学院教授文选》丛书。丛书集中展现了当前老中青教授队伍的学术思想和研究成果，体现了优良学术传统的继承与发扬,具有重要的历史价值、理论贡献和现实意义。每位教授在不同时期的研究成果的集合,既可以被看作中国人民大学经济学科发展的历史缩影,也在某种程度上是中国经济学研究发展的历史缩影,以及马克思主义经济学在中国发展的历史缩影。《中国人民大学经济学院教授文选》的出版,旨在向老前辈致敬、为新生代搭台,追本溯源、面向未来,总结历史、指导现实,发掘中国人民大学经济学者在不同时期关注社会重大问题的济世情怀,追踪一批社会重要问题的发展过程,也致力于解决当下的重大现实问题,更好地发挥高校的"智库"作用,具有重要的理论价值与现实指导意义。

潮平两岸阔,风正一帆悬。中华民族的伟大复兴,必然伴随理论的繁荣兴盛,赋予中国经济学光荣的历史使命。在新的发展时期,中国人民大学经济学院将承前启后,继往开来,全面贯彻落实党的教育方针,以"立德树人"为根本宗旨,立足中国、面向世界,扎根历史、服务人民,开放融通、兼容并包,努力构建具有中国气派、中国风格、中国特色的经济学体系,推进中国特色哲学社会科学理论体系的完善与创新,增强理论的自觉自信,不辱使命、不负重托,在建设世界一流经济学院和经济学科的进程中做出新的贡献,创造新的辉煌。

由于时间和篇幅有限,还有许多老师的优秀论文未及收录,是为憾!

序

本书选编的是我在零九工作时期公开发表的论文。我于1979年9月进入武汉大学政治经济学系政治经济学专业学习，开始与经济学结缘，迄今已逾四十年。1983年我大学毕业，第一份工作在湖北省统计局综合处，两年后调入湖北省委政策研究室，先后在战略研究处和综合处工作。1988年6月我被借调到海南建省筹备组，起草第一届海南省政府工作报告，建省后调入海南省政府研究中心担任综合处副处长。1990年我到国务院研究室工作。在1992年我到办中国诚信证券评估有限公司某，我基本上在政府的研究机构工作，写了一些论文和研究报告。收入本集的这些文章，基本上不是我的工作任务，而是业余时间写作而就的。

2006年，我加入中国人民大学，被聘为经济研究所联席所长、教授、博士生导师。我把研究的重总攻击宏观杠杆问题分析与政策研究上，并和杨瑞龙教授、刘元春教授一起创办了"中国宏观杠杆论坛"。我们研究团队每个季度发布一次研究报告，我几乎参加了每一次论坛，撰写过主报告和分报告，也发表了一些文章。值得回忆的有三件事：一是我在2009年6月发表了一次高速增长阶段的"中国经济"的报告，是国内较早分析认为支持中国经济超高速增长的因素已在衰减甚至逆转（趋势性状态），随着性因素升级、结构转变也会带来一些新的增长动力，中国经济将进入次高速增长阶段。这个提法曾被官方采用，只是后来被"中高速"、最后被"新常态"所替代，但表述的内容大体上是差不多的。二是我一直关注债务问题，把债务扩张的路径、救援后对宏观经济的影响、把杠杆、有效债务边界、债务结构调整和风险等陆续发表了一系列的文章，被决策层和学术界所关注。还在2016年中期，我发表"中国经济改革的底线思维"的报告，第一次把中国公共吃流传目标和对应的政策工具称归纳为控增长和防风险，提出"双底线"概念，并建议2016年起应转为以防风险为主，还与后来中央的政策高度契合。本书也收录了几篇这一时期的文章。

最近的研究成果是关于健康经济学的。我注意到，健康经济学关注生产力和生产要素的领域较多，而对人本身的研究较少。我们人类对自身的认知，恰恰是需要再进化的，需要从经济学角度加以分析研究。过去我们追求对稀缺资源的合理有效配置，希望创造更多财富，越来越高的资产负债，导致繁荣和危机的不断轮替更换。但是，更健康的人类才是我们更应追求的目标。这方面的研究还有待于进一步深化。我也选了两篇这方面的文章，见证了我研究领域的拓展和新的起点。

本书所选文章，均以发表时的原文列出，未作任何修改。

附录还收录了两篇非学术文章，一篇是追思

3

我的导师董辅礽先生的，第一册是追思董先生的导师张培刚先生的。他们是伟大的学者，也是平凡的老师。经济学研究是一项长期持续的工作，是一代一代学者在不同的时代对中国经济发展的个人解读和领悟。学术薪火相传，我们学术身躯上，流淌着老师的血液。我是继承者，也是接棒者。我自知难以达到我的老师，和我的老师的老师，他们所达到的学术高度。但我也希望能以努力终为中国经济学大厦添砖加瓦，成为这厚厚的历史堆砌中，留存的一粒尘埃。

毛振华
2020年3月，因应对新冠病毒COVID-19宅于北京寓所

序

本书选编的是我在多个工作时期公开发表的论文。我于1979年9月进入武汉大学政治经济学系政治经济学专业学习，开始与经济学结缘，迄今已逾四十年。1983年我大学毕业，第一份工作在湖北省统计局综合处，两年后调入湖北省委政策研究室，先后在战略研究处和综合处工作。1988年6月我被借调到海南建省筹备组，起草第一届海南省政府工作报告，建省后调入海南省政府研究中心担任经济处副处长。1990年我到国务院研究室工作。在1992年我创办中国诚信证券评估有限公司前，我基本上在政府的研究机构工作，写了一些论文和研究报告。收入文集的这些文章，基本上不是我的工作任务，而是业余时间写作而就的。

2006年，我加入中国人民大学，被聘为经济研究所联席所长、教授、博士生导师。我把研究的重点放在宏观经济动态分析与政策研究上，并和杨瑞龙教授、刘元春教授一起创办了"中国宏观经济论坛"。我们研究团队每个季度发布一次研究报告，我几乎参加了每一次论坛，撰写过主报告和分报告，也发表了一些文章。值得回忆的有三件事：一是我在2009年9月发表了《次高速增长阶段的中国经济》的报告，是国内最早分析认为支撑中国经济超高速增长的因素已经衰减甚至逆转，但韧性犹在，除惯性因素外，结构转型也会带来一些新的增长动力，中国经济将进入次高速增长阶段（的文献）。这个提法曾被官方采用，只是后来被"中高速"、最后被"新常态"所替代，但表述的内容，大体上是差不多的。二是我一直关注（中国的）债务问题，就债务扩张的路径、效能及对宏观经济的影响、杠杆率、有效债务边界、债务结构调整和风险累积发表了一系列的文章，被决策层和学术界所关注。三是在2016年中期，我发表（题为）《中国经济政策的双底线思维》的报告，第一次把中国的宏观经济目标和对应的政策工具箱归纳为稳增长和防风险，提出"双底线"概念，并建议2016年起应转为以防风险为主，这与后来中央的政策高度契合。本书也收录了几篇这一时期的文章。

最近的研究成果是关于健康经济学的。我注意到，传统经济学关注生产力和生产关系的领域较多，而对人本身的研究较少。我们人类对自身的认知，恰恰是需要再进化的，需要经济学角度的分析研究。过去我们追求对稀缺资源的合理有效配置，希望创造更多财富，越来越高的货币化，导致繁荣与危机的不断轮替更换。但是，更健康的人类才是我们更应追求的目标。这方面的研究还有待于进一步深化。我也选了两篇这方面的文章，见证了我研究领域的拓展和新的起点。

本书所选文章，均以发表时的原文刊出，未做任何修改。

附录还收录了两篇非学术文章，一篇是追思我的导师董辅礽先生的，另一篇是追思董先生的导师张培刚先生的。他们是伟大的学者，也是平凡的老师。经济学研究是一项长期持续的学术劳作，是一代一代学者在不同的时代对社会经济发展的个人解读和领悟。学术薪火相传，我的学术身躯上，流淌着老师的血液。我是继承者，也是探索者。我自知难以达到我的老师，和我的老师的老师，他们所达到的学术高度，但我也希望自己的努力能为中国经济学大厦添砖加瓦，成为这厚厚的历史堆积中，留存的一粒尘埃。

毛振华

2020 年 3 月，因应对新冠病毒 COVID-19 宅于北京寓所

目 录

从历史和现状看武汉市经济发展战略和突破口的选择
 （一九八六年三月） ……………………………………… 1

湖北省产业政策的思考
 （一九八六年九月） ……………………………………… 10

振兴湖北经济应实现战略转向
 ——关于湖北省1986年经济形势分析和1987年对策的研究报告
 （一九八七年三月） ……………………………………… 14

简论新形势下的国民经济综合平衡和宏观动态调节
 （一九八七年十月） ……………………………………… 26

完善海南宏观调控的初步探讨
 （一九九〇年四月） ……………………………………… 35

利用外商投资改造大中型企业
 （一九九二年二月） ……………………………………… 39

国有大中型企业直接融资浅析
 （一九九七年十月） ……………………………………… 46

国有企业改革与资本市场
 （一九九八年十月） ……………………………………… 50

关于有效需求不足和金融危机
 （二〇〇〇年十月） ……………………………………… 59

中国民营企业的扩张和融资道路的选择
 （二〇〇六年七月） ……………………………………… 66

中国经济将步入次高速周期
 （二〇〇九年十月） ……………………………………… 76

促进经济增长源泉的转换
 （二〇〇九年十一月） …………………………………… 81

地方政府仍有发债空间
 （二〇一二年三月） ……………………………………… 89

去杠杆是大改革、大转型的切入点
 （二〇一三年十二月） …………………………………… 96

1

大腾挪——新常态下的经济格局
　　（二〇一五年八月） ……………………………………… 102
近年来中国宏观调控和经济政策的特征分析
　　（二〇一六年九月） ……………………………………… 108
转型与发展：中国经济与政策十年
　　（二〇一六年十月） ……………………………………… 120
稳增长和防风险双底线下的宏观经济
　　——2016年宏观经济形势分析与2017年预测
　　（二〇一七年一月） ……………………………………… 141
监管强化与风险释放的平衡
　　（二〇一七年七月） ……………………………………… 175
"一带一路"沿线国家吸引国际直接投资的制度建设研究
　　——中国"渐进式改革"经验与借鉴
　　（二〇一七年十月） ……………………………………… 180
当前我国地方政府债务风险与融资平台转型分析
　　（二〇一八年五月） ……………………………………… 199
改革开放的受益者和推动者
　　（二〇一八年九月） ……………………………………… 221
经济改革中"人"的作用
　　（二〇一九年二月） ……………………………………… 226
提高股本率是民营企业发展的必然选择
　　（二〇一九年十一月） …………………………………… 230
加快发展中国特色的健康经济学
　　（二〇二〇年二月） ……………………………………… 241
附录一：董辅礽先生走得问心无愧
　　（二〇〇四年八月） ……………………………………… 261
附录二：半生遗憾张培刚
　　（二〇一一年十二月） …………………………………… 268

从历史和现状看武汉市经济发展战略和突破口的选择

(一九八六年三月)

武汉市的发展战略，必须从武汉市的实际情况出发。从纵的方向看，要立足于武汉的历史和发展并找出成因尤其是当时的各种基础条件；从横的方向看，要认识武汉在全国、全省所处的地位和本身的特点。以此为基础，才能分析武汉的优劣势，确定发展战略和突破口。本文试图在考察武汉经济历史和现状的基础上做一初步分析。

一、武汉历史上是我国中部的经济中心，依靠交通流通起家，逐渐发展成多功能的城市

武汉地处我国腹地中心，是长江和汉水的交汇处，也是历史上连接华北大平原、长江中下游平原和华南丘陵至珠江三角洲的交通要道咽喉，素有"九省通衢"之称。随着商品经济的发展，武汉首先是一个商业城市，进而发展成为商业-手工业城市。明末清初，汉口与景德镇、佛山镇、朱仙镇并列为我国四大名镇，逐步形成内地最大的交通流通中心，也成为工业生产中心和近代工业的发祥地之一。

武汉依据交通流通特别是交通优势起家，逐渐发展成为多功能的城市。决定武汉这一发展过程的重要因素有：

武汉所处的地理位置和当时的交通条件。水运一直是我国古、近代最主要和最便利的运输方式，而武汉正好是汉水与长江的交汇处；在陆路，武汉正处平原地区的中心地带和古近代交通要道通过地，在没有机械动力运输工具的情况下，也是先通过马车或人力运输至武汉再转水运；同时，由于长江天堑不能逾越，在有了先进运输工具后，武汉更成为全国最重要的转运和集散地。京汉、粤汉铁路的先后建成通车并被长江隔断，使武汉成为我国东西南北两条大动脉的十字交汇点和物质交流的中心，所以在中国经济最发达的抗战前夕，武汉在全国的地位进一步加强，因此考察武汉市的兴起和发展，是不能离开交通条件的。

交通条件和商品交换的水平，使武汉成为重要的流通中心，国内外贸易均较发达。抗战前夕，武汉每年集中湖北、湖南、江西的大米400万担①，集中湖北的棉花100多万担，集中湖北、四川、湖南的桐油近100万担，集中湖北、湖南、河南、江西、安徽、山东、四川、云南、贵州等地的牛皮100万张以上，西北、西南的生漆、竹木、瓷器、烟叶等都运销武汉。武汉对外贸易发展较早、规模较大。1911年汉口贸易额曾一度超过天津、广州，仅次于上海。据统计，1936年从汉口输出的石膏占全国99%，桐油占80%，棉花和铁矿砂各占40%，茶叶占34.6%，猪鬃占16.4%。抗战前武汉有外商洋行140多家。

武汉周围物产丰富、交通便利，流通中心的功能、商品交换的开放性以及帝国主义经济侵略客观带来的先进生产力，使武汉也成为近代工业的发祥地之一，由商业城市发展为工业生产基地。1936年武汉曾拥有纱锭24万余锭，布机3 000多台，仅次于上海，居全国第二位，其他如米面、卷烟、火柴、肥皂、榨油等也有一定规律。据1933年统计，武汉登记的各类工厂500余家（300人以上使用动力的），工人57 000余人，还有手工业作坊1 200多家，从业人员近5万人。

武汉不仅是内地最大的经济中心，也是具有全国影响力的政治、文化中心。

二、武汉在新中国成立后的发展和现状：经济发展很快，但在全国"两通"中心的地位已随经济建设特别是交通建设布局全面展开而失色

新中国成立后，武汉成为全国重点建设地区之一，从1950年到1983年，国家对武汉建设投资共162.6亿元，先后新建了武钢、武重、武船、武锅、肉联、葛化、三五〇六、国棉一厂和二厂、武汉石油化工厂等一大批大中型骨干企业，1983年全市工业企业达4 009个，其中大中型企业118个。现在武汉已建设成为一个以钢铁、机械、纺织为主，其他工业具有一定规模的门类比较齐全的重要工业基地。1982年工业固定资产达114亿元，其中全民所有制工业为105亿元，比1949年增加51.5倍。在全国44个工业门类中，武汉有40个，在156个细类中，武汉已有145个。

---

① 中国市制重量单位，一担等于50千克。

1983年全市工业总产值达124亿元，比1949年增长61.5倍，比1978年增长75%。现在武汉是全国五大冶金、四大造船和五大纺织工业基地之一。武汉商业也有较快发展，1983年社会商品零售总额达到30.4亿元，比1952年增长6倍，比1979年增长74%。

武汉在全国占有比较重要的地位。在全国19个中心城市中，武汉的工业总产值、工业固定资产（原值）仅低于京津沪，居第四位；钢材、卷烟产量居第二位；棉纱棉布产量居第三位；工业利税总额、职工人数居第五位；社会商品零售总额居第六位；财政收入居第七位；科技力量仅次于北京、上海两市，居第三位。

武汉对湖北省来说举足轻重，一些重要指标占全省的比重都很大，如表1所示（湖北省统计局1948年数字）。

表1 社会总产品各部分增长情况

项目	武汉占全省比重（%）	项目	武汉占全省比重（%）
工业总产值	39.8	工业利税总额	43.2
工业固定资产	39.0	钢材产量	72.6
工业利润总额	46.6	原油加工量	35.4
烧碱产量	63.5	手表产量	99.3
机床产量	39.4	洗衣机产量	85.6
收音机产量	60.1	电风扇产量	64.1
电视机产量	57.0	卷烟产量	35.1
棉纱产量	38.0	职工人数	35.1
棉布产量	38.2	财政收入	33.5
机制纸产量	44.5	社会商品零售总额	24.0
缝纫机产量	58.2	高等学校在校学生数	76.0
自行车产量	35.0		

但是，也应看到，由于全国经济建设特别是交通建设全面展开，武汉逐渐丧失了交通、流通中心的地位。武汉在经济不发达、交通条件十分落后的历史条件下形成的"九省通衢"的地位和作用，由于现代交通的发展，已经发生了明显变化。例如云贵川三省，由于铁路的兴建，进出川物资必经长江的局面已改观，许多货物就不需要通过长江从武汉转口，江苏、安徽、江西、陕西、河南、湖南等省的交通更是四通八达，特别是随

着武汉长江大桥建成通车和交通工具的不断改进，南北物资交流就不再在武汉中转。在交通优势逐渐削弱的情况下，武汉的流通优势也黯然失色。

武汉交通、流通优势地位的下降，是一个不以人的意志为转移的客观规律，也是全国经济全面增长的表现。尽管在管理体制上有许多弊端制约了某一时点优势的发挥，但这个趋势是不可逆转的。

三、武汉经济的优劣势：十分矛盾的统一体

关于武汉经济的优劣势，许多学者都有比较详尽的论述。但是有一个最重要的认识问题却未有人提及，而它是正确分析武汉发展战略寻求突破口的关键。这个认识就是：武汉经济的主要优势和劣势必须结合在一起看，它们是矛盾的统一体。简单地说，它们是：

（1）地理和环境。武汉地处全国腹地中心，位于东部沿海技术优势和西部资源优势的交汇点，对转移沿海先进技术、振兴中原经济、开发西部资源有非常重要的战略地位，对内有广阔的市场，对外可直通海洋。从地理和环境上看优劣势是认识中心城市的关键，也是制定发展战略的重要着眼点。优势总是相对的，武汉的优势集中点就体现在：相对于邻近的省份，湖北的工业基础好、科技力量强、交通方便、商业发达；而其附近的省份，均兼有我国东西过渡特点，极有发展前途，同时又是我国著名的农业发达区，农林水产品在全国举足轻重，武汉正是在这一重要农业区突出的以工业为主体的多功能中心城市。但是，由于武汉经济未面向广阔的农村市场，未能为农业提供有效的服务，未能有机地把这一广阔的区域联系起来，出现了城市与农村严重脱节的现象。统计资料表明，武汉支农工业产品如拖拉机、柴油机、化肥、农药等的生产量和调出量连年下降。1978年到1983年，武汉直接支援农业生产的生产资料产值不断下降，占工业总产值的比重已由3.3%下降为2.4%，1983年产值仅为3亿元，还不及黄石市（5.2亿元）。许多支农工业产品产量直线下降，这与武汉作为农业发达区内突起的工业城市是不相称的。同时，以农产品为原料的轻工业生产也呈下降趋势，发展大大落后于其他工业。实际上，武汉作为经济中心的地位不是在加强，而是在削弱，湖北邻近各省、省内各市的生产蓬勃发展，反而形成了对武汉"四面包围"的局面，在经济上这些相邻省份也纷纷靠向上海和广州等城市，武汉若不努力改变这一点，就只能是湖北省的经济中心，甚至连这一点也办不到，这反过来成为一大劣势。

（2）工业基础。武汉虽然工业规模在全国 19 个中心城市中居第四位，作为该市支柱的冶金、机械、纺织工业在全国也具有重要地位（可参阅有关统计资料），但是，武汉工业的设备陈旧、技术比较落后，在现有设备中，20 世纪五六十年代的设备属多，70 年代的设备居少，还有一部分 40 年代的设备，如武锅、武重等九个厂的 500 多台设备中，役龄在 20 年以上的占 50%，生产也很不配套，许多设备未达到设计能力，停产待料的情况时有出现。同时工业产品质量低，经济效益不够好。其主要经济效益指标在 19 个中心城市中居中下游水平，大多数只达到上海的一半。

（3）科学技术基础。武汉高等院校数、在校学生数、自然科学和社会科学研究人员数及其中的高级研究人员数均居全国第三位，这为武汉经济的发展创造了良好的科技条件。但是，这种强大的力量并未形成武汉经济上的优势，科研与生产严重脱节，其与生产直接挂钩和在生产中发挥效益的科研项目甚少，反而落后于科研力量远不及武汉的其他一些城市。

（4）交通和流通。这一方面已有很多的材料。武汉东去上海、西达重庆、南抵广州、北至北京，相距都在 1 200 公里左右，与偏于一隅的城市相比，享有最佳的运输半径；地理位置和传统的交通建设使武汉成为水陆空联运的交通枢纽之一。武汉也是传统的商业中心，各种流通渠道活跃，能够促进生产的发展和与华中乃至全国的联系，增进武汉的吸收力和辐射力。但是，这些优势还只是潜在的，表现在经济生活中的实际情况是：市区交通拥挤不堪，运输设备陈旧，港口装卸手段落后；长江航运、水陆联运利用率极低；在流通领域，渠道堵塞的现象比较严重，武汉产品出不去，而武汉的工业产品结构却是大而全，又不得不采取一定措施限制调入，外贸出口也极不发达，每年只有 3 亿元左右。

总的来看，武汉经济的优势是明显的，但优势和劣势又结合在一起。认识到这一点，就为我们寻求武汉发展战略和突破口提供了重要的线索。

四、武汉的发展战略：科技和生产相结合提高企业素质，城市和农村联系增强武汉的吸引力，立足华中，面向内地，扩大对外

从系统的观点看武汉的发展战略是有必要的。说武汉是中心城市，就是因为它相对于它的四邻有明显的优势，这个优势应是制定发展战略的着眼点。那么怎样才能使这个优势变为现实呢？

首先是对这个系统要有一个正确的认识。湖北—华中—内地—全国是这个系统的四个层次。武汉作为湖北的经济中心是已经形成了的，现在的目的就是要使辐射的能力达到华中、内地以至全国，逐级提高。

中心城市不能自封，也不能用行政命令做出规定，它必须具备以下三个条件：第一，必须有雄厚的生产适销对路产品的实力，满足经济区生产、生活的需要；第二，必须有先进的科学技术，能够用科学技术带动经济区的迅速发展；第三，必须建立和经济区的广泛的纵横联系，这就要求交通、流通和信息系统畅通无阻，把整个经济区紧密地联系在一起。上海之所以成为全国最大的经济中心，其奥妙正在于此。只有有了这几条，才能做到既有吸引力也有辐射力，才能真正敞开大门竞争，向更高的层次发展。所以，立足华中、面向内地、扩大对外，是武汉的发展战略目标。所谓立足华中，是指要以华中的发展为基础，为其服务并指导其发展，这里是武汉相对优势的集中点；面向内地，主要是进一步向大西北、大西南进军，那里有丰富的自然资源，有广阔的市场可开发，有武汉发展的更广阔的余地；扩大对外，就是要利用武汉能直接通海的优势，把武汉建成一个内地进出口的最大港口，担负起组织协调内地与世界经济的交流任务。

扬长避短，是选择发展战略突破口的重要问题，而武汉经济的"长"和"短"是矛盾的统一体，扬长也就能避短。从这一点出发，同时考虑到实现立足华中、面向内地、扩大对外的战略，有两点是迫在眉睫的，我认为可以说它们就是武汉经济发展的突破口：

1. 科技和生产相结合提高企业素质和产品质量

武汉的工业，从规模看，可以说实力雄厚，但经济效益低，工艺落后，质量不高，竞争力不强，有些产品的国内市场正在缩小，甚至本市商业部门从外地进货的比例也在逐步增大。这些问题已经使武汉这个中心城市的作用受到削弱。企业素质、技术水平是武汉工业的致命弱点，也是武汉经济能否起飞的关键所在。因此，发展武汉工业必须从现有基础出发，以内涵为主，充分发挥现有企业的潜力，加强技术改造，提高企业素质，使经济效益和大部分产品质量在不太长的时期内达到上海现有水平。如果百元固定资产原值实现的产值和利税能分别达到235元和68元，在不新建工厂的情况下，武汉的工业总产值可以翻一番，利税总额可以增加两倍，也就是说，一个武汉可变成两个甚至三个武汉。就目前的情况看，不下大功夫开拓几个能打得出去的"拳头产品"，武汉就没有吸引力，就难以获得更大发展。提高企业的素质和产品的质量，都要依靠科学和技术，也就是说，要有正确的决策、科学的管理、先进的技术。武汉要采取有力措施，促进科学研究部门和大专院校与生产单位直接挂钩，使科研成果从实验室、课堂直接过渡到工厂，直接过渡到车间和每一条流水线。就目前武汉工业的摊子大、设备旧、技术较落后的情况而言，迫切的问题是抓紧用科研成果来进行企业的挖潜、革新、改造，以发挥武汉经济的潜力，这一指导思想也是与国家经济方针相吻合的。同时，工厂也要为科研部门和大专院校提供实验实习基地。这样，就能促进经济繁荣，也能推动科研教学工作蓬勃发展。在这一方面，武汉已有了一些经验，如武汉大学经管系和武汉洗衣机厂的"厂校挂钩"，就是较有说服力的一例。

武汉是我国内地最大的城市，经济基础在许多方面可与沿海城市媲美，因此，工业生产也要在某些有条件的领域走在全国前列，以缩短我国经济地理上客观存在的东、中、西部的区际差距。这就要求，一方面，武汉要继续发挥传统产业基地的作用，以服务全国；另一方面，还要努力发展新兴技术和新兴产业，不断开拓新产品、新领域。在发展新兴技术新兴产业方面，武汉有很大的潜力，主要是在光纤通信、激光、计算机、生物工程和新材料开发等领域科研能力比较强，集中了一批在全国某些方面领先的科研人员。因此，要针对目前科研力量分散、科研和生产脱节这两个问题，尽快采取有力措施，瞄准目标，突出重点，尽快形成一批拳头产品和提高企业素质，为今后的发展打下良好的基础。在某些已经落后但又有广阔市场的领域，如消费类电子产品，也要在充分发挥现有科研力量的基础上，着眼于下一代电子消费品，并努力把元器件国产化作为主攻方向。

2. 加强同广大农村的联系，城乡通开，城城通开，带动中小城市和农村的发展

当前，农村经济的发展对城市提出了许多新要求。农业生产资料和农民所需要的消费品远远不能满足需要。在这样的条件下，武汉发展支农工业，既发展了自己，又支援了农村。还必须注意到，农业生产这几年出现了持续高涨局面，许多农副产品出现了供大于求的情况，农民"卖难"现象继续发展。武汉要看准这个有利时机，采取特殊政策，一方面发展农副产品精加工工业，另一方面从技术和人力物力上支持以农副产品为主要原材料的乡镇企业，这样既可获得大量经济信息，也能为农业发展排忧解难，更重要的是能加强武汉经济的渗透力、辐射力，从而增加吸引力和中心城市的作用。同时，城市经济体制改革要尽量与农村改革相配合，共同发展。某些产品工艺流程比较多的可以分一部分给乡镇企业生产，这样就

能把乡镇企业拉到自己的周围。城乡协调发展，是我国经济发展的战略任务，谁看准、谁先行，谁就能抓住有利时机获得发展。

作为中心城市，武汉的发展必须与其辐射区域建立广泛的横向经济联系，推动其综合协调发展。在第一层次内，武汉要担负起江汉平原和沿江湖北地带的牵引城市作用，遵循城市间合理分工的原则，形成湖北城市群体优势，使以武汉为中心的江汉平原成为全国经济最发达的地区之一，为武汉今后的更大发展建立良好的地理环境，打下良好的经济和社会基础。

从以上分析中我们能清楚地看到，要实现武汉经济的发展战略目标，交通、流通、信息渠道要进一步疏通，重点是加强基础设施建设和改革管理体制。但是，把"两通"当成武汉发展战略或经济发展突破口的观点显然是值得商榷的。第一，"两通"是国民经济"基础结构"的重要组成部分，经济发展、所有城市发展都离不开"两通"，这是一个普遍的现象，以此作为武汉经济发展的突破口，就丧失了武汉经济的特性；第二，历史上武汉是以"两通"起家，也是靠"两通"发展的，但在当前经济形势（包括经济地理格局）发生根本性改变，特别是在现代交通工具的广泛采用和我国交通建设改变了落后单一局面，流通进一步放宽搞活的情况下，试图恢复历史上武汉"两通"的特殊地位，是不适宜的，也是不可能达到的；第三，对武汉经济而言，现在最大的问题还不是交通、流通不畅，而是产品打不出去的问题，解决这些问题的关键不在"两通"领域，而在生产领域，在于前面所说的企业素质、产品质量和产品结构。

武汉进行综合体制改革试点工作以来，参照"两通起飞"的战略思想，在交通、流通方面做了大量工作，对推动经济发展起到了一些作用，但是并未产生"两通起飞"论者所期望的效果。1984年、1985年这两年，武汉的工业增长速度和社会商品零售总额增长速度、交通部门货运量增长速度均落后于全省、全国和其他主要中心城市。1986年以来，由于国家加强宏观控制，强化对总需求的控制，武汉经济出现了停滞状况。头两个月，武汉工业总产值比上年同期还下降了1%，和全国、全省的经济增长呈相反趋势；1月份的社会商品零售总额仅比上年同期增长0.7%，低于全省6.7%的增长水平，在全国大城市中居倒数第二位（注，以上数字均取自武汉市统计局编写的《统计信息》）。有些产品，全国全省生产均是增长或下降较小，而武汉却出现了大幅下降，如部分纺织工业产品。由于武汉产品竞争力不强，外地产品大量涌入，挤占市场，武汉有些产品面临找不到销路的严重问题。近年来，武汉还出现了商业部门省外调入商品增加而调出商品减少等情况。这些问题应该说不是由交通不通、流通不流造成的，而是许多产品质量差，打不出去的结果。完全有必要指出，武汉的发展战略和突破口的选择，有必要进行进一步的深入细致的研究。

本文为作者在湖北省统计局工作期间完成。原载《湖北大学学报》（哲学社会科学版）1986年第3期。

湖北省产业政策的思考
（一九八六年九月）

（1）湖北是新中国成立以后国家重点投资建设起来的传统产业基地。在全部工业产值中，传统工业占98％以上，新兴工业所占的比重还不到2％。目前这种结构，至少给我们提出了两个十分艰巨的任务：一是必须用新兴技术改造传统产业；二是必须从现在起抓好新兴产业的起步奠基工作，为20世纪90年代的振兴和21世纪的腾飞打好基础。

（2）我省①新兴产业基础薄弱。"六五"期间经过努力已有较大发展，增长速度高于传统产业，形成了一些比较好的产品。但从总体上看，我省新兴产业的发展还远远不能适应国民经济和人民生活的需要，在全国处于相对落后的地位，增长速度低于全国平均水平，更低于经济规模与我省接近的其他省份。以电子工业为例，"六五"期间全国平均年增长率为22.8％，而我省只有16.9％。1985年我省电子工业产值仅占全国的3％。此外，其他新兴技术还基本上没有形成产业。这种状况与我省经济实力及其在全国的地位和作用极不相称；特别是武汉这样的特大城市，只有加速发展新兴技术、新兴产业，开发高精尖产品，才能增强中心城市的辐射力、吸引力。必须清醒地认识到，我们搞四个现代化是在世界新技术革命和新的产业革命的背景下进行的，如果我们的产业结构继续建立在传统技术的基础上、继续复制古董而不是逐步地转到新兴技术的基础上，如果我们的产业结构本身不是由低级向高级逐步演化，那么90年代以至21世纪的经济腾飞就会缺乏后劲。过去一个时期我省新兴技术、新兴产业发展不快，固然有种种客观原因，但从主观上讲，还是重视不够，抓得不紧、抓得不狠，错过了一些时机。目前，全国基本上实现了财经状况的根本好转，发展新兴技术、新兴产业已具备一定条件，特别是国家已在酝酿高技术的发展计划。我们应当吸取过去的经验教训，增强紧迫感，把握时机，当机立断，千万不能再误了这班车。

（3）应当看到，我省新兴技术、新兴产业的发展有着广阔的前景。光纤通信等尖端领域的科研力量居全国之首，计算机、生物工程、新材料的

---

① "我省"指湖北省，后同。

研发能力也比较强，集中了一批在全国某些方面领先的科研人员；同时，在新兴产业特别是电子信息工业方面，我省有一批中央下放企业，这些企业技术装备好、开发能力强、产品质量高，有些产品还进入了国际市场。现在问题是：科研力量比较分散，在新兴技术产业化方面缺乏强有力的黏合机制；现有新兴工业生产能力不大，没有形成大的批量，加上条块关系的束缚，难以很快发展。

（4）经济和社会发展已把振兴湖北新兴技术、新兴产业的任务摆到我们面前，我们认为从 1986 年起就要抓紧，"七五"期间必须有一个好的起步，为 90 年代的更大发展打下基础。为此，在指导思想上必须明确：有限目标，突出重点，形成优势，带动全局。

——从国家关于新兴技术、新兴产业的总体发展战略要求出发，结合我省实际，扬长避短，逐步形成具有湖北特色的高技术体系和新兴产业发展模式。

——坚决贯彻抓应用、促发展的方针，依托传统产业，在运用新技术改造传统产业的基础上逐步发展新兴产业。

——在新兴产业的项目选择上，不要盲目地赶"热门"，而要着眼于我省确有一定优势，国内又比较短缺，而且对我省经济建设起重大带头作用的项目；对于某些市场广阔、我们起步较晚、目前比较被动的项目，应力争在不太长的时间内取得国内市场上稳定的一席地位，掌握主动权。

——武汉市应成为全省发展高技术和新兴产业的综合基地，东湖小区一定要抓紧办好，发挥智力密集的优势，形成新兴产业的主要中心。

（5）开发新兴产业，在 20 世纪内以电子信息工业、生物工程和新材料为重点。

（6）目前我省电子工业总产值中消费类比重为 80%，但由于产品质量不高，缺乏竞争力，主要产品未列入国家定点，前途未卜，如果不采取有力对策，将步履维艰。我们认为，消费类产品要在致力于提高现有产品质量、稳步开拓市场的同时，把国产化放在首要地位来考虑，并着眼于开发下一代电子消费品。

投资类电子产品的开发对我省有特殊意义，当前要把应用微电机改造传统产业作为重点。一是现有机床的改造和机电一体化产品的开发；二是以节能和节约原材料为目标，改造关键设备和生产线，以克服我省经济发展的制约因素，提高产品质量；三是在技术管理和信息处理上推广运用微机，优化管理与决策；四是积极应用计算机辅助设计和辅助测试。产业部门要面向应用、主动服务，实现制造与使用的结合；要有一批国家、集体企业大力开展微机的适应性加工改制和技术服务，发挥我省软件技术力量雄厚的优势，推出一批有经济价值的软件包，并使之商品化，力争"七五"期间形成具有我省特色的软件产业雏形。这样，新兴产业在改造传统产业的过程中开拓了市场，获得了自身的发展与积累，既有产业效益，又有宏观效益，从而形成良性循环。

通信装备工业是我省的优势，光纤通信、激光的科研和生产在全国领先，雷达、电台、电传、传真机、电话机的生产也有明显优势，并且已经有了一批技术装备优良的大中型企业（包括国家已开始建设的光纤光缆厂）。在消费类产品已经落后而又很难赶上先进地区的情况下，要力争光纤通信和无线通信工业居全国前列，使之成为我省新兴产业的"拳头"和"龙头"。

（7）"21世纪将是生物工程的世纪"。我省生物技术应吸取电子技术痛失良机的教训，及早起步，重点突破，争取在几个较为明朗的方面获得成效，率先形成产业规模。第一是以"光敏核不育水稻"为对象的生物技术开发，探索一条成本低、周期短、品质好、产量高、便于大田应用的水稻育种新途径，为根本解决粮食问题创造条件。第二是以"四大家鱼"为主体的应用染色体工程、基因工程的定向育种，努力促进水产品商品化。第三是其他已有基础的生物技术的开发和应用。

（8）新兴产业的崛起，有赖于新材料的利用。新材料的开发要建立在现有技术力量和资源有机结合的基础上。应着重于高纯度硅的系统开发和利用，也要着重于节能新材料、精细化工材料、新型建筑材料以及为汽车及冶金工业服务的新材料的开发和利用。

（9）发展我省新兴技术和新兴产业，迫切需要改变目前缺乏统一规划布局、组织协调的局面，要建立切实可行的管理体制和运行机制。

——建议省政府要有一位副省长分管这项工作并成立新兴技术新兴产业办公室，当前以电子信息工业为重点，兼顾其他，负责统一规划，协调各有关方面的工作，研究有关方针政策，检查落实。同时，省电子工业总公司改为电子工业厅，负责全省电子工业的行业管理。

——努力形成从科研到生产这一过程中强有力的黏合机制。新兴产业是知识密集型产业，因此科研成果应作为投资加入生产过程并取得相应的利润；建立"风险投资基金"，以承担高技术产品的研制、试产风险；建立一系列中间试验基地，为科研成果迅速转化为批量产品提供必要的设备、测试手段等条件。

——发挥我省科技优势,以重大项目或拳头产品为龙头,把科研、基建、生产、应用以及技术引进、技术改造等各方面、各环节组织起来,采取多种形式,有的组织科研生产一条龙,有的以大中型企业为骨干发展横向联合,使之迅速地、大面积地形成新的产业群体。

(10) 加强经济手段支持新兴产业的发展,是形成我省相对优势的关键所在。

——多渠道筹集资金。重大项目力争国家投资,国家的政策是择优扶持,"见苗浇水",我们决不能消极被动、无所作为,而应当从多方面努力,积极创造投资环境,争取国家支持。省市两级财政的基本建设投资,要在控制总规模的前提下努力调整结构,1986年、1987年两年要较大幅度地提高电子工业和其他新兴工业的投资,后三年应有更大增长。技术改造投资结构也应进行调整,对新技术改造项目予以优先,省经委掌握的技改资金,每年应拨出1%～2%用于微机应用的贴息贷款。省科委掌握的三项科技费用,应有20%以上用于发展新兴技术、新兴产业。

——运用经济杠杆,给予适当优惠。由新兴产业振兴办公室会同有关单位确定一批重点企业和重点产品,报省政府批准。在"七五"期间实行低息或贴息贷款,适当延长还款期限;在价格、税收方面给予优惠,如试行利润递增包干,或税前提取5%～10%的利润作为新产品开发基金等;对承担引进、消化、开发、创新任务的企业,应给予一定的外汇额度和适当减免进口税。

政府各经济职能部门要相互协调,共同采取有力措施,使我省新兴技术、新兴产业尽快起步、健康发展。

本文为作者在湖北省委政策研究室工作期间完成。原载《科技进步与对策》1986年第9期,与胡昌荣合作。

振兴湖北经济应实现战略转向
——关于湖北省 1986 年经济形势分析和 1987 年对策的研究报告
（一九八七年三月）

编者按：这份理论与实践相结合的研究报告，是由湖北省青年经济研究会提出，并在 1986 年 12 月由省政府经济研究中心、省社会科学联合会、省社会科学院与省青年经济研究会联合召开的经济形势分析会上，经过几十位专家分析论证后形成的。现发表于此，为振兴湖北经济献策。

一、对 1986 年湖北省经济形势的基本判断

1. 在原有运行轨道上，1986 年创造了一个比较平稳的衔接点

1986 年，湖北经济经历了一个由低落到逐步扩张（回升）的过程：由于 1985 年下半年国家开始采取的紧缩政策发生效力，加之基数较高，工业增长速度在年初出现"滑坡"现象；与此同时，在农业生产方面也由于出现大面积的持续干旱而陷于十分被动的局面。对此，湖北省委、省政府采取了一系列有力的措施，促进了工业生产的回升，从下半年开始，工业增长率逐月提高，全年增长率达到 9.7%，省委提出的"保八争九"目标基本完成。在农业方面，从下半年开始形势也日益趋好，保持稳定发展的势头，粮食、油料、牲畜、水产品等主要农产品产量创了一批新的历史纪录。全年工农业总产值预计接近 670 亿元，比超高速的 1985 年增长 8%，速度是比较高的，从全年看，基本上是常规增长。

1986 年的出口创历史最高水平，全年超过 7 亿美元，比 1985 年增长近 60%，直接推动了我省经济的增长。

在经济的各项指标值上升的同时，增长的质量也有所提高。在部分商品转向买方市场、产品结构性摩擦增大的情况下，工业产品结构逐渐向合理方面调整，能源、原材料和市场适销对路的产品增长较快，滞销产品有所限制，企业的竞争观念、竞争能力有所增强，对宏观经济变化的反应也要灵敏一些，市场机制的调节作用有所增强。

我们认为，1986年的经济增长在某些程度上仍是强化政府行为的产物，许多地方抓生产仍然沿用过去开电话会、催进度、压产值的老办法。所以，1986年的经济增长基本上是在原有经济运行轨道上进行的。并且，1985年遗留下来的一些主要问题仍然没有得到解决，有的还有所加剧。①从宏观方面看，总需求大于总供给的状况未根本好转，国民收入超分配现象仍然存在，结构性的不平衡更加突出。这两方面同时作用，导致1986年所增需求的相当大部分未能实现。1986年前三个季度，全省节余购买力达到97亿元，比1985年增长30.5%，全年节余购买力可能高达120亿元，社会商品零售总额全年增长7.7%，低于生产的增长，扣除物价上涨因素，可能要低4~5个百分点。②从生产方面看，经济的"瓶颈"未能缓解。能源、交通、原材料、资金一直处于紧张状态，特别是生产用电不足，长期制约我省经济，农业抗灾和工业生产往往互相牵制，形成不良循环。③从效益方面看，我省工业素质差、效益低的问题仍然十分突出。成本上升、资金利税率下降、产成品资金占用增加，亏损额和亏损户增加，速度和效益呈反向运动。

2. 换转时期使传统的增长基础发生危机

这几年是我国经济体制高度集中的计划经济向有计划的商品经济换转的时期，也是经济政策、产业布局由地域均衡导向向效益增值导向换转的时期，我省过去的增长基础正发生着危机，主要体现在：

一是过去经济工作的思想素质基础发生危机。目前，商品经济的观念比较薄弱，应变能力、竞争能力比较差，在"市场导向"的新形势下缺乏活力。许多企业迷恋过去"统"的管理体制，这与经济发达地区企业要求进一步放开搞活形成强烈反差。据悉，我省的指令性计划指标1987年减少到只保留15种，许多企业将不再受国家统一调配的原材料和包销的市场的影响，这些企业就传来一片叫紧甚至悲观失望的声音。实际上，这几年我省经济由于缺乏应变力已经在竞争中处于不利地位，产品市场萎缩。在诸多制约因素中第一位是市场，其次是成本，再次才是能源。

二是过去经济工作的调控基础发生危机。我省经济运行的网控机制不完善，省、地、县各级还没有找到指导本区域经济健康发展的路子，不能有效地抑制不正常因素的发展，在综合运用经济杠杆促进经济增长和结构调整方面更缺乏清晰的路子。仅举财政为例，一方面拼命增收，另一方面增收又主要用于行政支出。许多人反映，财政收支杠杆在一定程度上不仅没有支持、促进经济发展，反而有制约作用。这种现象在我省其他部门也不同程度地存在着。

三是过去赖以依托的物质技术基础正在被削弱。"六五"期间，国家对我省的投资额只增长了25.6%，增长幅度降到全国倒数第一，绝对额也在经济较发达省份（产值占前十位）之末。在国家投资锐减的情况下，我省经济面临两个重大危机：①我省原来已经建成的很多企业面临着设备老化、技术落后的问题，迫切需要进行设备更新和技术改造，但在实际工作中这个问题仍未得到重视，本来就严重不足的更新改造资金许多被挪用了。由于物质技术基础被削弱，目前我省老工业基地、传统工业产业一般呈低速增长甚至停滞状态。但我省经济增长主要依赖大中型企业的格局仍然没有大的改变，1986年前三个季度，全省重工业净增产值的62.5%是由武钢、二汽等六个企业完成的，这说明在国家投资减少的情况下，我省经济增长过去的主体仍未改变，支撑点单一。各地抓经济工作的重点都是大中型企业，结果大中型企业生产压力大，无资金改造，也无时间改造。值得注意的是，农业方面也存在着物质技术基础被削弱的现象，农田水利灌溉设施减少，旱涝保收面积下降，农业科技推广普及的机构和队伍也有所削弱。在未能改变农业"靠天吃饭"的技术基础条件下，这几年农业增长在很大程度上是吃过去农田水利基本建设的老本。

3. 对1986年的发展与改革的基本判断

"六五"时期是我省经济社会发展形势最好的时期，1986年保证了这种势头，整个经济增长仍然保持了"六五"时期的常态和轨迹。1986年工农业总产值、工业产值分别增长8%和10%左右，仍然是"六五"时期高速增长的延伸。从改革方面看，1986年在许多方面做了一些可贵的尝试。运用经济杠杆（特别是信贷、物价、税收）对经济生活进行间接调节的成分在增长。我省除了在国家统一部署下进行了劳动用工制度和部分消费品价格放开等改革外，还在融通资金、改革国营工业的经营管理体制方面迈出了自己的步伐。我省经济不仅增长较快，并且市场作用也在增强，企业素质有所提高，从宏观上、主流上、趋势上看，形势都是比较好的。

整个"七五"时期是经济建设打基础的时期，也是建立新的经济体制的奠基时期，因此评价1986年的经济发展和改革，要站在新的高度。从这个角度看，1986年也有很多不容忽视的问题：①经济发展的基础没有加强；②由于过于追求产值目标，某些地方行政对企业生产经营的干预还有所加强，这与改革所要实现的目标相悖；③未能很好地处理当前与长远的关系，基本上丧失了一般经济周期低谷阶段可以实施的产品结构调整和技术改造的机会；④在省一级调控经济的路子上未迈开新步，仍然停留在照转文件阶段，因此对一些全国性的改革失误（如年初的工资改革）缺乏切合本省实际的对策。

综上所述，我们对1986年湖北经济总体形势的基本判断是：经济增长达到了"保八争九"的预定目标，经济环境逐渐宽松，但体制改革进展缓慢，经济运行机制和增长因素中的遗留问题仍很突出。

二、对1987年湖北经济形势的基本估计

1. 1987年将有一个较宽松的经济环境

从外部看，全国将呈现比较稳定的格局。

首先，全国经济摆脱了由"超高速"带来的经济过热状态，也成功地避免了紧缩后可能产生的停滞和萎缩。从1986年下半年开始，经济环境逐渐宽松，1987年将继续保持这种局面。从国家计划安排（目前仍然是影响全国经济格局的主体因素）的情况看，1987年大体保持1986年的经济增长率和投资增长率，信贷基金、消费基金的增长也基本上控制在10%以内，农业投入还将有适度增加，经济上不会出现大起大落的局面。

其次，1987年改革的盘子也基本上敲定，以搞活企业为中心，推行企业经营责任制，对部分小型国营工商企业实行租赁经营，大中型企业实行所有权和经营权分开，金融改革则以建立短期资金市场为主展开。1987年的改革，对我省经济不会产生因不适应而带来的较大的震荡，减税退利、简政放权等改革措施还会起一定的推动作用。

从内部来看，我省将出现较为宽松的环境。

省委召开了工作会议，基本上明确了1987年经济工作的指导思想是更新观念、调整布局、提高素质、加强服务。1987年的经济工作如果能够从树立市场导向观念入手，在政策上支持"小、轻、集"的发展，加快技术改造步伐，在管理经济、理顺部门关系上有所进展，就会有一定起色并且为今后打下较好基础。放手发展"小、轻、集"，特别是乡镇企业，可能会出现一个比较"热"的增长局面，在财政上强调扶持生产，搞活企业；在政治上明确保护改革者和改革措施，支持创造性地贯彻上级政策，将促进这一可能的实现。

但是1987年也有一些制约经济顺利发展的因素：一是1986年的遗留

问题会转入，有些可能会加剧，资金、原材料、能源紧张状况不会根本好转，产品结构不合理、企业素质低等问题可能更突出；二是农业气候如发生突变性灾害，将影响整个国民经济，工业也会因让电而受损；三是社会对改革的承受心理脆弱，非经济因素的影响可能更大，价格上涨、劳动用工制度改革和厂长负责制推行（如企业领导可解雇工人）等影响居民生活、心理的社会预警系统（工会、学潮等）将发挥作用，这些都将对经济秩序和生产产生制约作用。

1987年的经济环境总体上说是比较宽松的，这为1987年湖北经济持续、稳定、适度的增长创造了较好的条件。

2. 1987年将有比较适度的增长率

从需求方面看，需求拉力较大，具有出现经济重新过"热"的可能性。①1987年节余的社会购买力较多，调整工业消费品价格和服务收费将引起居民消费心理预期变化，储蓄倾向将有所下降，消费倾向将有所上升，可能出现新的消费热潮。据商业部预计，全国1987年社会商品零售总额可能比1986年增长18%。②国家放开部分工业消费品的价格，可能使目前存在的尖锐的供求结构性矛盾缓和，推动非名优、紧俏产品的销售。③1987年国家增加对农业的投资并提高农副产品议购的比重，农民收入和农村购买力将有较大幅度增长，并且随着相当大部分农民已建新房，购买力将集中到工业消费品上来。④1988年投资需求可能有较大幅度的增加。这几年预算外资金投资比重上升，1987年将继续保持，发展"小、轻、集"可能使投资"小型大规模"。⑤国际市场继续看好，低廉的石油价格和西方国家利率的普遍下降，将使西方发达国家的经济增长保持一段时间，从而带动其对出口商品的需求，加上中央和省对外贸出口的优惠支持，将对我省外贸出口特别是机电产品和纺织产品出口产生积极影响，使1986年出口创汇的好势头在一定时期得到保持，也会形成对国内市场的需求。1987年旺盛的需求在一定程度上会刺激供给，如果企业的预期不合理，有可能出现1984年底和1985年上半年的那种"繁荣"局面。因此，从需求方面来看，1988年经济可能有较高的增长率。

从供给方面看，1987年工业生产有利因素和制约因素同时发挥作用。有利的条件，一是国家安排的资金供应高于计划的工业增长速度和物价上升指数，可以满足生产发展的合理需要，短期金融市场的开放还将为企业提供一些新的融资条件，因此资金紧张的局面有可能进一步缓和；二是原材料供应情况良好（1987年钢材超前增长），运输紧张状况得以缓解；三是1988年的改革特别是经营责任制和让税让利将促进生产；四是我省强调了1987年工业生产的准备工作。不利的制约因素，一是短线制约，这几年我省电力生产增长不多，1987年新增能力很小，难以支撑较高的工业生产增长速度；二是结构制约，1987年的需求可能主要是工业消费品，但我省工业消费品拳头产品不多，缺乏竞争力的状况一时难以改变，目前偏重性的结构也产生了制约作用；三是能力制约，我省这几年新增能力不多，而老基地、老企业又亟须改造，大规模扩张的潜在生产力还不具备。因此，从供给上考察，1987年的增长率不会过高。

综合供需两方面的因素，估计1987年的经济增长率不会太高也不会过低，大体在10%左右。这样，我省将有一部分消费需求要在外省实现，省外商品调入增长高于省内商品调出增长的格局将在1987年继续保持。

3. 经济增长轨迹的时间和空间异动预计

1987年的经济增长，可能在时间和空间上都存在着起伏异动。

从时间上看，1987年经济增长率可能呈上半年高、下半年低的轨迹，1987年由于有利因素较多而可能出现"首季开门红"，增长率可能高达20%。随着基数额逐步增加，下半年速度将逐步减缓。对这样一个轨迹要有一定的思想准备，不能盲目乐观而放松后几个季度的工作，造成被动局面。

从空间上看，城市工业可能呈先高后低，而地县工业可能保持较高增长率。1987年的经济政策对于搞活"小、轻、集"更为有利，可能使地县工业比重进一步上升，乡镇企业发展进一步加快。

从产业上考察，由于1987年需求拉动主要是生活消费品而非投资消费品，所以轻纺工业的增长速度要继续高于重工业；机械行业特别是汽车工业的不景气可能保持一段时期；电子工业由于竞争力弱、新产品开发困难很难摆脱困境；化工行业由于农用生产资料需求的不稳定性而呈现一定的起伏；冶金工业虽然市场看好，但因受原料、电力短缺的制约可能保持中速增长。

4. 1987年经济增长可能与长远发展发生矛盾

以上分析是建立在现有运行机制基础上的。因此1987年可能出现这样的情形：年度的增长率较高、效益也有所提高，但可能以长远发展艰难缓慢为代价。

1987年在需求的有力拉动下可能有较快的增长率，并且有可能随积压产品减少而使经济效益有一个短暂的表面的回升，但这并不标志着湖北经济在质的方面将有重大进步。中央明确整个"七五"时期既是奠定新经济体制基础的时期,也是培养经济发展后续能力的时期。"七五"时期以后,我国经济的运行机制和增长方式都将发生重大变化,这对湖北经济提出了新的课题,使1987年湖北经济的增长可能出现两种情形:①年度增长比较适度,在可能出现较"热"的情况下用一系列政策使企业着力于调整结构和加强技术基础,这将使短期增长与长远发展统一起来,今后的增长将有一定的保证;②年度增长率很高,潜在生产能力较充分发挥,大中型企业达到规模效益。如果行政继续追求产值目标且企业在市场机制不完善情况下出现短期消费热潮时不注意下一个周期的增长基础,就有可能使短期增长损害长远发展。

三、关于1987年省级经济工作指导思想的看法

对湖北经济发展来说,省级经济工作的指导思想对湖北的宏观经济影响重大。我们认为,根据湖北的特点和省级的特定权限范围,考虑1987年湖北经济工作时,在指导思想上需要注意:

1. 以观念更新为先导,发展商品经济

相比于近几年经济发展进步大的省份,湖北相对落后的思想根源是商品经济观念薄弱。从客观上看是缺乏紧迫感,湖北农业水平较高,可解决低水平的温饱问题,并且新中国成立后又是国家投资重点地区,大中型企业较多,一方面生产增长很快,"六五"期间一般高于全国3~5个百分点,另一方面大中型企业受国家直接干预更多。这些情况反映在主观意识上,和四平八稳、因循守旧的思想结合在一起,构成了缺乏市场观念、信息观念、竞争观念、价值观念、效率观念、效益观念、开拓创新观念的不利于商品经济发展的思想环境。在传统的增长基础发生危机的情况下,不及时更新观念,就有可能使工作陷于被动。因此,在思想上以观念更新为先导,应该作为十分紧迫的任务。

2. 以体制改革为中心,明确职能关系

探讨湖北近几年相对落后的原因,在工作上可归为改革落后,在改革上迈不开新步伐,许多方面都反映过去湖北执行中央政策时很少考虑自身条件,没有变通性,更没有创造性,因而总是随大流、保中游。要开创湖北经济工作的新局面,只能在改革中寻找出路。改革是一项宏大的系统工程,有宏观方面的改革,也有微观方面的改革。在湖北范围内,

微观上的改革，主要是搞好管理，搞活企业，宏观上的改革，则应考虑由省委、省政府亲自抓。目前对湖北全局牵扯比较大而又只能是省级才能解决的问题，大体上有两类：一是行政各级各部门的职能关系，二是行政和企业间的职能关系。就行政各级各部门的职能关系而言，首先要明确省这一级在整个经济大局中的地位和作用。今后的经济工作更应当考虑省级的独特性，制定贯彻各项政策首先考虑自身条件，只有创造"小气候"，才能带来大发展。不仅省级如此，省对市、县也应提出相应的要求。要把理顺部门关系提到改革议事日程上来。目前部门制约基层，部门间相互制约的现象很突出，迫切需要改变政出多门、各自为政的现象。建议今后综合部门下发的对企业发生效力的文件必须经省政府同意才能执行，同时改革目前各方面反映强烈的财政体制。就行政和企业的职能关系而言，主要是改革经营管理体制，探索所有权与经营权分开的有效形式，逐步减少行政部门对企业的直接干预，同时在目前政府必须在一定时期、一定程度上管理经济的现实情况的基础上，抓好搞活企业的各项政策的制定、贯彻、落实。

3. 以提高效益为重点，培养发展后劲

1986年速度和效益呈反向运动，在一定程度上可以说是客观上重产值、轻效益造成的。目前，工业拼设备、农业拼地力，重量轻质的现象比较严重，企业和农民行为短期化现象十分普遍。分析这一问题的关键性牵动因素，可能是政府行为短期化。湖北的经济基础，应该说是规模较大，装备较差，有许多人总拿固定资产原值占全国第四位和产值占全国第八位比，实际上是脱离湖北的真实基础的，湖北20世纪50年代建设的大中型项目原值已折旧过半了，并且技术上也是较落后的。如果在当前情况下，1987年继续以上产值、上速度、上地位为主要目标，增长率即使较高，也是暂时的，并且效益可能是低的。建议安排1987年经济工作不从产值出发，除计划部门外，省委、省政府和其他非计划部门不宣传产值计划，而从具体工作入手努力提高效益、培养后劲，求得适度增长。计划部门也不宜提高指标，甚至可以把产值计划作为内控指标不做宣传。建议1987年以效益为刚性指标，以产值为弹性指标，将1987年看作培养后劲的关键年份，甚至可以以产品的情况作为主要考核指标。

4. 以抓市场为突破口，加快战略转移

我省产品竞争力不强是导致经济效益不高的直接原因。为什么产品竞争能力不强？有的说是因为流通问题，有的说是因为生产问题，有的说两方面问题都有,但都未找到问题的症结——经济增长的战略问题。在过去"资源-生产-市场"的战略模式中,生产的产品不一定有市场,有市场的不一定有产品,结构性的摩擦源出于此,因此总强调结构不合理,总是处于结构调整的困扰之中。现在看来,要从根本上改变我省产品竞争力不强、企业素质不高的问题,只有把生产和流通都放到市场-商品经济的大舞台上去,向"市场-生产-市场"的增长战略模式转换。当前,就各不同地区、部门、企业来说,应根据各自情况对生产和流通各有所侧重,但就全省经济工作而言,要以抓市场为突破口,通过市场抓信息、上产品、搞销售。为了配合这一战略转移,在政策上要对市场行情好的企业予以优惠。以抓市场为突破口,就可以把更新观念、提高效益、改革创新统一起来。

归纳起来说,1987年经济工作的指导思想是更新观念、理顺关系、适度增长、培养后劲,更简洁一些就是战略转向市场。

四、关于1987年经济发展对策的几点建议

1. 创造一个良好的社会环境,并且落实到具体的政策和工作中去

改革、发展商品经济,企业家成长都需要一个良好的社会环境。创造一个良好的社会环境要落实到具体的政策和工作中去,目前比较明晰的有这几个方面:①划清政治活动和经济活动、经济犯罪和商品经济活动中的必然交往的界限。各种调查组、检查组要十分注意对整个改革和发展商品经济的波及效应。②在政治上培养、使用改革者,包括有某些方面缺点的改革者,党政领导要为改革者承担失误风险。③对企业家、优秀供销员等发展商品经济的"能人",从舆论上、行动上给予支持。④坚决落实各种承包责任制。

2. 从"松"和"紧"两个方面制定搞活企业的措施

就行政部门来说,首先是创造外部条件:①逐条检查落实国务院、省政府已做出的一系列规定,未执行的要追究有关部门的行政责任;②对老企业进一步减税让利、提高折旧率,同时建立严格制度,防止滥发奖金、膨胀消费基金;③在现有财政体制下,可考虑对一部分大中型企业试行"税收递增包干"办法,并允许各市县在财力允许的情况下适当减免所得税;④扩大企业经营自主权;⑤允许价格随市场波动而有一定起伏。搞活企业除了需要"松"的弹性外,还需要"紧"的刚性,就是坚决硬化企业的预算约束,强调自负盈亏,给企业改善经济管理施加一定的压力。这样

的"搭配"政策，可能更有助于企业搞活。

3. 实行经济增长多元化和多生长点的产业政策

具体地说，就是提高大中型，发展小轻集。大中型企业目前是我省的优势，但大部分由于设备陈旧、技术老化而亟待提高。目前大中型企业生产任务大、留利水平低、社会负担重，已经难以为继，需要：①减缓生产任务；②提高留利水平；③强调技术改造。大中型企业生产任务减缓后，要靠小（小企业）、轻（轻工企业）、集（集体企业）完成，使之成为我省经济新的支撑点。我省小轻集的发展需要政策上的引导和支持，这方面可借鉴江苏、浙江的一些成功经验。

4. 紧缩财政支出，调整支出结构

紧缩财政支出和调整支出结构都要以减少财政收入的增长额为条件，在现行体制下，减收必须减支，要防止地方财政赤字。目前我省财政支出中，行政事业费支出仍然过大，大有潜力可挖，减少支出要在调整支出结构的基础上进行。减少行政事业费支出特别是会议费支出这几年也有过一些措施，但结果仍然是居高不下，因此关键是要下决心落实，对于目前可能超过了承载能力的非生产性的楼堂馆所建设支出也要紧急刹车。应该看到，财政紧张如果是以搞活企业为代价的，那就只是暂时的现象。

5. 实行形成湖北积累机制的投资政策

近几年，随国家投资方向的变化，我省已成为投资不足地区，1986年我省基本建设投资额居全国倒数第六位，增长幅度只有产值增长率的一半，与全国基建投资增长超过产值增长的趋势相反。考虑到今后的发展必须有一定的外延扩大，建议谨慎、适当地放松对固定资产投资的过严控制，放松规模控制的目的是引导国民收入投入生产领域，形成湖北特定条件下自我发展的积累机制，因此，关键是要调整投资结构，特别是防止继续以还欠账为由过快增加住宅投资，下决心压缩楼堂馆所以及舞厅、俱乐部、展销大楼、各类"中心"、疗养院等。对第三产业的发展要正确引导，发展商业街要适当控制，讲求实效，防止形式主义。

6. 稳定粮食生产和加强农业基础建设

无论是从我国还是从我省的情况来看，都应把粮食生产放到一个十分突出的位置上。①稳定粮食播面；②完善合同订购，现在合同订购不完善的关键是地方政府的义务不兑现，要把兑现合同、完成义务当作法律问题处理，在思想上要提到政治的认识高度；③粮食价格适当上涨，地方财政适当补贴，为逐步全面放开粮价打好基础。在农业方面，另一亟待解决的农田水利设施的维修和完善问题，可以适当采取行政办法组织农民以自力为主、以国家扶助为辅进行，大规模的建设则以国家投资为主进行。

7. 利用金融机制，加强对经济的调控

在省一级如何利用金融机制尚待探索，但当前有几点值得考虑：①进一步开放资金市场，促进资金的拆借和融通，在此基础上，发展长期资金市场，促进企业股份化和通过多种负债形式筹措资金；②建立多种金融机构，如专门为乡镇企业服务的金融机构、股份式银行、科技银行及山区开发银行等。

8. 加强对外经贸工作，落实鼓励出口政策

1986年我省对外贸易增长成为拉动经济增长的重要因素。初步估算，我省出口产品影响全省产值40亿元左右，已牵涉全局，今后的经济发展无论从质还是从量上讲都要求抓好经贸工作。这方面问题较多，迫切需要解决的问题包括：①落实鼓励出口创汇的有关政策，加强服务；②改变目前对经贸工作领导"都管、也都不管"的几个部门"内耗"问题，成立对外贸易经济委员会（简称"外经委"）。

9. 搞活流通，强化销售，促进生产

只有搞活流通，才能搞活经济。在一定程度上讲，提高产品竞争力主要靠企业自身努力，而搞活销售工作则需要上边给政策、造气氛。因此，建议1987年在如下几个方面下一定功夫：①给一定的政策，如允许生产消费品的企业拿销售额的1％用于以产品销售为主的经营业务；②各级政府主管部门给有贡献的供销员以重奖和表彰；③进一步拉开产品的质量差价、地区差价、季节差价，推动非名优产品的销售，扩大优质品的生产；④制定鼓励工商联合的政策；⑤加强农村专业市场建设，加快供销社改革，促进城乡物资交流特别是工业品下乡。

10. 开展发展战略研究，逐步实现领导决策科学化、民主化、程序化

这几年体制改革和经济发展的变化，要求我们对省情的认识应该有新的角度，相应的产业政策、地区布局也要随之变化。现在看来不抓发展战略的研究，就很难产生清晰、正确的工作路子。许多人都认识到只有在战略研究的基础上做出的重大决策才能更好地避免宏观失误，才能防止消极悲观和盲目乐观这两种情绪，正视困难并且努力克服困难，鼓舞士气。现在的关键是要落实到行动中去，并且在研究中逐步形成领导决策科学化、

民主化、程序化的路子。

本文为作者在湖北省委政策研究室工作期间完成。原载《湖北社会科学》1987年第3期,署名为"湖北省青年经济研究会",毛振华为执笔人。张思平、王绎频、陈浩武、陈洪博、桂社梁、陈胜利、李永平等同志先后参加本报告的调研与修改。

简论新形势下的国民经济综合平衡和宏观动态调节

(一九八七年十月)

由于社会主义经济制度是建立在对资本主义经济制度的否定这一基础上的,也就是说,是资本主义私人占有和生产社会化之间、单个企业的有计划和整个社会的无计划之间的尖锐矛盾破坏了社会资源的有效配置,从而使社会主义计划经济应运而生,因此,国民经济综合平衡一直是社会主义经济运行和经济管理的中心环节;关于国民经济综合平衡的理论、方针的探讨,在新中国成立初期就开始了。本文主要探讨在新经济体制和新经济形势下国民经济综合平衡以及与之相关联的宏观动态调节的若干问题。

一、宏观经济的剧烈波动和商品经济的发展:赋予新特点与新职责的综合平衡

党的十一届三中全会以来,随着党的工作重点转移到经济工作上来,我国经济生活发生了重大变化,其中最为突出的有两个方面:一是逐步改变了过去统得过死的经济体制,出现了多元化的所有制格局,引入了市场机制并且其发挥作用的领域在扩大、程度在深入;二是有计划的商品经济有了较快的发展,宏观经济运行中出现了与投资和消费需求变动相关联的起伏波动,并且频率较高。

1978年,在急迫的增长愿望下,出现了被称为"洋跃进"的急于求成的冒进现象,重工业超前发展,投资规模急剧膨胀,出现了严重的比例失调,最后受到资源制约。这样,从1980年下半年开始,国家被迫采取紧缩政策,实施结构调整,重工业遇到严重的不景气,产品积压严重,轻纺工业虽因提出了"六优先政策"而有一定发展,但也受到原材料和最终需求的制约,只有采取原料提价、化纤品和其他轻工产品降价(彩电、收音收录机等降幅较大)的办法,结果轻工业也未得到很好的发展。在这种情况下,物价上涨幅度较大,财政出现赤字,经济增长率也由1978年的

13.1%猛跌到1981年的4.6%，下跌了8.5个百分点；经过两年的努力，特别是农村改革的深入进行和1983年城市经济体制改革的开展，全国经济开始出现稳定局面，年度增长率也在10%以上。但从1984年下半年开始，到1985年上半年，出现了被称为"超高速"的经济现象：生产增长速度快、固定资产投资规模大、信贷与消费基金增长猛、外汇储备下降多。在这种情况下，中央采取了"软着陆"的政策，紧缩财政支出和信贷投放，实施宏观控制，季度、月份的增长率由1985年上半年的25%跌落到1986年上半年的3%，出现了巨大的波动，此后又采取一些略为松动的政策促使经济增长回升，年底才基本上稳住了经济局势。

　　这一段的经济波动对我们过去传统的以实物平衡为中心、以结构平衡为主的综合平衡方法提出了挑战。实践证明，单靠财政赤字和货币超前发行支撑的需求增长可以在短期内拉动经济的较快增长，但没有相应的供给保证，过一段时间便要进行调整和压缩，导致经济增长速度大幅下降。在这种情况下，综合平衡的内容、特点及其发挥的作用都相对过去发生了变化：一是由过去以社会生产各部门之间的比例为主转变为现在以总供给与总需求之间的比例为主，也就是说，由构成上的平衡为主转变为总量上的平衡为主；二是由过去以实物量的平衡为主转变为现在以价值量的平衡为主；三是由过去以生产环节的平衡为主转变为现在生产环节的平衡和分配环节的平衡并重；四是由过去以静态平衡为主转变为现在以动态平衡为主，也就是说，综合平衡的"频率"增加了。

　　实质上，以上变化都源于这几年我国经济管理体制和发展模式的变化。由单一计划经济向有计划的商品经济转变，必然要引入市场机制，经济运行中货币流通的作用增大，需求对供给的作用也增大了。由于需求总量和需求结构的波动，宏观经济产生了相应的起伏，所以综合平衡的重点要转到价值量的平衡上，并且要注重影响需求总量和需求结构的国民收入分配环节；由于需求总量膨胀的矛盾激化，结构性矛盾退居较次要的位置，加上市场和货币流通的引入，使总供给与总需求平衡上升为突出的问题；由于经济体制改革减少了直接干预，对基层和企业简政放权，计划外、预算外部分的比重显著上升，不进行总量上、价值上和社会分配领域的平衡，实际上也就把握不住整个经济构造和经济运行的变化。同时，由于商品经济的发展，市场变化大，从局部看市场动态是这样，从总体看市场动态也是这样，因此，年度的综合平衡不是一年搞一次而是多次，五年计划的综合平衡也不是五年搞一次而是多次，间隔的时间短了,市场气息浓了。

二、综合平衡的定性分析:关于平衡的层次、前提、定义、标准等问题

在新的经济体制下,微观经济活动逐渐放开,社会主义经济运行实际上已分为微观和宏观两个层次,它们各自都有相对独立的运行内容和过程。显然,国民经济的综合平衡的对象应该是宏观经济。宏观经济是指整个国民经济的运行过程,宏观经济的平衡主要是两个层次的比例基本协调:一是总量方面的,也就是总供给与总需求之间的比例;二是构成方面的,也就是社会生产各主要部门之间的结构比例。当然,这里的结构应是重大结构而不是具体的部门结构。所谓国民经济的综合平衡,通常是指国民收入供给与需求在价值和使用价值两个方面得到实现,即国民收入供给与需求在总量和结构两个方面的同时平衡。

综合平衡作为一个应用广泛的经济术语,往往还表达这样一些看法:一种是把综合平衡理解为一个方针,作为国民经济计划工作中的一项总原则。作为计划工作原则的综合平衡,又具体表现为财政、信贷和物资三大平衡。另一种是把综合平衡理解为一种工具和方法。作为工具和方法的综合平衡,具体来说就是平衡表与平衡法。还有一种很普遍、很流行的看法就是把一种商品、一个企业、一个部门或一个地区的平衡,统统称为综合平衡,显然,这种看法不是宏观经济意义上的综合平衡。

综合平衡是方针,是手段,最重要的是目的。综合平衡的目的就是实现国民经济总量上的平衡和构成上的相互适应。那么,怎样才算实现了综合平衡?换言之,综合平衡的标准是什么?

第一,综合平衡必须保证总量上的平衡。由于使用价值无法加总起来综合考察,这里就是指价值上的平衡,即货币形式的收入总量与支出总量的平衡。具体地说,要保证国民收入生产额和使用额的平衡、财政收入和支出的平衡、银行存款与贷款的平衡以及外汇收支的平衡。

第二,综合平衡必须保证反映国民经济总体的主要部门结构的平衡,即总供给和总需求在实物量上的平衡。国民收入分为积累资金和消费资金两项需求,必须同两大部类产品的供给结构相适应。

第三,综合平衡必须实现对资源的合理配置,促进国民经济持续、稳定、协调地发展。综合平衡要促进比例关系的协调和经济效益的提高,努

力实现客观条件允许的社会生产的高速增长,这样,人力、物力、财力在资源和需要间进行合理安排的效益情况,也是综合平衡是否实现的重要衡量标准。

第四,综合平衡必须形成社会再生产运动中的调节机制和惯性。综合平衡是动态的,平衡也只是相对的,在经济运行中,不平衡总是长期存在的。综合平衡要造成这样一种运行机制:宏观上能及时发现和纠正重大的失调并能推动经济的发展,这就要求经济部门有很强的灵敏度和补救、恢复机能;微观上也要有较强的自我补充和完善的能力,在市场机制被引入的情况下,综合平衡的结果不是搞死而是搞活微观。

我国的综合平衡要在由传统体制向有计划的商品经济转化的条件下进行,要求国民经济各部门间实行价值相等的交换,只有这样,各部门才能得到等值的补偿和实现。如果没有价值形式,价值不能准确地反映使用价值,社会经济总量无法衡量也就无法平衡;如果没有各部门间价值相等的交换,国民经济构成上的平衡也就无法实现。因此要解决社会产品使用价值的运动及其总量如何表现、计量的问题。与此相联系,要建立起核算、衡量国民经济宏观活动的统计、预测系统。这是进行综合平衡的重要前提。

三、综合平衡的定量分析:关于平衡的衡量及其核算体系和分析方法

综合平衡以宏观经济的活动为对象。宏观经济活动的研究首先涉及其水平和结构的衡量问题。总需求与总供给的平衡是国民经济综合平衡要解决的核心问题,因此首先要解决总需求和总供给的衡量问题。

社会总需求和社会总供给,一般来说,就是社会总产品或国民收入的需求与供给。由于社会总产品的价值表示是社会总产值,其中包括转移的生产资料价值部分和新创造价值部分,而转移价值相对稳定,因此社会总供给和社会总需求突出地表现为国民收入的供给和需求,大体上可用国民收入的生产额代表总供给,用国民收入的使用额代表总需求。

从总供给方面分析国民收入,有两种计算方法:一种是生产法,另一种是分配法。按生产法,它是指物质资料生产部门的劳动者新创造的物质财富;按分配法,它是参与生产过程的各种要素所获得的收入(工资、利息、租金和利润)。各种收入形成后,一部分成为国家税收,一部分用于

消费，余下的用于储蓄。可如下表示：

总供给＝工资＋利息＋租金＋利润＝消费＋储蓄＋税金

从总需求方面分析国民收入，它是国民收入的最终使用的部分，一般分解为消费支出加投资支出，即消费基金和积累基金。可如下表示：

总需求＝消费支出＋投资支出＝消费基金＋积累基金

国民收入的需求和供给的平衡，用等式表示，就是：

消费＋储蓄＋税金＝消费基金＋积累基金

以上分析是以国内经济为对象的，考虑到对外经贸，总需求和总供给的平衡关系可表示为：

消费＋储蓄＋税金＋净进口＝消费基金＋积累基金＋净出口

考核宏观经济的总量平衡，主要是总供给和总需求在价值上平衡，即货币形式的收入总量与支出总量的平衡；考核宏观经济在构成上的平衡，主要是总供给和总需求在实物量上的平衡，即国民收入分为积累基金和消费基金的两项需求，必须同两大部类的供给结构一致。

总供给和总需求失衡，一般有两种情况：一种是需求不足导致总供给大于总需求，这主要发生在资本主义社会，是由于资本主义生产的无限制扩张和劳动人民群众有支付能力的需求相对缩小的矛盾而产生的，这是资本主义经济危机产生的原因；另一种就是总需求膨胀而总供给相对增长缓慢而导致的总需求大于总供给，这是社会主义经济普遍面临的问题，也就是匈牙利经济学家科尔奈所描述的"短缺"经济现象。这里，我们主要考察总需求大于总供给，也就是国民收入的使用额大于生产额造成的失衡问题。

积累基金和消费基金是在国民收入生产的基础上经过分配和再分配后形成的，货币形态的积累基金和消费基金超过可供积累与消费的物质产品，即总需求大于总供给，显然也只能在国民收入的分配和再分配领域形成。因此我们主要分析分配领域。

国民收入的初次分配是在直接生产过程内的分配。通过初次分配，国民收入被分成两个部分，其中一部分是物质生产部门劳动者的个人收入，相当于产品价值中的 V 部分，包括工资、奖金，它反映生产者及其家属个人消费的必要产品；另一部分是生产部门的纯收入，相当于产品价值中的 M 部分，包括上缴国家的税金、利息、利润和企业各种形式的留成，它反映国民收入扣除必要产品后的剩余产品。由于初次分配涉及国家、企业、个人的关系，在未改变"企业吃国家大锅饭、职工吃国家大锅饭"的情况下，有可能出现部分企业随意扩大工资基金、滥发奖金、拖欠信贷资金长期不还等现象，从微观方面形成消费基金失控、投资规模过大、信贷膨胀等国民收入超分配现象的基础。

国民收入再分配是对初次分配所形成的原始收入，通过财政、信贷、价格等形式，在全社会范围内再次进行分配。财政对国民收入的再分配主要通过国家预算的盈余（收大于支）、赤字（支大于收）和平衡（收支平衡）这三种方式进行，财政赤字往往会造成总需求膨胀；信贷对国民收入的再分配主要通过存贷款活动进行，由于现实中银行可以通过扩大贷款创造存款，加上财政赤字引起的信用发行，可能造成货币形式的国民收入超分配；价格通过比价和价格水平波动参与国民收入再分配，可以影响积累和消费的比例，价格上涨一般会抵消部分需求，但在经济机制不健全的情况下，反而有诱发需求膨胀的可能。

国民收入经过分配和再分配后形成积累基金和消费基金，形成投资需求和消费需求。如果出现超分配现象，就会引起总需求大于总供给。

现实的国民收入超分配的传导机制是：各方面开支挤财政，财政挤银行，企业争贷款，银行发钞票。过量供应的货币若没有实物保证，必然会导致通货膨胀，最终造成经济生活的混乱。

总需求略大于总供给，可能是拉动经济较快增长的办法，但差额比较大后，会给国民经济带来严重的后果。1984年、1985年因国民收入超分配带来的经济增长的巨大波动，就是最有代表性的一例。因此，保证总量上的平衡，是国民经济综合平衡的首要任务。

在国民收入总量既定的前提下，国民收入的最终使用是影响宏观经济构成的关键。一般来说，积累基金形成对生产资料的需求，消费基金形成对生活资料的需求，直接影响社会生产结构。在现实经济运行中，大量的现象是结构性不平衡，往往结构性不平衡构成总量不平衡的基础，在总需求受到抑制后，结构性不平衡会成为制约经济发展的关键因素，如1986年初大部分企业在紧缩下出现严重产品积压而造成停产、减产就是最具代表性的一例。并且，调整积累与消费的比例，对总量平衡意义很大。如果积累率过高，在消费的刚性面前，本身会诱发超分配现象，而且积累率过高必然会导致投资需求膨胀，这已是被我国过去的历程所证实了的；反之，积累率过低，导致消费基金膨胀，形成的最终需求会刺激消费品工业增长进而刺激投资膨胀，也是不言而喻的。

四、综合平衡的实现：宏观经济的动态调节和相应的途径及政策分析

宏观经济总是在不平衡中运动的，因而要有综合平衡。综合平衡要使宏观经济在运动中大体平衡，就需要动态调节手段。

在总供给与总需求失衡情况下，对宏观经济的调节实质上是宏观控制。在计划经济条件下，宏观控制有两种形式：一种宏观经济控制的对象是微观经济，即控制企业再生产过程的供、产、销；另一种宏观经济控制的对象是国民收入分配的平衡和产业部门的比例。很明显，前一种控制是不承认宏、微观两个经济层次的相对独立性和特点的，是传统的计划管理办法，其结果是越强调宏观经济控制，则微观经济越是不活；后一种控制是真正意义上的宏观控制，其结果是越强调宏观经济控制，则微观经济越有条件开放搞活。这是我们在进行动态调节时必须充分注意的。

总需求大于总供给的情况出现后，宏观动态调节有两个着眼点：一是供给，二是需求。如果仅从供给方面考虑，力图通过扩大供给填平与需求的差额，实质上是办不到的，因为必定会受到国民经济"短线"的制约；如果仅从需求方面考虑，力图通过抑制需求削减与供给的差额，这固然可以办到，但往往以经济的低增长或停滞甚至负增长为代价，带来经济的大起大落，消极因素太多。正确的办法应该是两者同时着力：一方面，调整生产结构，鞭策供给；另一方面，抑制需求总量，引导消费。

以上两点是我们在总需求大于总供给时进行动态调节的重要原则，我国的实践证明，这是完全可以实现的。1984年下半年到1985年上半年，我国出现了严重的总需求大于总供给的不平衡状况，在开始时，中央采取的办法是全面紧缩，结果导致1986年初全国经济萧条；产品严重积压，企业开工不足，生产出现停滞状况。针对这种情况，从1986年4月开始，中央采取正确的宏观控制办法，放松了过严的信贷，坚决控制财政支出，从而使生产有正常的增长而需求得到有效控制，消除"超分配、超高速"的"软着陆"目标基本实现。

宏观动态调节是政府干预经济的行为。我国经济体制改革的目标之一

是逐步减少直接干预而向间接控制过渡，与之相适应，宏观动态调节应该以利用财政、信贷、价格等经济杠杆为主，通过市场，以市场机制为调节机制的轴心实现。而国民收入超分配恰好是由财政、信贷、价格参与分配环节造成的，这就正好形成了消除不平衡的契合点。

财政是宏观范围的重要约束机制，财政影响国民收入分配从而影响供需平衡的杠杆是财政预算和税收，前者的对象是国家财政集中的收入，后者的对象是企业集中的收入。它的调节主要体现在两个方面：一是利用预算分配杠杆控制预算内各种消费支出；二是运用税收杠杆调节企业消费基金的形成。财政可以根据国民经济增长目标确定适度的积累率，并且可以通过"松"或"紧"的财政政策影响国民经济的扩张、收缩等行为。对总需求和总供给，财政在进行调节时都具有直接性，见效也快。但是财政由于收支弹性都不大，且财政集中的收入在国民收入中所占份额有限，因此，从价值量上调节必须与信贷配套才能达到目的。

信贷调节发生的领域比财政更广阔，它通过控制货币供给总量和贷款条件、利率等影响国民经济。国民收入在货币形式上出现超分配，其可能性除了动用外汇储备外，主要是通过信贷膨胀形成的。同样，防止和克服超分配现象，也可以通过控制信贷投放来实现。"松"和"紧"的货币政策，对总需求、总供给将产生最关键的影响。过紧的办法，既有可能抑制投资需求（投资的大部分来源于贷款），也有可能抑制供给（造成企业资金周转紧张从而制约生产）；而过松的政策，则可能带来总需求膨胀，形成超高速。

财政和信贷控制总需求，要在各自自求平衡的基础上配合作用。财政和信贷的搭配，有"松-松""松-紧""紧-松""紧-紧"四种情形。在1986年4月后，我国主要采取较紧的财政政策和较松的货币政策相搭配的调节手段，保证"软着陆"的实现。

价格也是动态调节的重要手段。价格总水平达到一定幅度，形成实际上的通货膨胀，并且通过价格体系（比价）引起价值在交换双方之间的转移，调节国民经济各部门甚至国家、企业、个人的实际分配比率。

在宏观上调节总量的同时，一定要注意结构的调整。由于我国尚不具备市场自动调节结构的经济机制，对总需求的控制往往采取"一刀切"的方式，这就在一定程度上影响了淘汰落后、保护先进、改善结构目的的实现。所以，宏观动态调节要把产业结构、产品结构的调整作为重要任务，通过产业政策，实现社会资源的最佳配置，从而保证国民经济的健康发展。值得提出的是，抑制需求阶段，一般来说正是调整结构的强制性时期，总量平衡和结构优化两个目标可以同时达到。

本文为作者在湖北省委政策研究室工作期间完成。原载《武汉经济研究》1987年第5期，中国人民大学书报资料中心《国民经济计划与管理》1987年第11期转载。

完善海南宏观调控的初步探讨

（一九九〇年四月）

海南的宏观调控，面临着两大历史性任务：一是逐步探索经济特区的宏观调控路子；二是建立省一级相对独立的宏观调控体系。作为一个特区省，海南在地理上相对独立，政治经济体制目标全新，尽管国内外有一些比较成熟的经验可借鉴，但从总体上讲，海南的宏观调控没有现成模式可以套。当前，随着治理整顿和改革开放的不断深入，在进一步开放搞活的同时，完善和加强宏观调控就成为一个十分紧迫的必须深入研究、认真解决的问题。

一、海南宏观调控的现状

海南省委、省政府结合海南的实际，在宏观调控方面做了很多工作。在机构方面，按照"小政府、大社会"体制，建立了海南的经济监督协调系统和经济发展组织系统，而大量的具体事务和社会职能则由各种社会组织承担，"小政府"在很短的时间内担负了经济发展的组织和调控任务，取得了一些成绩。在政策方面，海南省政府公布了《海南省人民政府关于贯彻国务院〔1988〕26号文件加快海南经济特区开发建设的若干规定》（又称《三十条》），并在一些主要方面进行了协调，直接促进了海南投资建设热潮的形成。在法规方面，海南提出了"以法治省"的目标，抓紧了一系列法规的研究制定，部分法规已经出台。在解决某些重大经济问题方面，也初步显示了功能，如制止1988年国庆前的抢购风，组织以电力建设为主的基础设施建设，及时发现和制止机电产品的过量进口，组织1989年的农业生产，解决经济发展中的资金问题等。

但是，从总体上讲，海南的宏观调控还很薄弱，有待进一步完善和加强。这突出表现在如下几个方面：

一是宏观调控的基础工作比较差，特别是经济预警系统十分薄弱，不能及时地预测经济生活将要发生、可能发生的重大问题，使得省政府也不能及时发现和掌握这些情况。

二是宏观调控的覆盖面不宽，大量的三资企业、内联企业、私营企业没有纳入或较少纳入海南宏观调控的范围。很多外引内联企业不填报统计报表，对它们的情况政府了解不多，外引内联审批机构因为种种原因，对这些企业的生产经营状况也不是很了解；这些企业有相当大部分不向海南金融机构申请贷款，在运用经济杠杆调节特别是用银行信贷调节时也往往成为"死角"。

三是宏观调控的手段不够、能力不强致使经济生活的某些局部呈现无序的失控状态，政府不能有效制止事态的继续发展。在税收方面，海南实行的是15％的低企业所得税制，并且免征地方所得税，政府在税收方面调整的余地已经不多；在物价方面，由于海南市场上的商品大都靠岛外调入，控制这些产品的物价也是很难的；在计划方面，目前，指令性计划有限，还难以采取什么办法对指令性计划以外部分产生有效的影响；在金融方面，受资金来源制约也难以像内地那样发挥作用。

四是作为宏观调控主体的政府，调控行为不规范。有很多经济法规迟迟不出台，给各个部门留下了较大的主观决策权，特别是在经济热点方面缺乏政府行为规范，没有很好地体现公平竞争原则，例如进出口配额、土地买卖的招标拍卖方案迟迟没有公布实施，有的甚至主要通过领导批条解决，这种状况也往往更容易导致失控状况。

五是宏观调控没有和"小政府、大社会"体制相衔接，社会组织的作用发挥不够。一批原行政管理单位改为公司，部分政府职能转移出去后政府的一部分宏观调控任务应该通过发挥大社会这些组织的作用来实施，如通过行业协会贯彻某些产业政策，以及协助政府搜集、传递信息等。在这些方面，海南基本上还没有起步，出现了一些宏观管理方面的"空档"。

二、对海南宏观调控的基本认识

通过分析海南宏观经济发展和宏观调控的实况，我们发现了一些问题，需要认真反思和重新认识，这对于我们从有利于特区建设出发加强和完善宏观调控是十分有必要的。

（1）海南的经济体制目标是社会主义制度的市场经济，这是毋庸置疑的，但从原来的高度计划经济体制出发，到实现这个目标，有一个过程，有一个过渡时期。在这个时期，我们要注意发挥政府功能，加强宏观调控，推动市场的发育完善，逐步过渡到新的体制。

（2）海南的经济发展目标和体制目标是全新的，特别是海南的成败主要取决于引进外资，这就要求我们对海南的宏观调控应有新的认知。在当前，按照市场经济的原则搞调控显然不合时宜，而按照计划经济的原则搞调控也是行不通的。这就是说，我们对海南的宏观调控从定义到主体、对象、手段的一系列理论问题，必须有独到的认识，在调控重点的选择上，要把重点放在对经济的"增量"部分和新出现的问题上，完善对外引内联企业特别是三资企业的引导，加强对涉外经济特别是进出口贸易的管理。

（3）海南在基础薄的情况下起步，因此，宏观调控必须有利于总量的超常规增长。在此认识下，要区分当前全国调控和海南调控的区别。全国范围内的宏观调控，一般是要解决结构比例失调和经济波动问题，求得经济的平衡和稳定增长，但对海南来说，宏观调控的目的绝不是为了经济的简单平衡和稳定，也不是求得所谓适度增长速度，而是要通过调控，建立一种经济高速增长的机制，扫除各种障碍和隐患，实现高速增长基础上的相对平衡。

（4）从总体上讲，海南的宏观调控应以经济手段、法律手段为主，侧重于引导，使企业能从政府的引导中做出既有利于自身发展，又无害整体利益，最终减少盲目竞争的决策。

三、对当前加强和完善宏观调控的建议

无论是从长远的要求还是从当前的急需来看，都必须加强和完善海南的宏观调控。宏观经济的调控是一个由预警、决策、执行、反馈等环节组成的复杂的系统，整个宏观调控系统的建设，是一项长期的工作。当前，我们除了有计划地抓紧整个调控系统的建设外，应注意尽量针对宏观经济中出现的一些主要问题和宏观调控系统建设最迫切的问题采取有力措施加以解决，并为今后的工作打下良好基础。

（1）尽快公布近期产业政策，重点是纠正重复建设，引导投资结构。

（2）清理整顿流通领域。在打击倒卖批文、走私、偷漏税收等不法现象的同时，要逐步建立新的管理制度，特别是执行配额招标制度，提高透明度，防止"官倒"，并使政府取得合理的收入。

（3）打击炒卖地皮行为并公布土地管理办法，从制度上保证土地成为优惠政策的一部分。

（4）整顿矿产资源的开发，特别是要制止对金矿、钛矿、锆英砂矿等

资源的掠夺性、破坏性开采，严格许可证制度和招标投标制度。

（5）搞好动态宏观调控，加强宏观经济的调控工作。

（6）发挥市县政府在宏观调控中的作用，形成海南宏观调控的二级调控系统，使市县政府能对县级经济出现的问题进行自我调控，改变目前遇到问题就等待上面解决的现状。

（7）发挥各种大社会组织特别是行业工会在宏观调控中的中介作用。在目前情况下，要重视原行政管理局改建的大公司的力量，加强和它们的联系，促成各种社会组织的发育和建设，使它们成为政府宏观调控的助手。

（8）规范政府的宏观调控行为。政府是调控主体，是决定宏观调控抓得如何的关键因素。

（9）以完善法规为重点，建立经济运行的规范，形成一个公平竞争的环境和条件，逐步使海南的宏观调控以法律调控作为重要手段。

本文为作者在海南省政府研究中心工作期间完成。原载《海南特区报》1990年4月4日。

利用外商投资改造大中型企业

（一九九二年二月）

一、20世纪80年代我国利用外商投资的成就

20世纪80年代，随着我国改革开放和投资环境的不断完善，外商在我国的直接投资有了较大幅度的增长，投资结构和形式等方面也发生了明显的变化。主要表现在：

（1）外商直接投资持续大幅增长。外商投资占我国实际利用外资总额的比重，从1972—1982年期间9.4%的平均比重上升到1989年的33.7%。在整个1979—1989年期间，比重为26.8%，实际利用外商投资额达到154.94亿美元。在1983—1989年期间，外商投资年均增长率为32.2%，高于31.1%的实际利用外资的年均增长率。

（2）外商直接投资的方式以兴办合资、合作经营企业为主。在外商投资中，合资经营所占的比重从1982年的8.0%上升为1989年的47.5%。截至1989年底，我国已累计批准合资企业12 198家，合资经营所占的比重呈下降趋势，从41.1%下降为19.3%；累计批准合作企业7 994家，合作开发所占的比重下降最快，从41.5%下降为3.6%，累计批准合作开发项目59个；独资经营所占的比重在1988年之后有迅速回升的势头，1989年占外商投资总额的比重达到29.5%，累计批准独资企业1 525家。

（3）外商投资的产业分布渐趋合理，生产性项目投资增长较快。在1986年以前外商投资主要集中在第三产业，到1988年底属于第三产业项目的投资额占外商投资协议总额的54.96%。1989年变化较大，在批准项目的外商投资额中，第一、二产业占85.44%，第三产业占14.55%。因而，在1979—1989年期间，外商投资额的产业分布总体上是第一产业占3.04%，第二产业占53.46%，第三产业占43.5%。

属于第二产业的合资经营外商投资额，在1979—1987年期间，有75.87%的外商投资协议额集中在轻工、纺织、医药、电子、机械等加工工业项目上，有24.13%集中在建材、冶金、电力、化工、石油等原材料、能源项目上。

（4）外商直接投资的区域分布较为集中。外商投资主要集中在两省两

市，即广东省、福建省、北京市、上海市。在1979—1989年期间，这四个省市的外商投资额占全国各省份合计额的75%，其中在广东省的外商投资额占全国各省份合计额的46%以上。

我国利用外商投资工作取得的成就，特别是1986年以来发生的外商投资向第二产业集中、合资经营企业迅速增加等变化，在相当大的程度上是由于国营企业尤其是国营老企业对利用外商投资的作用有了较为全面的认识，企业的主动性和积极性得到了发挥。第一，引进了国外的资金和先进技术，加强了老企业的技术改造，提高了技术改造的起点，同时带动了相关行业的发展。第二，促进了企业经营机制的转变，较好地克服了困扰企业发展的内部管理上的弊端。外商投资参与国营大中型企业的改造，强化了企业的风险意识和利益约束，增强了企业的市场观念和对消费者负责、为消费者服务的意识，提高了企业的竞争能力和抗市场波动的能力。在人事管理上，多数合资企业实行了全员合同制，打破了长期以来国营企业的铁饭碗。在工资制度上，按能力、按贡献来确定职工应得的报酬，打破了"大锅饭"。管理机构精简，人员一专多能，避免了人浮于事。第三，进一步理顺了国家与企业的关系，推动了政府部门管理经济职能的转变。外商投资改变了以往国营企业单一全民所有的性质。这就要求政府管理部门必须区分作为企业资产所有者代表和国家政权行使者的不同职能，以及这两种身份对企业生产经营活动的影响方式和途径。作为合资、合作企业部分资产所有者的代表，政府有关部门通过参与投资、利益分配、企业经营者的选择等决策活动来影响企业的生产经营。责权利关系一旦确定，政府部门就不能单方面更改与外商、企业生产经营者的关系，就不能人为地、随意地增加对企业的额外要求。作为国家政权行使者，政府管理部门只能以调整税收、价格、信贷政策以及制定有关的法律规定来影响企业的行为。政府对企业主要是提供服务，而不是进行名目繁多的行政干预。

二、利用外商投资改造老企业存在的问题

利用外商投资改造我国老企业还处于起步阶段，存在不少问题，目前主要有：

（1）国有资产评估不规范，中方股份低算。按国际惯例，以现有固定资产作为投资举办合资企业，必须进行资产评估。但由于缺乏统一的政策规定，有些地方出现了中方投入的厂房设备按廉价净值计算，外商投入按

现行市场价计算，中方股份被低算的情况。上海市最近对8家合资企业的中方投入设备进行重新评估，设备估价由4 300万元增至6 500万元，平均增值率在50%以上。另外，在绝大多数的合资中方对企业外购、自创、本身拥有的无形资产，在合资前也未按成本或获利能力确定重估价值。

（2）国内配套资金难以落实。据中国银行1986年测算，每吸收1美元外商投资，需要配备人民币8～9元。近年原材料、能源价格大幅涨价，加上在建和投产的外商投资企业迅猛增加，所需的配套资金成倍增长。按中国银行调查的注册资本比例和实物、现金比例计算，到1989年底已签约的中外合资、合作企业，仅中方入股资金即需300亿元以上，此外还需大量的流动资金配套。但同期作为资金供应主渠道的中国银行系统的实际配套资金不但没有增加，相反却有所减少，造成很大的资金缺口。因而一些谈成的新项目不能签约，已签约的项目不能如期投入建设和生产，已开业的项目不能正常运行，造成了外商投资履约率低。据统计，到1989年底尚有153.92亿美元的外商投资额未投入使用，约占外商投资协议总额的50%。

（3）实行"一厂两制"的新老企业矛盾较多。目前，大中型企业与外商兴办合资企业，多数是从原企业中拿出好的一块搞"一厂两制"。由此产生了一些矛盾。第一，老企业承担的压力增加，合资企业在短期内又难以为老企业分忧。合资企业在创办前三年一般难以盈利，老企业不得不用剩下的部分背起原来承包的上缴任务、出口任务以及指令性计划任务等。而且，老企业还得负责归还筹建合资企业的贷款，这进一步加重了老企业的负担。第二，新老企业的生产经营关系日趋紧张。相当多的合资企业与老企业生产同类产品。因而，随着合资企业的生产经营的发展，在原材料采购、产品销售等生产经营方面，老企业首当其冲地受到了合资企业的竞争冲击，其处境日益困难。第三，富余人员难以妥善安排，收入差距又影响老企业职工的生产积极性。在合资过程中出现的富余人员，一般由老企业负责安置，使老企业本来就存在的冗员多、效率低的问题更为突出。而且，合资企业职工收入明显高出老企业职工收入，也使得老企业职工难以安心工作，生产积极性调动不起来，企业的不稳定因素增加。

（4）外商投资结构不合理。十多年来，外商投资几乎涉及除军工以外的国民经济各个部门。但主要的投资方向是集中在非生产性项目、日常消费品制造项目、劳动密集型项目等方面，对基础工业、技术先进且附加值大的深加工业投资并不多。而且单位项目的投资规模小，投资比较分散，重复引进的问题也比较严重。其中，来自日本等的外商投资在这方面比较突出。

(5) 外汇收支平衡难。我国政府要求每家外商投资企业都要做到外汇收支自行平衡。但调查表明,轻纺工业、资源加工型工业的合资企业外汇平衡问题不大,而机电工业的合资企业外汇平衡则较困难。尤其是利用外商投资搞改造的老企业,产品的技术水平、质量很难在短期内具备国际竞争力,因而外汇难以平衡的问题也就更为突出。

(6) 产品的销售价格和销售市场向外商利益倾斜。在合营企业中,外方往往利用掌握企业供销权以及我方不熟悉国际市场行情、缺乏购销渠道的弱点,以高出国际市场价格的价格向合营企业提供设备、原材料、元器件以及工业产权,以大大低于国际市场价格的价格来包销或经销产品。甚至有些合营企业在合同中将产品出口价格一次签约后相对固定,使得国内原材料价格上涨引致的生产成本上升无法转移到出口价格上,影响企业的利润。另外,在相当多的合营企业中,外商投资是为了扩大在中国市场的占有份额,往往利用合同规定的不完善和我们管理上的漏洞,不履行或不完全履行出口义务。1988年,外商投资企业的产品有78%用于内销。天津市1988年调查了50家企业,合同规定外方返销产品60%,但履约率不到50%。

(7) 地区间竞相制定优惠政策,国家整体利益受到损害。外商投资在地区间分布不平衡,实际投资额的半数以上投放在广东、福建两省,而急需利用外资的内地老工业基地在这方面进展缓慢。在目前企业压力大、困难多的情况下,有些地方急于求成,一再提高政策的优惠幅度,在客观上促成了各地竞相出台优惠政策。有些外商在几个城市反复比较,用地区选择压迫中方做出让步。少数地方甚至对不符合我国产业政策的项目也一概欢迎。这种情况在一定程度上损害了国家利益。

(8) 配套改革没有跟上。利用外商投资改造国营大中型企业,需要对我国的计划体制、价格体制、企业管理制度、企业的产权结构、劳动就业制度、社会保障制度等方面进行配套的改革。然而,目前这些方面的改革没有跟上,影响了这种改造的效果和改造范围的进一步扩大。

三、促进外商投资改造大中型企业的对策建议

为了更好地利用外商投资改造国营大中型企业,在今后的实际工作中,我们必须时刻遵循以下三项原则。

第一，在充分发挥利用外商投资改造大中型企业的积极作用的同时，必须坚持以依靠自己力量改造大中型企业为主。目前，我国国营大中型企业有1.1万多家，分布于国民经济各个部门。其中，多数企业需要从经营机制的转换、生产技术结构和组织结构方面进行大的改造，任务相当艰巨。而当今世界经济增长速度放慢，国际上资本向发达国家流动集中，以及苏联、东欧等国出现的新变化，使得今后我国利用外商投资的增长率不可能达到20世纪80年代年均增长32.2%的水平，利用外商投资改造大中型企业的规模和速度也难有较大幅度的增长。而且，从80年代的实践看，制约我国经济发展的基础工业很难吸引较多的外商投资；在加工工业方面，老企业是否进行过技术改造，也是影响外商投资的一个很重要的因素。因此，利用外商投资改造大中型企业，只能是众多途径中的一种，既不是唯一的途径，也不能对该种途径寄予过多的期望。

第二，在不断深化改革的同时，保持政策的统一、稳定和连续。利用外商投资改造大中型企业，是我国改革开放的产物，进一步发展也有赖于我国经济体制的不断深化改革。但是，今后的改革措施要尽量避免引起大的经济波动，要尽量保持有关政策的统一和连续稳定。目前，地区间的政策不统一，具体操作上的不规范，以及新近出现的竞相提高优惠幅度的现象，对于我们吸引外商投资和更好地利用外商投资极为不利。一方面，造成了国家整体利益受到损害；另一方面，也使得许多外商仍在等待观望，难以做出投资决策。实践表明，各地方擅自突破中央政策规定，随意扩大优惠口子，是导致政策难以统一、稳定和连续的最为主要的因素。因此，为了造就今后稳定的投资环境和经营环境，减少深化改革的阻力，我们必须加强对各地出台政策的审查和监督。

第三，坚持吸引外商投资与国内消化吸收能力相结合，切忌片面追求速度和数量，而忽视质量与效益的倾向。一个国家能够吸引多少外资，不仅取决于国际上能够提供多少资金，而且取决于本国经济对外资的消化吸收能力。消化吸收能力决定于与进口资本货物相配合的国内各种资源的供给，主要包括配套资金、基础设施、原材料供应以及人才配备等方面。目前已经暴露的问题说明，我国在这些方面与外商投资企业迅速发展的需要有相当大的差距。今后在努力完善基础设施、发展基础工业的同时，必须根据我国消化吸收的能力，保持适当的吸收外商投资的规模和速度，要从注重吸收外资的数量和速度转变为注重外商投资企业的经济效益和社会效益。

在坚持上述三项原则的前提下，为了更好地引导外商投资改造大中型企业，我们应针对目前存在的问题采取以下对策：

（1）结合我国的产业政策，实事求是地选择外商投资改造老企业的重点行业和重点地区。由于能源、交通、电力等工业投资额大、利润率低、建设周期长、改造困难大，外汇收入没有可靠的来源，因而实际上不可能吸收大量的外商投资。目前吸收外商投资的重点应放在机械、电子工业老企业的改造上，主要是发展工业投资品的生产、关键设备的生产和电子元器件的生产。对前一阶段外商投资比较集中的轻纺、家电组装、日用消费品行业，今后应以提高产品档次、开发新产品、扩大出口创汇为主要发展方向。对以内销为主的一般消费品，包括食品、饮料、化妆品及其他日用工业品则应予以限制。

东北三省、京津沪以及四川、湖北等省市，是我国机械、电子工业老企业较为集中的地区，目前企业的困难较大，技改任务重。目前，应允许这些地区根据本地的实际情况，制定不同于一般三资企业的优惠政策，创造条件，完善投资环境，吸引外商投资改造老企业。

（2）在平等对待、一视同仁的前提下，应努力扩大与美国、西欧国家等国企业的联系，争取多办一些中美、中欧合资企业。根据调查，在中美合资企业中，美方投资者的投资规模一般较大，实现利润再投资的积极性也高，合资年限也多在15年以上，投资领域多属于高新技术产业，引入我国的技术也较为先进，有些企业如北京吉普车公司、上海合众-开利公司的美方投资者皆以动态技术入股。这对改造我国大中型企业无疑是极为有利的。但在20世纪80年代，来自美商的投资额仅占总数的11.66%，远低于来自港澳投资者的62.26%的比例。今后对像美国投资者这样既带来大量资金，又带来先进技术和管理经验的外商投资，我们应放宽其合资企业在国内销售的比例。而且，要围绕大型合资项目搞好其他企业的配套技术改造，在进一步完善合资企业经营环境和促使其不断发展的同时，实现引进技术的国产化，推动更大范围的企业进行技术改造。

（3）请国有资产管理局尽快制定出统一的资产评估原则和具体方法。资产评估要将现行市场价格、重置成本、预期收益等综合考虑进来并经国有资产管理部门确认，作为注册验资和与友商谈判的底价。对老企业多年形成的无形资产，如生产技术诀窍、内外销售渠道等，在合资前也应按获利能力或成本确定重估价值。

（4）落实国内配套资金，扶持在建和已投产的项目。将解决国内配套资金不足与落实国务院提出的十一条措施结合起来，对1991年以前属于改造老企业的合营项目，优先解决国内配套的技改和流动资金不足的问题。今后，对属于此类性质的合营项目，除优先给予贷款保证外，视中外双方执行协议合同的情况，可参照国家对能源、交通等投资的优惠贷款利率，给予适当的减息或贴息的贷款优惠。

（5）进行配套改革，创造良好的企业经营环境。对利用外商投资改造的企业，可率先进行社会保障制度、劳动用工制度、分配制度的改革和股份制、税利分流试点。在保障国家和外方投资者利益的前提下，综合平衡考虑原企业承担的财政上缴任务，继续按原渠道供应能源、物资。上缴财政的承包基数问题，可借鉴上海汽车拖拉机工业联营公司较为成功的做法，即财政基数由总公司承包，内部各合资企业创办初期的承包任务由总公司负责弥补，以内部融资、平调、拆借等方式解决。

（6）建立统一的外汇调剂市场，保持外汇调剂价的相对稳定，改善外商投资企业外汇收支平衡的状况。在加快企业设备、原材料、零部件、元器件的国产化进程，努力扩大产品出口的同时，应充分考虑我国机械、电子行业老企业出口能力差，产品在国际市场上竞争力不强，目前主要是生产进口替代产品这样的实际情况，在近期内，由国家建立统一的外汇调剂市场，根据合营企业产品的技术水平、替代进口和国产化的程度，给予这类企业一定的外汇调剂的优惠。

（7）各地区、各部门的有关管理机构，要按照国际惯例参与管理，减少非规范干预。目前，应明确中方董事的产权责任，扭转合资企业中方产权虚置、国有资产责任不清的现象，通过正当途径维护中方的合法利益，帮助企业拓宽海外购销渠道，改变企业供销环节由外商操纵的局面，合理确定不同企业产品的内外销比例，对属于工业投资品的产品，可适当放宽内销的范围，对属于一般日用消费品的产品则必须从严控制内销比例，加强税收征管工作。各地财税部门可委托当地会计师事务所定期检查合营企业的账目，对不能照章纳税，或者企业利润向海外转移、侵吞国家利益的企业，可提请司法监察部门追究企业有关人员的责任。在加强规范管理的同时，政府有关部门必须自觉主动地为企业提供包括信息咨询、物资供应、防止拖欠在内的多种服务。

本文为作者在国务院研究室工作期间完成。原载《管理世界》1992年第1期，署名"国务院研究室工交组"，执笔人：毛振华、戈成东。

国有大中型企业直接融资浅析

（一九九七年十月）

一、问题的提出

1996年，我国宏观经济调控取得了明显的效果：经济实现了"软着陆"，通货膨胀得到有效控制，财政税收收入大幅增加。但是，国有大中型企业的改革却是举步维艰，一个显著的特点是自有资本比率过低，资产负债率偏高。据有关部门统计，1996年国有企业资产负债率平均高达75％，加上不良资产和挂账损失，资产负债率达85％。这种比率在国际上也是十分罕见的。

企业资产负债率过高导致了一系列恶果：一是企业资金周转不畅，有不少企业因此而难以维持正常生产经营。加上前几年为了抑制通货膨胀，我国采取了高利息政策，企业利息负担加重，很多企业连银行贷款都支付不起，更谈不上盈利。二是由于企业资金短缺，周转不畅，形成了企业间债务链，三角债屡清不止，愈清愈多——即使是原先经营状况较好的企业，也被沉重的三角债拖得喘不过气来。三是企业为了维持自身的生存和职工的生活，只好继续向银行借款，银行贷款被用来支付职工工资从而转化成大量不良资产，形成了大量逾期贷款和呆账，但为了安定团结，银行只能继续放账。中国人民银行公布的结果表明，目前我国国有银行不良资产比率高达15％。我国国有银行本身就是靠高负债经营，如果长期这样下去，将有可能爆发一场新的金融危机。

毫无疑问，企业高负债问题不解决，我国大中型企业的改革就无法进一步深入下去，企业亏损状况也不可能得到根本扭转。

造成企业负债率过高的原因，应该从我国国有企业融资体系来分析：（1）我国资本市场刚刚建立，规模较小，而国有企业进入资本市场受多方政策的约束，企业缺乏自主权；（2）我国商业银行大多是国有银行，其承担的信贷业务包含着大量的"政策性"贷款，即使贷款收不回来，银行也不负担责任，企业也没有压力，所以企业愿意用银行贷款来解决资金不足的问题；（3）我国改革初期，即1983年采取了"拨改贷"的政策，企业资本由银行贷款来解决，从而形成企业资本金严重不足的矛盾；（4）改革开放以来我国实行了三次经济紧缩政策，而紧缩的主要方法是减少贷款额度，以致企业流动资金严重不足，从而形成三角债务链，这也是企业负债率偏高的原因。综合上述四个原因，可以看出一方面是企业从资本市场融资的权利不足，选择余地很小；另一方面是企业缺乏从资本市场融资的动力和压力，而且企业融资可以选择的方法亦不多，所以我国企业有90%以上的资金筹措是通过银行贷款来解决的。

如果我们从更高层次来看待这个问题，这也是导致国有企业规模普遍偏小、达不到规模经济的原因，因为企业资本金偏小，通过自身积累发展速度较慢，而企业又不可能从资本市场解决发展所需资金的问题，以致我国企业在激烈的国际竞争中处于一种不利的地位，尤其是在汽车、能源、交通、基础设施、通信等重点发展领域中很难达到规模经济的最低要求。1995年我国前500家大型工业企业的销售额还抵不上美国通用汽车公司一家的销售额，更谈不上与其竞争。

解决国有企业高负债率问题的基本出路是走市场经济的道路，改革企业的融资体制，建立、健全和完善资本市场，推动企业通过直接融资解决资金不足的矛盾，最终达到改善企业负债结构的目标。

二、实施的可行性

所谓直接融资，是相对于间接融资而言的。直接融资指的是企业直接向资本的最初所有者包括个人和法人筹集所需的长期资金，其主要形式是通过发行股票或企业债券来募集资金。

应该指出，有人认为直接融资不能解决企业负债结构不合理的问题，其理由是直接融资既包括股权融资（发行股票），也包括债权融资（发行债券），既然两种融资方式同时存在，既有可能提高企业的资产负债率，也有可能降低企业的资产负债率。我们的看法正好相反。在我国现行体制下，直接融资与间接融资的最根本区别在于，前者是通过资本市场融资，而后者主要是政府贷款。在市场经济条件下，企业的经营活动将受到直接投资者（包括法人和个人）的监督，过高的负债率将使企业难以从市场上筹集到需要的资金。因此，直接融资的本质是运用市场的力量来迫使企业调整资产负债结构，给企业施加压力。此外，资本市场为企业调整负债结构提供了条件，只要企业有良好的发展前景、良好的社会形象，就可以采用不同融资组合来解决资金不足问题，并不断调整自身资产负债结构。

我国目前大力发展直接融资已具备初步条件。

（1）证券市场这几年得到了较大的发展。直接融资的各种方式，包括股票融资、债券融资，以及介于两者之间的优先股融资、可转换债券的试点都已取得了一定的成绩。1995年中国新上市股票仅占国民生产总值的6%，而同期中国香港、新加坡为200%，中国台湾为95%，相比之下可以看出中国资本市场未来的机会与挑战。国家已经把证券市场定为"初级发展阶段"，所以下一步主要是扩大规模的问题。而这方面大有可为。

（2）截止到1995年底，我国城乡居民储蓄存款余额已超过3万亿元，居民的投资意识也在迅速增强。应该说，增加居民投资的方式、规模和范围，利用资本市场吸收闲散资金，我国的普通老百姓是能够接受，也有相当大潜力的。而发展直接融资，还会在一定程度上改善国有银行的高负债经营状况。

（3）从国际惯例来看，各国由于经营方针、历史传统及发展阶段的不同，企业直接融资的比例相差较大。但进入20世纪70年代以后，则逐步趋同。在70年代之前，英、美等国主要是通过直接融资方式来筹集资金，一般企业直接融资金额通常占企业外部融资总额的50%～60%，而间接融资则为40%～50%，但在日本、新加坡等亚洲国家，一般长期资金的需求70%以上是通过间接融资，30%左右才通过直接融资。70年代后世界各国出现了一个共同的趋向，即直接融资和间接融资按照各占50%左右的比例发展，而在我国，企业所需资金的90%甚至更多是通过间接融资方式筹集的。所以，提高企业直接融资的比例也符合国际经济发展的潮流。

（4）直接融资并不仅仅是简单地改变企业负债结构。由于直接融资中投资者直接参与监督，承担投资风险，必然会对企业的资金投入、运用和管理进行认真的监控和约束。因而直接融资将使企业置身于整个社会的监督之下，按照市场经济规律来经营运作，这就有利于尽快完成企业的转向并轨，使得好的企业能够通过市场机制迅速地发展，而经营不善的企业则通过并购的方式得以改造，最终使大中型国有企业走出当前的困境。

三、实施的配套措施

发展直接融资，并不是一项独立的工作，而是与经济体制改革息息相关的一个系统工程，不可能一蹴而就。就当前而言，它必须与以下几个方面的改革配套。

（1）改变现行的企业投资体制，调整前一阶段企业体制改革中存在的"放权不到位，用权不受约束"的不合理现象，以《中华人民共和国公司法》为龙头，按照现代企业制度的要求，真正把企业推向市场，接受市场的约束和监督。

（2）培养和发展资本市场。

①加强各种法规的建设，尽快出台《中华人民共和国证券法》及与之配套的实施细则等法规，建立起完善有序的市场规则。

②完善监管体系（包括政府监管），行业自律和市场监督相结合，保证有关法规的实施。

③逐步放宽新金融工具的试点范围，组建封闭及开放式基金，引导广大居民改变理财观念，培养投资意识。

（3）建立中介机构，加强中介机构的作用。

①投资银行。应该在企业的兼并、收购、包装、改组等方面发挥积极的作用，出谋划策，帮助企业融资。我国现有的证券公司大多数还达不到这一标准，在规模上也偏小。

②信用评级机构。关键是建立一支有权威性的信用评级队伍。这种威信的建立不是靠国家的权威，而是靠市场参与人士的认同，是在长期实际工作中逐渐积累起来的。信用评级机构用自己的工作取得广大投资者的信赖。

③投资、融资顾问公司。应该运用专家的力量，提高企业的素质，帮助企业做出正确的决策，改善企业在社会上的形象。目前，我国有很多咨询公司和顾问公司，但良莠不齐，其中不少是权力部门的附属物，当务之急是建立有关法规，加强资格控制和监管，并提高该队伍的素质。

④会计师事务所与律师事务所。我国目前已有数千家会计师事务所和上万家律师事务所，但总的来说，规模偏小，素质不高，不能达到市场经济的要求，很多事务所为了迎合客户而违背职业道德，扩大队伍和提高素质是一项任重而道远的工作。

原载《管理现代化》1997年第5期。作者单位：中国诚信证券评估有限公司。

国有企业改革与资本市场

(一九九八年十月)

目前,我国国有企业改革已经到了攻坚阶段,能否搞好搞活国有企业直接关系到我国国民经济能否持续健康快速发展。国有企业改革的目标之一是按照资本运行规律和资本市场的要求,对企业制度重新做出安排。而要实现这一目标,要求人们必须转变观念,重新认识资本市场的作用。目前,解决国有企业深层次问题的根本出路,在于国有企业的权益必须全面进入资本市场进行流动重组。

一、国有企业资本权益市场化及我国资本市场现状

(一)资本权益

资本权益是所有者权益的资本化,是所有者权益的极重要的组成部分。一方面,它是可以带来增值的价值;另一方面,它可以用货币进行度量。因此,这个意义上的权益,不仅属于资本范畴,而且是资本的具体表现形式。

资本权益的一般特征:(1)资本权益是出资人的权利,是在财产组织基础上形成的与所有权相联系的一组行为性权利。(2)所有者权益与债务共同组成法人财产。在法人财产客体上派生的各种权利的总和,应体现资本所有者的根本利益。(3)资本权益能够以货币表现其数量并可以流动,具体表现形式是可以变化,而且可以聚集和分散,既可以组合,也可以分拆。

由以上可以看出,资本权益是可以用来不断追求增值的,它可以用货币度量,是资本的具体表现形式。换个角度来看,如果把资本也当作一种一般性商品,那么资本的所有者也可根据自身需要及资本具有流动性的特点经营资本。而权益的获得与出让、组合与分拆、流动与重组是实现资本经营最为直接的操作手段。从这个意义上讲,资本是不断追求增值的货币化权益,资本市场就是为这种货币化权益的交换提供服务的场所。

(二)我国资本市场现状

我国资本市场出现较晚,由于受各种因素影响,一直发展缓慢。1981

年国家发行48.66亿元国库券,标志着我国资本市场的萌芽。但从严格意义上讲,由于当时交易品种单一,数量较少,除国债之外,仅有一些零星企业债券,且缺乏交易,所以还不构成真正意义上的资本市场。1990年底前后沪、深两家证券交易所的成立,标志着我国真正的资本市场已经诞生。截止到1997年底,我国累计发行各种有价证券13 000多亿元,沪、深两地交易所上市的公司已达763家,发行总股本1 869.52亿元,市场总值达到18 779.54亿元。此外,全国各地已建立了180多家产权交易中心。

我国的资本市场不但初具规模,而且作为金融市场的重要组成部分,为社会主义市场经济体制的建立做出了重要贡献。一方面为经济建设提供了大量资金,打破了计划经济体制融资渠道单一的局面;另一方面,通过培育发展资本市场,积累了现代市场经济资本运行和使用方面的宝贵经验,为深化经济体制改革,特别是深化国有企业改革,提出了具体的、可操作的途径。不难看出,资本市场对我国企业改革与发展的意义十分重大。但是,目前我国资本市场的发育程度与国民经济的发展水平极不相称,满足不了国民经济持续、健康、快速发展的需要。我国资本市场存在的主要问题,一是规模较小,且市场分隔;二是国有企业的资本权益不能有效地进入资本市场流动和重组;三是资本市场的主要操作者——投资银行还没有真正成为一种产业。这就使得我国国有企业长期存在的资金需求始终得不到满足,同时企业股份制改造以及兼并重组缺少适度规模的资本市场空间,企业资本经营不但困难重重而且成本高昂。因此,解决国有企业深层次问题、深化国有企业改革的一个有效途径是,提高国有企业的证券化比率,使资本权益能够有效地流动起来,同时加速发展和完善资本市场,扩大市场空间。

二、资本市场的功能及对我国国有企业改革的重要意义

(一) 资本市场的功能

资本市场的功能可以从以下几个方面来概括:(1)交换功能。资本市场最基本的功能是作为资本交换的场所。资本可以在资本市场上形成自己的价格,找到自己的买主或卖主,从而实现交换。(2)信息功能。资本市场能够超越时空限制,使得一系列供求信息在交换发生之前就能传播给供求双方,从而使供求双方据此判断获得或出让资本。(3)服务功能。资本市场集中了资本及与资本有关的部门的服务需求和供给,使得通过购买可

以获得这些服务。（4）评价功能。资本市场也是一个经济竞争的场所，资本及服务都将在资本市场上进行比较，孰优孰劣只有通过这种比较才能得到评价，从而实现优胜劣汰。（5）制约功能。在资本市场上，资本的交换主体都在力图追求自己的利益，因而在交换过程中彼此间利益存在制约，谁要获得自身的利益，首先就要尊重并满足他人的利益。（6）增值功能。资本在资本市场上不断流动，不仅能体现其外在价值，更能实现其内在价值，从而使得资本在不同所有者手中不断流动、不断增值，实现其价值发现功能。

资本市场的这些功能，对我国国有企业改革乃至整个经济体制改革都具有重要的意义。

（二）国有企业改革的历史回顾及现状分析

我国国有企业改革经历了从扩大企业自主权到企业制度创新的发展过程，大体上可划分为以下几个阶段：第一阶段（1978年12月至1980年6月）为扩大企业自主权的试点阶段；第二阶段（1980年7月至1982年12月）是试行企业经营责任制阶段；第三阶段（1983年1月至1987年3月）是实行利改税和深化企业改革阶段；第四阶段（1987年4月至1991年12月）是全面推行承包制、转换企业经营方式阶段；第五阶段（1992年1月以来）是转换经营机制、建立现代企业制度阶段。从这五个阶段可以看出，随着我国国有企业改革从放权让利、政策调整到制度创新的发展变化，改革的领域不断扩大，进一步改革的条件已经成熟。这主要表现在，伴随国有企业的改革，我国在财税、金融、投资、外贸体制等方面都相继出台了配套改革措施。总的来看，我国国有企业的改革已经取得了很大的成就。但是，随着改革的不断深入，我国国有企业的深层次问题又不断表现出来。

（1）大多数国有企业产权不清晰、责权不明确。国有企业遇到困难的根本原因是由于产权不清晰，造成责权不明确。国家作为出资人缺位，企业作为法人财产占有者不明确，造成绝大多数国有企业既是一个生产经营者，又是一个社会职能的承担者。企业负担过重、人员过剩、办社会现象严重，产权监控和运作不协调（其运作在很大程度上仅仅依赖党性和自觉性）。这些问题形成了一个怪圈，长期困扰着国有企业。目前，国有明亏企业约占45%，潜亏企业约占30%。效益较好的企业增长很慢，净盈利日趋减少。国有企业的困难已经对经济发展、社会安定和资源的有效配置及合理使用造成了负面影响。

（2）高负债几乎是所有国有企业的通病。拨改贷政策的实施，虽然在一定程度上缓解了财政的压力，但却增加了企业的债务，使企业不得不背上债务搞技改，更新设备，造成国有企业负债率一般都在70%左右，有些行业和部门的国有企业负债率甚至高达90%。企业的生产流动资金主要靠国家贷款，产生的效益绝大多数用于还本付息，严重影响了国有企业的自我积累和自我发展能力。

（3）国有企业自身难以解决大量冗员。大量冗员是国有企业改革亟须解决的又一难题。在计划经济体制下，尽管企业人员饱和，国家却不得不采用计划手段安排就业。随着企业技术的进步，国有企业也变成讲效率的部门，多余的人员不但不能成为生产力，还成了企业的包袱。现在国有企业已经背不动这个包袱了。

（4）国有企业办了大量应由社会和政府管的事情。大部分国有企业办社会现象严重，企业有自己的幼儿园、学校、商店、医院。边远地区的企业甚至办政府，办公、检、法。国有企业每年创造的很大一部分利润，都被这些非生产经营部门吃掉了。

（5）国有企业融资渠道不畅，难以参与激烈的市场竞争。面对激烈的市场竞争，国有企业越来越感到需要建立起企业与资本市场的通道。据有关专家分析，在"九五"期间，我国将会有四个"2万亿元"缺乏运行载体：一是将会有"2万亿元"左右的金融资产以投资基金形式出现；二是社会保障基金五年内将达到"2万亿元"；三是住房公积金和房改基金五年内将达到"2万亿元"；四是为盘活国有资产而进行的产权交易、企业购并、股票上市等所涉及的资产或资金，也会达到"2万亿元"。这8万亿元资产迫切要求有一个大容量的资本市场予以容纳。因此，加速资本市场的扩容，发展有效的资本运行工具，已成为国有企业融通资金、获得资金支持和有效参与市场竞争的客观要求。进一步说，这也是我国经济发展的必然要求。

（6）国有企业投资主体缺位，造成企业无法独立开展资本经营。目前我国国有企业普遍存在投资主体缺位现象，企业尚未拥有全部法人财产权和独立的资金运作权，企业法人财产权不能按照资本市场需求进行分拆、流动和重组，企业所需资金几乎全部依靠银行，直接融资的企业数量有限。这就造成了企业的负债结构极为不合理，进一步增加了企业的债务负担。而西方市场经济国家的企业内源融资一般在50%～80%，外源融资50%来自资本市场。要使国有企业资产负债率降低到50%左右的合理水平,仅靠每年 500 亿元至 700 亿元的财政投资进行转化是远远不够的。发展资本市场,才是解决国有企业债务负担的有效途径。

(三) 资本市场对国有企业改革的重要意义

资本市场对国有企业改革具有十分重要的意义,具体体现在:

(1) 资本市场是国有企业走出高负债樊篱的重要载体。通过资本市场,企业可以直接融资,增加自有资本。通过企业间的并购使国有企业的产权得以流动、重组,最终盘活国有企业存量资产,用好国有企业增量资产,消化国有企业不良债务,从而减少银行不良资产,改变目前国有企业自有资本率过低、负债率过高的不良状况。

(2) 资本市场是转变经济增长方式的重要手段。通过资本市场进行直接融资已成为我国社会总投资的重要来源之一。国有企业通过资本市场筹集资金使经营者面临股东、债权人、市场等多重压力,从而主动强化管理,改善经营,千方百计提高资金周转效率与运作效率,增强公司持续发展的后劲,给股东以满意的投资回报并及时偿还债权人的本息,其结果是使投入产出率提高,进而扩大再生产,实行集约化经营,促进经济增长与经营方式逐步由外延式为主向内涵式为主转变。

(3) 资本市场是宏观经济稳定的调谐器。健全的资本市场是一国市场经济与金融发展成熟的重要标志,一国的金融市场如果只有货币市场而没有资本市场,其经济就会缺乏弹性。我国资本市场底子还比较薄,货币市场部分承担了资本市场的功能,其结果是既加大了社会资金运行的风险,又扰乱了货币市场与资本市场之间正常的资金流动关系。因此,大力发展资本市场,将对货币市场发展和宏观经济稳定起到十分重要的促进作用。发达、成熟的资本市场处于市场经济的核心地位,是多种经济关系的融汇处,将资本市场作为实现宏观经济政策目标的调谐器,通过货币政策工具的运用及其与财政政策相配合来影响供求关系,可以间接地达到影响产量、价格和就业的目的。

(4) 资本市场是调整产业结构、优化重组资产的介质。以资本为纽带,通过资本流通,能将国有资产与社会资产集中到支柱产业或部门。以资本集中带动国有资产进行战略重组,从而实现产业结构调整。概括地讲,发展资本市场有利于国家增强产业结构调整的能力,保障资金的合理使用,促进存量调整的顺利进行,还有利于国家对非国有经济实施有效调控,强化产业结构的优化升级。

(5) 资本市场是建立市场经济体制的必要条件。成熟的市场经济体制不仅包括高度发达的商品流通市场，还必须有货币市场和资本市场构成的金融市场的支撑。商品流通市场是市场经济体系的外壳，资本市场与货币市场则是市场经济体系的核心。商品市场的高度发达，也必然要求高度发达的资本市场和货币市场与之相适应。在我国资本市场发展严重滞后的情况下，许多企业迫切要求打通资本市场渠道，借助证券市场来进行直接融资或资产重组。

从深层次来看，大力发展资本市场，对货币市场发展和宏观经济稳定能起到十分重要的促进作用。加快资本市场发展是发展市场经济与健全市场体系的客观要求，也是进一步深化改革的必然要求。发展资本市场对于转换企业经营机制、深化金融体制改革、开辟新的融资渠道、优化配置社会资源、提高企业营运效率、促进国民经济实现两个根本性转变具有重要的现实意义。

三、国有企业改革要注重依托资本市场

国有企业改革涉及国民经济运行和经济体制改革诸多方面，面临的矛盾和困难也都比较棘手。要想解决这些问题，必须有一个设计周全、切实可行的基本思路和相应的政策措施。首先，必须厘清国有企业的债权、债务关系，明确国家作为国有企业出资人的权益，提高国有资产的证券化比率，使国有资产具有流动性。这包括两个方面的含义：一是国家银行对国有企业的债券要按一定比例转化为国家对国有企业的投资，提高资本化率；二是国家投入的资本应尽量证券化，增强其流动性。这就要求按照资本运行的规律，重新构造企业制度，也就是建立资本化的企业制度。其次，必须建立发达的资本市场。国有企业的国家权益和银行债务同时重组，这意味着国家权益要可以分拆、流动和重组。国有企业的不良资产要采用多种办法进行剥离。而重组的关键在于国有企业的权益和债务能够进入资本市场，发挥资本市场的配置功能，按照产业发展的需要，重新配置国有企业的国家权益和银行债务。

目前，让国有企业进入资本市场，把资本市场和国有企业改革联系起来，在高层已达成共识。从世界上前500家大企业发展的历史来看，这些大企业都是通过资本市场吸收社会资本，通过兼并、收购的路子发展起来的。因此应利用证券市场和资本市场搞活国有企业，帮助国有企业走出困境。对此，笔者设计了以下总体思路：

（一）利用资本市场对现有产业进行重组

历史地看，我国产业发展具有如下几个特点：一是改革开放初期，为满足市场需求，主要以恢复和发展消费品为主，形成了农业初级产业和较高级的轻工产业；二是为参与国际市场竞争，扶持了一批出口导向型加工企业。由于参与国际经济循环，我国在国际产业升级过程中承接了一部分国际产业，拥有了一定的市场份额。如重工业中的船舶工业，轻工业中的服装、玩具、鞋帽、箱包和家电行业中的中低档家用电器等。这些产业为我国的经济增长注入了活力。近年来，我国产业格局已发生了深刻的变化，从根本上摆脱了短缺经济，形成了买方市场。1998年6月国内贸易总局的抽样调查表明，目前国内市场已全部供过于求。据专家分析，目前国内市场不但是供求不平衡，需求结构也发生了重大变化。因此，对现有企业的调整、重组成为不可避免的事。

资本市场重组现有企业，应根据国民经济发展规划，按照产业政策总体要求，明确发展什么、限制什么。国有经济必须进行战略性改组。要在重点行业和关键领域优先培育一批大型企业集团。

（二）利用资本市场优先发展基础产业、着重培育战略性产业

目前，我国多数产业的基本状况是产业总量很大，而竞争力较弱。由于技术落后，我国的绝大多数产业不具备国际竞争力。例如，我国的汽车产业，企业数量超过200，但生产能力和年产量却赶不上美国通用汽车公司一家企业。因此，必须通过资本市场加速发展我国基础产业，着重培育战略性产业。

基础产业是指对一个国家的生存、发展有重要影响的产业，如能源、交通、水利、通信等。基础产业中的营利产业，可按市场规则，自我积累、自我发展；非营利产业，应主要依靠国家投入；具营利和非营利双重特性的产业，可依靠国家投入与企业自行融资相结合来发展。

战略性产业主要是指决定国家未来在国际上的竞争地位的产业，例如信息产业、生物工程技术产业等高科技产业。

对于这两类产业的发展和培育，可通过资本市场进行，即在保证国家控股的前提下，将其主体改制，使之进入资本市场，通过发行股票、债券方式募集资金。这类企业一方面得到国家投资的支撑，另一方面得到资金市场的支撑。这类企业还可按照国家产业政策及自身需要，通过资本市场，采用并购、租赁、托管、联合等方式进行资本经营，从客观上达到产业结构调整的目的。这正是国有企业的希望之所在。国有企业只有进入资

本市场，才能实现全新意义上的规模集中，才能形成战略性产业，成为具有国际竞争力的行业排头兵。

四、国有企业进入资本市场应注意的几个问题

（一）要用全新的观念看待资本市场

目前我国资本市场已经发展成为一个影响面广泛、筹集社会资金的越来越重要的渠道。尽管我们过去在认识上对此有一些偏见，认为这是投机（事实上"投机"也好，"泡沫经济"也罢，都有其存在的价值。我们现在不对这个市场做价值判断），但已形成社会共识的是要利用这个市场。我们要像当年认识市场经济一样，首先是了解它、认识它，然后利用它、完善它。中国国有企业尤其是大型国有企业除了日常的生产经营之外，还往往作为国家资本的持有人，必须对国有资产的保值增值负责。为了实现资本增值，国有企业需要通过资本市场分配资源，并从资本保值增值以及资本运作能力等角度考虑人事问题和干部问题。

（二）以资本化为核心来改组现有企业结构

要使改组后的企业能够融入资本市场，改组也要符合企业运作、生产发展、产品市场扩大等需要。具备组建集团公司条件的行业总公司，其企业改组和集团架构的设计一定要注意到资本市场的需要，并把资本市场的需要跟企业的行政、科研、生产方面的组合联系在一起。只有集团与资本市场融合，科研、生产、市场结合在一起，改组才能够长远、稳定，否则很快又需要调整。过去有的集团改组进行过很多次，但是都没有成功，原因在于都是靠行政性的硬性拼凑，而真正成功的集团化改组则是以资本为纽带进行的。改组的概念是要组建集团，构建集团内部的母子公司结构，把总公司改造成集团母公司，成为控股公司，并对股权、资本加以运作，从而充分调动人员和其他相关的资源，使生产企业成为融资主体、发展主体、产品运营的主体。换句话说，从总公司来讲，只要控制了资本，就控制了公司的命脉。

（三）要强化资本市场的运作

对于很多公司来讲，这是一个新的领域，过去这方面力量比较薄弱，只有少数公司与人士在做这样一些工作，而且只是简单的资金运作和融资。但如果把它看成一个广泛的、与改革发展相结合的环节，就要强化高级金融形态的运作。这就要求领导者、操作者具有一定的专业水平和技

巧，要了解和熟悉资本市场的运作规律。这一类人才在国际上被称为投资银行家，中国现在就急需大批这方面的人才，企业能否在资本市场上驾轻就熟地成功运作，有没有专业的投资银行家为之服务、策划也很关键。目前我国已经有一些具有投资银行业务经验的人才及机构，但还未形成一个统一的行业，其作用的发挥受到限制，因此重视和发展投资银行业也将是今后一个时期内发展资本市场、强化资本市场运作的主要任务。

(四) 国有企业要利用资本市场开放的融资契机

目前市场偏好有利于国有企业发展，国有企业应充分利用这个有利时机，快速进入资本市场，建立顺畅的融资渠道。国有特大型企业如果要组建集团，那么集团总公司应保留一个很强的融资渠道。若作为行业总公司，则只有成为融资主体并具备资本经营能力，才能真正控制这个行业。这种利用资本的控制方式，跟过去立项不同，过去是集团拿子公司的项目转报给政府部门去批示，项目是子公司的，不能挪走；而如果资本经营权由集团掌握，且可以流动，集团的融资能力就会增强，一个行业总公司如果要组建几个集团，则要考虑每个集团自己的融资主体和融资渠道，相应地建立分层次的融资体系。

从目前看，国际和国内两个市场都是大有可为的，现在正好是利用资本市场的大好时机。中国的资本市场经过前一段时间的扩容已经达到相当大的规模，随着法规的逐渐完善、最高决策层对资本市场的看法更加全面及深刻，资本市场的发展将会有一个广阔的前景。对于我国国有企业来说，资本市场的开放是不可多得的机遇，因此国有企业要抓住这一千载难逢的机会，充分利用资本市场吸收更多的资金，以壮大我国的基础产业，构造我国的战略性产业。

原载《管理世界》1998年第5期。作者单位：中国诚信证券评估有限公司。

关于有效需求不足和金融危机

(二〇〇〇年十月)

我认为,作为常态的有效需求不足,有一个带有周期性的运作轨迹。一方面,它是长期存在的;另一方面,它又因其他环境和条件(主要是新技术革命和经济政策)的变化而表现为不同的形态,按强度可以简单地划分为轻度、中度和深度三种形态。轻度状态是指有效需求不足对经济的阻力相对较小,而此时存在着重大的新的技术突破和消费热点;中度状态是指有效需求不足时经济发展阻力较大,原有的新的增长点的拉动作用减弱,而新的大的增长点未能产生或只产生较小的增长点;深度状态则是指有效需求不足对经济发展阻力很大,各主要产业全面出现供过于求,且新的增长点未能出现。在深度状态下,一般会出现经济衰退。若同时出现金融危机等其他负面的突发因素,则可能引发经济危机。

一、有效需求不足:市场经济的常态

通俗地讲,有效需求不足是指在社会生产力发展到一定水平时,物质供给相对充裕,而消费者有支付能力的需求则相对不足,致使生产过剩,甚至引起失业和破产的大量出现。应该注意到发生在现代市场经济环境下的有效需求不足和中国历史上封建社会的"朱门酒肉臭、路有冻死骨"是有很大区别的。前者主要是指全社会的供给和需求在总量上出现了供过于求的情况(当然,也不排除产业分布的不平衡和收入结构的差距,但这还不是主要原因),而后者则主要是指在社会生产力低下的情况下,由于贫富差距过大而造成的社会极度不公平状况。可以说,前者主要是一个经济问题,而后者主要是一个社会问题。

有效需求不足问题在国际上并不是一个新课题,可以说,对于世界上主要发达资本主义国家来讲,有效需求不足像一个顽症,伴随了它们整整一个世纪。

由于有效需求不足的影响,加之由于企业破产和工人失业而产生的信用风险和股市波动,主要资本主义市场经济国家在20世纪上半叶(战争状态除外)都先后出现了因此产生的经济危机,经济危机造成了社会财富的大量浪费甚至社会生产力的巨大破坏。为了医治这个顽症，西方经济学界出现了新的宏观经济学理论，是继古典、新古典经济学后，经济学说史上又一个繁荣的阶段。这些理论和学说，先是凯恩斯主义独领风骚，后是供给学派和货币学派不分伯仲。但不管是哪个学派、哪个主义，都是为政府宏观经济政策服务的，在一定程度上为医治这个顽症做出了贡献，却没能提出根治的药方。并且，在治理这个顽症的过程中，西方国家又先后出现了所谓"滞胀"和"通缩"等新的并发症和后遗症。而实践上，则是由于微观经济的发展，特别是新技术革命带来新的产品和服务的供给，进而带来新的需求、新的市场和就业机会，它们使传统需求的比重适当下降，从而刺激了新一轮经济增长，所以，有效需求不足是一把"双刃剑"，它既是传统产业格局的破坏者，又是生产力发展和技术革命的强制推动者。由于二战后，世界经济体系发生了一系列重大变化，特别是自由贸易政策在和保护主义的斗争中占了上风，全球经济一体化的格局日益明显，各国竞相对付有效需求不足在时空上能加以相互弥补，二战后已没有爆发过类似20世纪初的大危机，而代之以阶段性和周期性的"衰退"，社会生产因有效需求不足产生的破坏力也大大减弱。

我们把有效需求不足看作是市场经济条件下的一种常态，是因为它产生的基础首先是社会总供给大于社会总需求。在社会的物质充裕程度达到一定阶段后，如果没有特殊的外来破坏或外来需求，这种格局就很难打破。在总需求小于总供给的总体局面下，在产业上还会出现结构性变化，引起这种结构变化的主要成分是新的生产技术及由此带来的新的服务方式和新的消费偏好。这些新的力量注入后，一方面，替代了原有的消费空间，使得被替代的传统产业被淘汰或者进一步降低了其重要性；另一方面，又成为推动经济增长的动力，使供需矛盾格局改变，出现局部的新的消费热点，从而使供需矛盾在一定程度上得到缓和。如果这个新的因素波及面广、力度大，则有可能在一段时间内强有力地推动经济增长。美国20世纪90年代的经济增长就是一个这样的例子。美国这一轮的经济增长，首先源于电脑软件的开发，进一步把通信和电脑联系起来，并正在向电视领域联合，形成"数据、通信、图像"三位一体的综合运用。这个新的技术革命波及美国甚至全世界每一个家庭和每一个生产单位，因而广泛而有力地拉动了经济增长，形成了美国二战后最为繁荣的景观。同时，也要注意到尽管美国的消费就业、居民收入和股市指数均创新高，但全方位地看，美国经济的有效需求不足仍然在其他产业中广泛存在，传统产业的企业合并和大量裁员就是例证。

我认为，作为常态的有效需求不足，有一个带有周期性的运作轨迹。一方面，它是长期存在的；另一方面，它又因其他环境和条件（主要是新技术革命和经济政策）的变化而表现为不同的形态，按强度可以简单地划分为轻度、中度和深度三种形态。轻度状态是指有效需求不足对经济的阻力相对较小，而此时存在着重大的新的技术突破和消费热点。中度状态是指有效需求不足对经济发展阻力较大，原有的新的增长点的拉动作用减弱，而新的大的增长点未能产生或只产生较小的增长点。深度状态则是指有效需求不足对经济发展阻力很大，各主要产业全面出现供过于求，且新的增长点未能出现。在深度状态下，一般会出现经济衰退，若同时出现金融危机等其他负面的突发因素，则可能引发经济危机。

对于中国来讲，由于几千年来处于"短缺经济"时代，过去的思维和学说主要局限在满足供应和发展生产方面。因此，在 20 世纪末的最后几年，在中国出现了如此普遍的"供过于求"和"通货紧缩"状态时，人们表现出的不解和不知所措是理所当然的。有效需求不足是历史在 20 世纪末给中国人的礼物，也是 21 世纪中国发展面临的最严峻考验。从某个方面讲，这个世纪的礼物上帝晚给了我们这个东方大国整整一个世纪。

二、有效需求不足下的金融风险表现形式

如果说有效需求不足还是一把"双刃剑"的话，金融风险则是悬在头上的"百慕大之剑"。倘若有效需求不足激化了金融风险，两者相互作用，则有可能爆发以有效需求不足为基础、以金融危机为引爆点的猛烈的经济危机，这是我们尤其应该注意的。

在中国面向市场经济的金融体系还未完善之时，有效需求不足这个不速之客便匆匆到来。尽管中国政府比较早地注意防范和化解金融风险，但金融风险仍有扩大之势，主要表现在以下几个方面：第一，由于市场需求不足，引发大量企业生产停滞、效益下降甚至面临破产，难以向银行还本付息，使得银行不良资产增加。第二，过去在土地开发和房地产项目上积累的问题非但得不到解决，反而因竣工房屋的持续增加形成了新的压力，也引起银行不良资产增加。第三，可能出现的国有企业"债转股"和破产，使银行不良资产暴露出来，可能引发对金融机构的信用危机（政府因素不能长久支撑）。第四，因历史原因形成的非银行金融机构欠银行的巨

额债务没有得到解决，且因非银行金融机构的整改而形成呆坏账。第五，其他渠道的投资缺乏吸引力，这使得股票市场因投机性过强而攀升到较高水平。以上海证券交易所综合指数1 800点为基数计算，股市的平均市盈率高达60倍，是正常情况下的35倍以上。如果出现股市狂泻，则有可能引发较全面的危机。第六，保险业亦有相当大的风险，寿险业在历次降息之后已大幅亏损。第七，国际评级机构一再降低中国金融企业的级别，国际金融业对中国采取只收不借政策。

三、有效需求不足引致金融危机的机理

我国金融风险的产生和发展，既有金融业本身发育不完善、市场化改革滞后的原因，也有宏观经济环境变化特别是全面的供过于求来得太快的原因，在某种程度上，也受国际金融形势特别是东南亚金融危机的影响。必须高度重视我国金融风险转化为金融危机的可能。就突发性而言，我们因为外汇管制等原因，可以避免东南亚某些国家和地区受国际投机资本突袭造成的灾难，但有两个爆发点仍是不可低估的：一是股市狂泻。在政府有意让股市维持较高水平并允许更多金融机构参与的情况下，一旦出现狂泻，不仅造成社会心理恐慌，还有可能直接冲击金融稳定。二是银行周转困难。从表面上看，中国居民的储蓄欲望仍然居高不下，在一再降息面前仍难以逆转，但并不表明这种状况不被突发事件扭转。现在居民存款并非选择银行信用，而是依赖错误的"政府信用"，而商业银行确实在资本充足率达不到起码要求（按《巴塞尔协议》应不低于8%，有些国家如巴西已提升至13%）的情况下出现了巨额不良资产（官方承认的数字为20%，我们认为最少不低于40%），储户的存款已有相当大部分流失。因此这种信用关系极度脆弱，稍有不慎，仍能引发全面挤提而使金融体系崩溃。

金融危机单独爆发，对社会经济的破坏作用就已经很大。它可能导致一系列灾难性后果，使社会的债务、信用链条遭到破坏，社会再生产的渠道扭曲甚至中断，还可能引发多种社会危机甚至对人的社会心理产生极度负面的影响。世界各国政府都把防范金融风险作为重要经济政策目标，就是基于这一认识。而在金融危机与深度的有效需求不足并发时，有可能爆发全面深刻的经济危机。深度有效需求不足尤其要求在深度状态下防止金融危机，以免放大金融风险。

中国的金融危机,应该说在国民党统治时期就曾经发生过。现在中国面临的金融风险,与当年政治腐败和穷兵黩武人为造成的风险完全不是一个概念。但中国的确面临巨大的金融风险,防范不力将向金融危机转化。而在当前,中国又确实面临着有史以来空前的一次有效需求不足。种种表象说明,这次有效需求不足是深度的。它直接影响了消费、供给(包括生产和服务)、投资,客观上也冲击了金融业,扩大了金融风险,使金融业面临的客观形势更加严峻。如果我们把这次深度的有效需求不足看成是一种不可避免和已经出现的格局,就需要把防止金融危机作为头等大事来抓。因为在当前处于深度有效需求不足的情况下,两者交汇将对中国的现代化事业产生不可估量的破坏力。这的确不是危言耸听,而是我们必须正视的一个现实而客观的问题。

四、防范有效需求不足与金融危机并发的对策

根据以上分析,我国当前经济工作必须着眼于既要解决有效需求不足问题,又要防范金融风险,特别是要关注两者的相关作用,防止两者并汇并发。在这种错综复杂的形势面前,我们必须把握综合平衡。防止"头痛医头,脚痛医脚",更要防止出现"解决一个矛盾,而又激化另一个矛盾"的情况。

中国仍然处于由发展中国家向中等收入发达国家过渡和初步市场经济的阶段,发展社会生产力自然是主要任务。因此,解决困扰我们的有效需求不足问题,启动消费,促进经济的全面复兴,才能有效舒缓社会经济矛盾,保证社会经济的健康发展。从这个考虑出发,中央政府在近两年陆续出台了一系列政策。在扩大需求方面出台的政策包括数次降低利率、增加出口退税、扩大基建投资、大幅提高公务员工资和下岗职工的最低生活补贴、增发国债而扩大政府消费等,在改善供给方面出台的政策包括鼓励高新技术产业发展、启动教育产业、调整传统工业和农业的生产结构、扶持下岗职工创业和进一步发展服务业等。这些政策的实施,缓解了由有效需求不足带来的压力,使国民经济保持了一定的增长速度,应该说是比较成功的。

由于1997年东南亚出现了影响巨大的金融危机,我们加强了对防范金融风险的认识,中央政府也采取了一系列措施,进一步改革金融体系使之适应市场经济的要求,加强了对金融企业的监管力度。这些措施包括加强

中央银行独立调控金融业的力度，进一步削弱与地方政府的依存关系而设置大区行，对银行、证券、保险业实行分业管理，成立中央金融工委以加强对金融企业的人事管理和监察，将原来由专业银行负责的政策性信贷业务分离出来从而使专业银行成为真正的商业银行，整顿过去一度比较混乱的信托公司和城市信用社，完善金融机构的内部监控制度，加大对违规企业的惩处力度，建立资产管理公司，使部分不良资产从银行分离出来，以及加大清收逾期贷款力度，建立信贷责任人制度等。这些措施的逐步实行，对于提高全社会特别是金融业内部的风险意识、防止产生新的风险、消除金融业内部风险的传递和蔓延等，都起到了积极的作用。

但是，在决策机构建立起将医治有效需求不足和防止金融危机有机结合的通盘考虑方面，应该还有进一步探讨的余地。在这方面，存在着许多技术性的问题，受本人专业知识的制约，不能完全充分展开分析。我仅从以下两个角度，谈谈自己的初步意见，求教于大家。

一是要注意针对有效需求不足而采取的政策措施，不能在客观上增加金融风险。例如，在现阶段我国银行的不良资产已远远超过资本金的情况下，尽管居民储蓄欲望仍很强烈，但保持相当的储蓄增量仍是保证金融稳定的主要资金来源。因此，在采取旨在降低储蓄欲望并促使居民资金转向消费和投资领域的导向性政策时，要防止储蓄大滑坡。资金来源（储蓄）紧张将会使银行出现短暂的支付困难，这将极有可能触动我国银行脆弱的信用神经。从理论上讲，国家的财政支持不足以解决银行不良资产造成的银行亏空。一方面，商业银行（包括国有商业银行）是独立经济实体，采用的是有限责任制的公司组织形式，国家财政有对银行施以援手的经济义务，但无相应的法律责任。另一方面，一般居民的认识是国有商业银行＝国家财政，即通常人们所说的我国银行的政府因素。其实，这是一个认识误区。这个误区若被某些突发事件冲破，后果将不堪设想。我并不是保守得连对利用利率税收杠杆都持简单否定的态度，而是说必须特别注意这些政策对金融风险的影响。类似的问题，如国有企业的"债转股"，让一个资本金100亿元的公司向银行负债几千亿元的问题，这种在最终债务人的经营状况和竞争能力没有根本改观条件下的转换，在理论上可能有很多好处，但如果实际操作不当，就是一个"数字游戏"，特别是债转股后的国有企业，失去了负债压力，等于回到了"拨改贷"前的状态，而这些企业依"债转股"后的资产负债表再去寻求新的信贷，如无特别有竞争力的高新技术产品和市场营销能力做支持，则可能使银行很快形成大量新的不良资产进而扩大银行的风险。关于这个问题，应该说是更复杂的问题，这里只能提出一个思考的路子。

二是证券市场政策必须稳健，切忌"杀鸡取蛋"。前面已述，我国股市的泡沫成分很重，在企业普遍经营不景气的状态下，政府再采取推高股市的措施，使公司市价脱离公司基本状况，最终只可能是"爬得越高，跌得越惨"，特别是利用股市热烈氛围为国企上市融资解困，将为证券市场埋下隐患。证券市场是居民直接投资的领域，世界各国均以保护小股东即一般散户投资者作为证券立法和市场管理的基石，我们切不可在这个上面犯大忌。利用证券市场转移国家困难是必定要付出惨重代价的投机行为。在目前各类法人机构，包括金融企业的资金大量入市的情况下，证券市场更应采取稳健的政策，特别是要遵循证券市场自身的法规和发展规律，使市场价格逐步具有投资价值，而不是进一步推高股市。应该说，防止股市暴跌，首先要防止政府主导股市脱离实际的暴涨。

深度的有效需求不足和金融危机并发，曾经在人类历史上留下惨烈的纪录，但对于我们这样一个新型市场经济国家来讲，从未经历也就没有经验。因此，这个题目只是一个有客观需要的假设，我们不希望它出现，但更重要的是要研究探讨，提高认识，防患于未然。

原载《金三角》2000 年第 10 期，《金融信息参考》2001 年第 2 期以《有效需求不足与金融危机》为题全文转载。作者单位：中国诚信证券评估有限公司。

中国民营企业的扩张和融资道路的选择

（二〇〇六年七月）

一、关于企业扩张

从计划经济走过来的中国，民营企业的发展经历了一个从无到有、从有到大的过程，而这个做大做强的过程也是市场经济环境下企业发展的自身规律。不大不强的企业到最后只能被淘汰出局。

所有民营企业都面临一个做大做强的问题，这实际上就是一个扩张的问题。

（一）做大还是吃大

扩张的必要性是不言而喻的。那么，企业怎样来扩张呢？这个里面是有规律可以探讨的。现在通行的说法是，企业的扩张做大有两种做法：一种是"做"大，另一种是"吃"大。

所谓"做"大，就是自己慢慢地把企业产业链做长，逐步扩大生产领域和规模。这样慢慢成长起来的企业非常多。民营企业特别是台州的企业，大部分都是以这样的方式发展起来的。

还有一部分企业是"吃"大的。这类企业的成长过程就是一个不断兼并、整合的过程。国际上，也活跃着这样一些企业，通用电气公司就是其中的一个成功代表。由于不断地跨行业、跨国界兼并，没有人能说清它到底是从事什么产业的。它是通过对不同领域企业的兼并、收购"吃"大的。国内也有一批这样发展起来的企业，比如复星集团。前不久，我曾听郭广昌董事长说起这个问题。他说，他的办法就是"吃"大——一个企业家不可能有那么多精力和时间去创办那么多企业，然后逐一做大。一个大企业家要做的，就是把他的能力发挥出来，去向外扩张。

1. 关联性扩张还是跳跃性扩张

"吃"大显然是需要资本杠杆的，也是管理能力和资本的结合。从企业扩张来说，我们还要看企业是怎样实现其扩张的。不管是"吃"还是"做"，扩张都有关联性扩张和跳跃性扩张两种选择。

关联性扩张，就是企业扩张发展的方向跟原有的基础有很大的关联度。相反，跳跃性扩张是关联度不大的发展模式。比如说，现在做汽车整装生产的企业去做汽车零配件，做汽车销售、售后服务等，那么这样的扩张应该是关联性扩张。而汽车企业去做网络之类的行业，那就应该算是跳跃性扩张了。

两种扩张方式各有优点。从企业发展的现实选择来看，也不能简单地评判关联性扩张和跳跃性扩张哪一个是合理的，哪一个是不合理的。关联性扩张可能风险较小，对企业来说也是驾轻就熟，水到渠成；但跳跃性扩张却可以使企业增加利润来源，减小行业性风险。与此类似，改革开放以来，国内涌现了一批非常成功的农民企业家，他们就非常了不起——并不是出身农民，他们的扩张就只能是扩大种地规模。

事实上，从企业的扩张实践来总结企业发展的规律，我们可以发现大多数企业都是走关联性扩张的道路。这一点值得我们研究。

2. 关联性扩张的两种基本模式

更进一步说，关联性扩张又可分为两种基本的扩大模式：一种是以现有基础为出发点来进行的产业链扩张；另一种是区域性扩张。

产业链扩张是基于同样的客户对象，企业向他们提供附加值更高的或者功能更新的产品，或者基本上跟以前的产品不一样，但是却属于同一个消费类型的产品。比如保健品公司也可以去满足客户医药医疗方面的需求，或者公司将产业延伸到健身、旅游这样的大健康产业类项目上去。

区域性扩张是指地理概念上的范围扩张。比如，企业由最初的在台州生产销售，逐步拓展到浙江全省、全国，进而将生产链、销售链的各个环节拉伸、分布至全球各个地区。这种生产和销售的扩张是围绕现有的产品和服务，主要以区域扩张为特色的。

这是关联性扩张的两种最基本的类型。

（二）扩张的边界受制于供给能力和需求规模

企业要通过产业的扩张来完成自己的梦想，实现企业最终产品、产业的布局。如果很多企业都对自己的现状表示十分满意，故步自封，那显然是有问题的；但盲目的扩张也是有问题的。那么，企业扩张的边界是什么呢？

从经济学来讲，企业扩张的边界受制于需求，也受制于供给。

从外部的市场需求来看，企业的市场销售网络和某种产品的市场需求有多大，企业的扩张边界就有多大。每一种产品的功能、效用都是有限的，其市场对象也是有限的。大概只有这么多人有这种需求，有这种购买力，那么就只需要派数量与之相应的人员去布点销售。如果一家企业不顾实际需求，盲目地扩张自己的市场，扩大生产，显然将招致失败。

或者，企业为了达到垄断性地位，为了将全国甚至全世界的同行都挤出市场，而采取扩大生产能力和销售网络这样的扩张方式，这是很有挑战性的，如果战略设计不细致，急躁行事也是有问题的。所以，准确分析和把握市场的有效需求总量、消费特点，合理构建企业的自有销售网络是很重要的。

另外，从企业内部的供给能力来看，企业的资金、技术、管理和产品竞争力等因素决定了扩张边界。比如，企业管理的能力强弱就在很大程度上制约了其扩张能力。企业要研发新产品，要并购其他企业，最重要的就是对新技术团队、新管理团队的管理，同时包括严格、规范的财务管理等。TCL并购汤姆逊、联想收购IBM个人电脑事业部，让人关注的不仅是收购价格的高低，更重要的是它们能否收服人心，能否将被收购企业顺利地融入自己的企业文化和管理体系中来，使新团队为其所用，使企业成为一个新的健康有机体。

事实上，大部分企业的扩张都与管理有关。一个企业到了一个更高境界的时候，剩下的只是品牌和管理，而不再停留于、着力在研发、生产、销售这样的具体环节。

当然，进行扩张最重要的是资本，这是扩张的第一前提。没有资本，收购、研发便无从谈起，提高生产能力和供给能力也是无米之炊。

1. 所有气球都是吹炸的

谈到扩张的边界，这里面有两个概念是大家需要认识的：一个是所谓的"橡胶效应"，我的表述是——"所有气球都是吹炸的"。一块橡胶就是企业的现状，现在我们要把企业做大，把气球吹大。气球的球壁如果很厚，那么，只吹起一点点泡来，这个气球肯定不好看。只有在气球吹到一定大小，各方面受力都比较充分、均衡，又具有一定弹性的时候，这个气球才是最美丽的气球。但是，如果你再吹多一点，气球就炸掉了。

所以，"所有气球都是吹炸的"是所有企业家永远都要记住的一句话。气球大了固然好看，但它是有边界的。

2. 供给能够创造需求

同时，我们要记住另外一句话，即西方经济学家萨伊的著名论断——供给能够创造需求——也就是著名的"萨伊定律"。

我们很容易理解有需求就会有供给，正如我们要吃饭买米，就有人生产粮食一样。但很多需求不是以前就有的，在人类的实践活动中，在科技发展创新甚至生活方式的转变过程中都可能创造一种新的需求。比如现在广泛使用的互联网，本身也不是人们生活所必需的，最早只是运用于军事目的。但是随着社会的进步，人类对生活质量、工作效率提出了各种各样新的需求。围绕这些新产生的需求，依托网络的信息资源优势和传播优势，新的服务、产品不断出现，各种新兴行业也不断涌现，包括手提电脑这样一些物化的产品和网络聊天、网络游戏这样一些虚拟的、精神的服务，都是在这些新的供给之下产生的。正是因为有了这个供给，才出现了电子信息产业发展的历史性机遇。现在电子信息产业已超过传统制造业成为第一大产业。这是供给创造需求这一论断的强力佐证。

一个伟大的企业家就要有能力推出一种全新的产品或服务，并且让其成为社会的需求，从而能够从更高层次来推动社会的进步。蒸汽机的出现催生了第一次工业革命，引领了工业化时代的到来；而电的发明和发电机的诞生改变了人类社会征服自然的力量格局，现代电子信息产业的变革则改变了人类社会的工作和生活方式。

二、企业扩张的融资选择

要选择正确的扩张之路实际上是很困难的，它受制于很多因素。结合我的个人专业，这里将主要对融资与企业扩张的关系，谈谈我的一些看法。

（一）融资的两个来源

前面讲过了，不管企业怎么扩张，是关联性扩张还是跳跃性扩张，是"做"大还是"吃"大，都需要资本。

这些资本一部分是内源性供给的，就是企业自己的利润积累；而更多的是外源性供给的，即通过吸收社会资本得来的。企业就是一个吸收社会资源的载体，在这个平台上可以使资本和人才等社会资源重新配置。

（二）融资选择

大家都知道，"融"和"投"是不一样的。投，是投出去，我有钱，我给别人；融，就是我吸收钱。融资是一个企业非常重要的发展手段，一般可分为直接融资和间接融资。直接融资就是凭借企业的自身条件（包括信用）在资本市场直接从投资者手上以股权和债权方式获取资金；间接融资就是企业向银行借款，而银行从投资者那里吸收存款，企业和投资者的关系是通过银行的运作间接实现的。由于这些都是常识性的概念，我就不全面细致地解释了。

（三）融资方式的三个阶段

在企业不同的发展阶段，就应该有不同的融资方式的选择。我们可以比较简单地把一家企业的发展定义为三个阶段：初期阶段、中期阶段和成熟阶段。

1. 初期阶段的融资选择

初期阶段就是企业的初创阶段：一个转型的普通劳动者有一个灵感，他想创办一家公司；一个原先在企业里面工作的管理人员学会了一个窍门，他想创办一家企业；还有一个突发奇想的发明者，他要创办一个工厂……要开公司，要购租场地、设备，要聘用员工，首先需要的就是资本。那么，他们怎样取得初始的资本呢？

初期阶段的融资可以分为两种：一种是债权融资，另一种是股权融资。这个时候企业能得到、支配的资本是不多的。如果这个时候你讲的只是一个近乎天方夜谭的故事，而此时你这家企业或个人没有任何可供质押的东西，想从银行借钱是很难的。这个时候往往只有两种资本可以用。

（1）债权融资。

私下借钱。这条路在中国叫作民间借贷——高利贷。江浙地区特别是浙江，之所以能够成长起那么多企业家，跟这种融资方式是密切相关的。

如果你相信我的想法和能力，愿意把钱借给我，我就在约定的时间内用高息加本金来还给你。这种方式以前被称为非法集资，但它在中国民间经济的发展壮大过程中却起着不可或缺的作用，它的贡献也是有目共睹、不可抹杀的。过去是这样，在今后很长的一段时间里，民间借贷也将是中国民营企业初创阶段的主要融资方式之一。

民间借贷是双方自愿的行为，不能简单地"扣帽子"，指责非法或不非法。说非法，那只是我们国家金融垄断的一个表现，实际上是违反经济社会发展规律的一个很不科学的东西。目前，政策法律的制定者们也已经认识到了这一点，相关的法律、政策也正在调整。这种融资方式在中国叫作私募也好，叫作民间借贷也好，相信迟早要把"非法"二字拿掉。

在西方还有一种规范的融资产品叫作垃圾债券。它的信用级别很低，但回报却给得非常高，可以超过30%。谁看准了都可以买，但是没有股份，只能把本、息还给你。但也有一种可能，这家企业到时还不了债，甚至破产了。因此，西方的垃圾债券不是有人理解的坏账，而是一种风险、收益都很大的债券。

(2) 股权融资。

另外一种方法叫创投——创业投资。有一种专门搞创业投资的人，他们专门把钱投给那些创业的人。投资者看好这家企业，就通过资本入股的方式来取得企业股份，实现长期的利润共享。

应该说，这种融资方式的优势、劣势都很明显。一方面，优势就是企业能够无担保地取得需要的资金，而且能够分散风险——若创业失败了，创办者只损失自己投入的一部分，而无须为风险投资者买单。另一方面，它很大的一个弊端就是融资的未来成本很高——若企业发展盈利了，就必须按股份比例分配利润，做得越大，与人分享的也就越多。

初期阶段的融资就是这样：要么用很高的利息借钱；要么就用很低的价格出卖企业股份——只有这两种选择。但是，这也很公平。如果资源不够，企业想要创建、发展，就必须付出代价。

2. 中期阶段的融资选择

到了发展的中期阶段，企业已经走过了相对艰难的初期阶段，展示出比较好的发展形态，这时，融资主要采用两个方法：一个是常规的银行借贷，另一个就是吸收直接投资。

(1) 银行借贷。

在初创阶段，银行是不会参与的。为什么？银行有自己的考虑：我借给你的钱是全部，但我能收到的利息却只是很有限的一部分。而且，一旦到期时你还不了，我可能连本金都收不回。中国银行的利息大概是5%上下，这就意味着，银行放贷的20笔生意不能垮一笔——如果有一笔本金收不回，银行的20笔放贷就等于都白干了。正因为银行的收益不高，所以它们是肯定要控制风险的。

在企业发展的中期阶段，在企业有了一个常规的现金流和还本付息能力时，银行开始介入。

(2) 直接投资。

直接投资有两种投资者可以考虑，即战略投资者和行业投资者。一方面，他们会考虑向你投资；另一方面，对于他们的投资你也有权做出权衡。

一种投资者是我们所说的战略投资者——投资的目的就是以后在市场上以更高的价格卖掉。而且，这类投资者一般不会参与企业具体事务的管理。

另外一种投资者是同行业的投资者。投资者来自同一个行业，他们希望与你合资,把你的企业做得更大,同时输出他们的品牌和管理。

这两种投资的背后是两种不同的目的:一种投资是为了上市、流通,实现资本增值;另一种是最后要兼并你的企业。但不论哪种投资,都一定是因为投资者看到了这家企业的价值。

对于以上现象,我们可用民间流传着的一句话来总结,那就是:"收购别人是有实力的表现,被别人收购是有价值的表现。"

作为被考虑的投资对象,肯定具有一定的价值,被投资者认为具有良好的发展前景或某方面的利用价值。要么你的企业可以作为他的产业延伸的一部分;要么你的企业可以作为独立上市的一个部分,今后可以吸引喜欢资本交易的其他股票投资者。

(3) 融资的规模。

中期是企业发展的一个非常重要的阶段。对于大多数企业来讲,在这个阶段都出现了很多问题。克服了问题,它就有可能继续发展成大企业,而没有过关的企业则有可能衰落甚至消亡。

这个阶段的企业融资有一个融资的规模问题。这个规模实际上是指与企业股本相适应的规模,也就是融资的配比问题,即股权与债权在整个企业融资结构中的比例问题。

有的企业股本很小,却过度地借贷,造成企业的负债率过高,经不起风险。负债率的考虑在企业经营中是很重要的,这直接关系着企业能否稳健、长期成长。

我在香港工作过三年。在跟李嘉诚的一次交谈中,他曾说:"我的企业负债率不会超过35%。"只要是李嘉诚经营管理的企业负债率都不会超过35%,这是他的一个原则,其实这也是很多香港私人资本家的负债基准线。

李嘉诚的原则是这样,有的企业却不是这样。现在有一些企业,如海南航空公司的负债率超过了90%,也照样在经营发展着,也还有人投资。事实上,不同企业对什么是合理的负债率的理解是不一样的。这是由不同企业家的不同经营理念造成的。

(4) 警惕同行业的扩张性投资。

在这个时候企业要不要吸引投资者,要吸引什么样的投资者也是很关键的。很多品牌、很多中国优秀企业的苗子就是因为在这个时期被一个貌似美丽的光环——"中外合资"的说法给迷惑了,最终步入了消亡。

国际资本通过合资消灭了竞争品牌,因为这是同行业的扩张。这种同行业的扩张是很值得警惕的,所以很多企业在寻找资本的时候,都表示不要同行业企业的投资。因为同行业的投资者来投资,无非就是为了吞并这家企业,而不可能是为了发展这家企业,让它壮大后与其竞争。这是不可能的。

(5) 以平常心对待投资。

但是,作为一种产品的生产者,作为产业链条的一个部分,企业的合并和重组也是一个常态。如果没有大量这种企业,就没有世界上的跨国公司和超级企业。这也是企业有价值的表现。

对一个投资者而言,之所以要投资一个项目,必然是因为他看好项目的前景。由于他不参与管理,所以对你的要求就会很苛刻,要求的回报率也会很高,对你的透明度、目前的经营状况、发展潜力等也有很苛刻的要求。同时,他也要看项目的风险,觉得项目基本上没有什么风险,他才会投资。

所以,我觉得中期阶段应该是一个非常慎重的阶段,也是很多企业所经的一个状态。

3. 成熟阶段的融资选择

到了成熟阶段,企业融资以资本市场为主。

在资本市场,可以采用借的方式,也可以采用卖的方式。卖的方式是指企业上市出售股份。这样取得的溢价是比较高的,企业价值得到了承认。另一种方式是借,以发行企业债券为主,企业可以发行长期或短期的债券。上选的融资手段是企业债券。

在中国,长、短期的债券都有。长期债券有20年期或30年期的。目前,这些债券都由国家发改委控制,并且基本上只允许一些大型国有企业发行。现在也有短期债券,像中国人民银行发行的短期债券,利率只有2%多一点,不到3%。所以,债券市场的融资是成熟企业比较好的选择。它的成本比较低,可以根据企业长短投资和短期流动资金的各种需要灵活安排。

当企业发展到一个较高的层次时,只要不进行过度扩张,基本上都能通过资本市场获得自己所需的资金。

(四) 扩张阶段性选择、融资阶段性选择及其配比

现在我们要研究的就是扩张阶段性选择和融资阶段性选择及其配比。

"做"大的企业,特别是走关联性扩张道路的企业,在其发展的初期和中期,应该考虑这两个阶段性选择之间的配合。也就是说,企业处在发展的初期和中期，就应该按照初期的、中期的融资方案来做。

"吃"大的企业，应该主要是成熟期的企业。如果企业还未成熟，就想去兼并别的企业，那么管理水平、企业资源肯定是不够的。很多企业自己尚立足不稳，但却由于在这个时候正好有机会得到一笔钱，就拼命去扩张。结果往往是"赔了夫人又折兵"，甚至自己也被吃掉。

若企业自身状况不好，想吃掉人家是很难的。不仅是企业，一个国家也有这样的情况。若一个人口较少、文化相对落后及弱势的民族对另一个民族进行入侵和统治，最后将很有可能被同化、消融。这种现象在中外历史上屡见不鲜。

所以，要十分慎重地选择扩张和兼并的道路，而且在不同的阶段就要有不同的选择。

同样，在选择融资的时候，也要认清企业属于什么阶段，必须对此先做一个研究和判断。当然，这个研究、判断可以是自己做，也可以请专门的机构做，要对企业的市场、经营状况有一个比较深入的了解和把握。

从某种意义上讲，融资的边界就是企业扩张的边界。企业能融集多少钱，就可以扩张到什么程度。相应地，企业融资处在什么状态，就应该清醒地认识到自己的扩张应该到什么程度为止。

以上都是一些基本的道理。在实际操作中，对企业而言最重要的还是在扩张的时候怎样融资。这是另外一个题目。

（五）融资者先要掌握投资者的心态

关于这个题目，我只说一个很多人不太注意的规律，那就是：融资的人有自己的原则，投资的人也有自己的原则。

通常，在两者之间发生交易的时候，往往是投资一方占据优势地位，就是他的原则是很难改变的。所以，想融资的人就要先研究投资的人，不管是银行、债券发行者，还是战略投资者或同行业的投资者，我们首先要了解他们的心态是什么。我们要研究投资者的规则，按照投资者的规则来办事。

很多融资者对投资者讲述的是自己的一个故事。这个故事可以打动人，影响别人的感情，但并不能拿来资金。拿不来资金，就是因为想融资的这一方对资金持有方的原则、规则认识得不够。而这却是非常重要的，往往决定了融资的成败。熟悉和掌握投资者的原则需要一个过程，在这个过程之中，融资企业可以通过各种各样的中介机构来提供服务和帮助。

（六）民营企业的融资瓶颈问题是由经济规律决定的

我们在研究民营企业的时候，长期谈论资金的瓶颈问题。

这么多年我一直在资本市场做,但应该说我的发言是比较少的。为什么比较少?就是因为我考虑这些问题所得出的结论,与大多数专家学者是完全不同的。

民营企业该不该得到银行贷款,该不该上市?这是有规律可循的,要符合银行经营原则和资本市场运行规律。这并不是简单地用一句"有政治偏见"就可以概括的。银行只借钱给大企业,而现阶段大企业主要是国有企业;银行不愿意借钱给小企业,因为现阶段小企业主要是民营企业——那是经济规律,不是政治规律。有些人(泛政治化论者)说那是政治规律,实际上与此无关,或者说不是主要的原因。

银行的经营观念和原则是相对固定的。银行不愿意也不可能去做任何风险投资,因为它所得的利息很少。在风险很大的企业初创时期,你应该去找那些追求高收益而宁愿冒高风险的投资者,而不是去找银行。在企业发展很稳定、很多人愿意借钱给你的时候,去找利率较低的银行贷款就对了。

所以,解决民营企业融资的瓶颈问题,核心是研究规律,掌握投资者的原则和心理,最后实现投融资的结合。

在中国,能把握住融资时机的人就能够扩张成功。从现阶段来说,中国企业做大做强,核心就是更熟练地、更好地掌握金融和资本市场的操作技巧。

原载董辅礽经济科学发展基金会所编的《中国民营经济的探索之路》一书,武汉大学出版社 2006 年出版。作者单位:中国诚信信用管理有限公司。

中国经济将步入次高速周期

(二〇〇九年十月)

编者按：危机终将过去，无论是世界还是中国，都思考并憧憬着新一轮经济增长。我们将面临的，是新的国家竞争环境和经济增长时期，以及如何从短期的危机治理转向长期的经济发展。随之而来的，是一系列深刻而又现实的问题：中国经济传统高速增长模式终结了吗？传统经济增长的源泉和路径改变了吗？若果真如此，到哪里寻找新的增长源泉？按什么思路去找？它能保证仍旧获得高增长吗？日前，中国人民大学经济研究所课题组发布的《中国宏观经济形势分析与预测报告（2009年第三季度）——次高速时期的中国经济增长》认为，中国经济增长的传统支撑点已开始衰弱，中国经济将步入一个较长时期的"次高速增长期"。就此话题，本刊记者专访该所联席所长毛振华教授。

一、传统经济增长因素出现五大变异

记者：我国此前的经济持续高速增长，有赖于市场化、国际化、工业化、人口红利、高储蓄、高投资等因素的支撑。在您看来，它们在未来经济增长中的影响力和作用是否会有变化？

毛振华：中国经济非常幸运，赶上了经济全球化、信用消费、信息产业革命这三个重要的历史机遇，三者叠加成为创造中国经济奇迹的核心因素。

但是，由于市场经济体系基本建立、新型的全球分工格局已经出现、人口结构逐渐向老龄社会过渡、城市化（现一般称为"城镇化"）进程已经度过其加速期、重化工化阶段已经完成，我国经济增长的传统支撑点已经开始步入其边际递减或总量衰退的变异阶段。

记者：这些经济增长的传统支撑点的影响开始出现递减、正在走向衰弱的原因是什么？

毛振华：逐个来看，一是体制转轨带来的资源配置效应开始衰退；二是全球化红利开始步入平稳发展阶段，国际贸易的加速增长将被贸易平稳增长所替代；三是工业化虽然进一步发展，但第二产业对整体经济的主体效应和带动效应已远不如从前；四是人口红利已经过拐点，人口负担的反向效应开始出现；五是城市化程度虽然依旧会稳步提高，但其产生的增长冲击力量在加速回落。

记者：我们该到哪里去寻找经济增长的新源泉呢？

毛振华：仅仅从对立面去找肯定是不对的，但是对立面的确是一条很重要的路径。我国经济增长的未来源泉可能转向"消费率提升""城市化加速""服务业发展""技术创新与技术深化""社会改革和政府体制改革进一步推进所带来的资源配置效率的提高"5个方面。计量表明，我国消费率每提高1%，带来的GDP增速的提高将达到1.5~2.7个百分点；城市化水平每提高1个百分点，人均GDP将提升2.25个百分点；服务业占比每提升1个百分点，可带来经济增长提高2个多百分点；社会改革与政府体制改革带来的资源配置效率的提升空间，可以与前期市场化改革相比拟。

记者：在您看来，中国经济是否仍可保持较高增长速度？

毛振华：中国经济还存在着国际上的相对比较优势，国内市场还有很大挖掘空间，城市化、工业化水平还有可能进一步提高，中国经济的发展趋势并没有改变，将进入较长时间的次高速发展时期。

据我们预测，中国经济的平均增长率在未来3年还会保持在9%左右，但是会逐渐回落，至2020年降至7.5%左右。

二、经济次高速增长呈现六大特征

记者：既然说我国经济增长速度不可能出现根本变化，是否意味着经济增长支撑因素的转变和切换过程也将是平缓渐进的？

毛振华：这种变化将是良性的、循序渐进的，而不是突发的。这轮结构转型和调整，是在传统经济增长模式的惯性基础上的适度调整，是传统经济增长因素退出和新因素出现的过程。

我刚刚说过，其间中国经济会处于一个次高速增长期。而在这个增长期之后，中国将成为中等发达国家。这个次高速增长期将呈现以下六大特征：

一是目前世界经济危机并没有改变中国高速经济增长的趋势，未来4年内的经济增速依然将保持在9%左右。

二是中国经济增长轨迹的变化将缓慢发生。

三是在增长轨迹转变的进程中,新增长源泉对传统增长源泉的替代使中国经济增长一方面依然具有高速经济增长的态势,另一方面也将出现总体缓慢下降的趋势,中国经济将步入一个较长时期的次高速增长时期。2008—2012 年的平均增速将为 9.0% 左右,2013—2022 年将为 8.2%~8.8%,2023—2032 年将为 7.3%~7.6%。

四是未来各种因素对经济增长的贡献率将发生巨大变化,资本因素的贡献率将下降,而技术和资源配置效率的提高对经济增长的作用将大幅提升,劳动因素将在经历 15 年左右的平稳期后出现上扬态势,但从绝对额来看,中国未来经济增长依然具有高储蓄、高投资、高资本、高速度的特色。

五是从供给结构与需求结构来看,未来次高速经济增长的结构都处于良性调整的过程中,但调整的速度较慢,人们所期望的快速的结构性调整与快速的增长方式转变不会出现。与此同时,调整的模式具有明显的需求先导型、产业内部深化等特点。

六是人们原来所想象的"内需驱动增长模式替代外需驱动增长模式""消费主导型增长模式替代投资主导型增长模式""技术-人力资本密集增长模式替代资源密集增长模式""服务化驱动增长模式替代工业化特别是重化工化驱动增长模式"的增长模式大转变并非想象的那么迅猛。

具体表现为:第一,消费对经济增长的作用较 2008 年以前将出现一个明显的转折性的变化,全面扭转消费贡献下滑的趋势,并且在 2015 年之后消费的贡献率将明显回升。但值得注意的是,这种回升的势头总体来说要比很多学者所想象的速度慢得多,消费占 GDP 的比重的回升基本要到 2015 年后才会出现,并且到 2022 年左右该比值才会回到 2001 年的水平。第二,净出口的贡献率在这轮世界性经济危机之后将出现一个明显的回调,到 2022 年后才会出现明显的回落,因此外需驱动向内需驱动的转变过程也比很多专家想象的要漫长。第三,投资计量结果与要素测算结果基本一致,即资本依然是未来 20 多年中国经济增长的第一推动力。因此,投资贡献率虽然处于下滑的状态,但是它在 GDP 中的占比将在未来 8 年内出现持续提升的现象,到 2020 年左右才会出现明显回调。

三、增长模式转变坚持六大动态平衡术

记者:明确调整方向固然重要,然而"道"需要有"术"的保障才能

实现。在经济转型这个动态过程中，肯定也需要一些智慧和技巧吧？

毛振华：在这个调整过程中，当然需要动态平衡，防止急于求成的想法和运作。要完成经济增长模式转变，需要坚持"六大动态平衡术"。

第一，在需求结构转型过程中，必须注重总需求"三驾马车"的动态平衡术，外需驱动转向内需驱动并不等于简单缩小净出口的规模，投资驱动转向消费驱动也不等于单纯地压制投资的规模。我国出口-投资驱动增长模式不仅有其深厚的国际分工体系基础，更为重要的是具有内部储蓄基础，出口-投资驱动增长模式的调整不仅依赖于传统粗放的开放政策和投资政策的调整，更依赖于国际分工环境和内在分配-储蓄体系的变化，简单采用压低出口和投资的转型方法只会导致宏观经济在需求快速下滑与结构冲突激化的双重压力下出现崩溃的局面。

第二，在加速的城市化进程中，必须重视经济转型与社会转型之间的平衡。城市化带来的投资和消费的增长是以全社会的社会改革为前提的，城市化的速度快于社会改革的速度不仅会带来城市化成本急剧增加的问题，更为重要的是它很可能成为我国社会结构崩溃的导火索，使高速经济增长失去稳定的社会环境。

第三，在工业化驱动模式向服务业驱动模式转型过程中，必须高度重视服务业与制造业、服务业与消费之间的互动，而不能简单通过打压工业投资和工业发展来提升服务业的比重，也不能通过简单提高服务业的投资来增加服务业在GDP中的份额。进一步工业化、消费水平的提升与服务业投融资体制的改革依然是服务业增长贡献率进一步提升的三大要点，服务业的发展需要进行层次化分类处理。

第四，在向新技术、新能源、新产业驱动型经济发展模式转变的进程中，必须重视需求型技术变迁与供给型技术变迁之间的匹配，重视产业的技术基础与经营基础之间的匹配、技术变迁与制度变迁之间的匹配，避免在产业升级和技术创新盲动性的驱使下，陷入"新能源陷阱"与"动态比较优势狂躁症"之中。

第五，应当重视后工业社会目标与工业化社会目标之间的平衡，避免过度利用后工业社会的目标来评判工业化发展的各种措施，防止出现盲目跟随发达国家的发展目标和发展措施，使我国政策目标陷于"内在冲突""目标无解"的困境。

第六，我国社会与政治结构往往需要我国经济保持一定的增长速度，未来我国经济在增长模式转变和新轨道运行的进程中依然有保持高速增长的基础，增长目标不宜大幅压低，结构调整、增长方式变轨并非与高速增长存在必然的冲突，"在高速增长中调结构"过去是、今后也依然是我国未来经济发展的基本原则。

记者： 您能否提一些既有利于短期的经济增长又有利于长期的结构转型的建议？

毛振华： 当然可以。一是经济结构转型和经济增长方式的调整速度不宜过猛，在坚持"在高速增长中调结构"的原则下，目前"速度"依然具有首要性和战略性。二是应当将社会结构转型速度与经济转型速度之间的矛盾作为当前政府需要解决的核心矛盾，全面解决社会转型滞后带来的各种问题，使中国经济在以"社会改革"为核心的改革中获得"第二次生产力大解放"，为此应当加速社会保障体系、收入分配制度以及其他社会安全网的建设，并制定相应的社会改革长期规划。三是应适度调整目前"反危机、防恐慌"的短期应对政策，转向以经济转型和培育新增长源为着力点的、兼顾短期的宏观经济政策。四是投资政策不宜大调整，中国依然需要较高的投资增速。五是收入分配制度改革特别是初次收入分配制度改革应当成为改革的核心要点。六是农村改革与城市化改革速度应当匹配，而且要积极、稳健地推进城市化进程，进而扩大国内需求。

原载《中国教育报》2009年10月6日，为该报记者双华斌对中国人民大学经济研究所联席所长毛振华教授的采访。

促进经济增长源泉的转换

（二〇〇九年十一月）

以美国次贷危机为先导的世界经济危机对我国宏观经济带来了剧烈的冲击，2008年第三、四季度，我国经济出现深度下滑。2009年第二季度，随着政府财政刺激政策的落实，我国经济呈现出企稳回升的态势。社会各界关注的核心开始逐渐从短期危机治理向长期经济增长问题转变。复苏后的中国经济是否会步入全新的经济增长轨道，在很大程度上取决于经济增长源泉的转换。

一、我国经济高速增长的传统源泉及其变化

1. 市场化改革制度红利步入递减区域

市场化改革是改革开放30年中推动我国经济增长的核心要素之一，其平均贡献率达15.89%。随着市场化改革的全面推进，其对经济增长和资源配置效率改善的作用开始步入递减区域。据计量研究，市场化对我国经济增长的年均贡献率，1978—1989年为14.13%，1990—1999年为23.69%，2000—2008年仅为8.56%。据多个研究机构测算，我国市场化总指数在2000年以前处于不断加速上涨的状态，2001—2005年处于匀速增长的状态，平均每年提高8.9%，2006—2009年则处于增速递减的状态，平均每年增长2.4%。衰减的核心原因就在于，在加入WTO和大量相应制度改革之后，我国已成为市场经济国家。按照欧美反倾销领域中市场经济地位标准和测度体系来测算我国的市场化程度，我国早在2003年就已经超过市场化的临界值60%，达到72.8%。到目前为止，我国市场化的程度已经超过85%。在社会商品零售总额中，实行市场调节价的商品和服务已经占到95%以上，80%以上的企业完成了现代企业制度改制，市场化程度处于中等发展中市场经济国家的水平。目前，已有97个国家承认我国的市场经济地位，美国也承诺将在2009年10月承认我国的市场经济地位。市场经济体制的建成，意味着体制转轨历史任务的完成，通过市场化来获取资源配置改善效应的空间将越来越窄。从计量角度来看，市场化对经济增长的拉动作用也将大幅减弱。同时，我国市场化水平进一步提高，不依赖于单纯

的放权让利和体制性的转轨,而是依赖于以收入分配、社会保障、政府体制为核心内容的社会政治体制改革,难以成为推动资源配置效率提高的核心动力源。

2. 出口作为经济增长的核心动力和主要源泉难以维持,并将步入递减区域

我国高达60%的外贸依存度已超过历史上任何大国经济的极限。主要发达国家和地区外部不平衡的调整速度将压缩我国外部需求的空间,我国货物出口地的经济增长大幅放缓制约了外部需求增长的潜力,出口品集中度不断上升逐步界定了我国出口品的国际市场容量,劳动力和资源成本上升以及汇率升值压力制约了出口品的国际竞争力,逆周期的贸易政策会进一步降低我国经济的外部需求,出口退税政策难有进一步提升的空间。因此,出口作为经济增长的核心动力和主要源泉难以维持,并将步入递减区域。

3. 工业化的传统模式难以为继

2008年,我国工业化程度达到42.9%,工业对GDP的增长贡献率达46.1%,工业化快速进程对我国经济的发展起到了重要的推动作用。但长期以来粗放式的工业化不仅对资源和环境造成了巨大的浪费和破坏,还带来了当前产能的极大过剩,成为我国经济结构调整的主要方向。未来我国工业化程度的提高将受制于环境和资源的约束,传统粗放型增长模式亟须改变。

4. 人口红利逐渐衰竭

长期以来,我国经济增长依赖于丰富的劳动力资源和低成本的劳动力价格优势,人口红利支撑着经济的高速发展,但随着老龄化比例的不断提升以及低成本劳动力优势的丧失,我国人口红利逐渐衰竭。随着《中华人民共和国劳动法》(2009年修正版)的实施、未来社会保障体系的不断完善以及收入分配格局的改革,我国劳动成本将有所上升,低廉劳动力的时代已一去不复返。

5. 依赖高储蓄拉动经济增长将出现调整

从1980年开始,我国国民储蓄率呈现出持续增长状态,始终在30%以上,很长时间在40%以上,2005年更是达到46%的高水平。储蓄率为国内经济增长提供了极为充足的资本来源,进而支撑了我国经济的高速增长。研究表明,国民储蓄率高和我国的人口结构有很大的关系。一般来说,工作年龄段的人口占整个人口的比重越高,储蓄率就越高。随着我国

迈入老龄化社会，我国高储蓄的状况将有所改变。此外，随着我国社会保障体制的健全和完善，用于养老、医疗和子女教育的预防性储蓄将下降，储蓄率将会逐渐下降。因此，依赖高储蓄拉动经济增长是不可持续的。

二、未来经济增长的新源泉

1. 我国消费存在大幅度提升的空间

由"投资大国""制造大国""高储蓄大国"向"消费大国"的转变，将成为我国经济持续高速增长的第一边际推动力。计量测算表明，我国消费率每提高 1%，带来的 GDP 增速的提高将为 1.5~2.7 个百分点。2008 年，我国的消费率与澳大利亚、巴西、法国、印度、意大利、俄罗斯、韩国、日本、美国相比分别低 23.2、32.7、31.6、16.2、30.6、16.7、21、25.7、39.5 个百分点。如果我国消费水平能够在未来 10 年内提升到世界当前平均水平（76%），那么，未来每年提升的空间将达到 2.7 个百分点，每年对 GDP 的直接推动将达到 4~7 个百分点。

2. 城市化是经济未来增长的重要载体和源泉，是促进投资、改善经济结构、促进第三产业发展和国内有效需求的重要手段

从长期来看，我国的城市化水平每提高 1 个百分点，人均 GDP 将提升 2.25 个百分点。一般认为，城市化都将经历产生、发展、成熟三个阶段。它们之间有一个统计上显著相关的 S 形曲线关系。根据这条 S 形曲线和世界各国数据可知，在相同经济发展水平下，我国城市化水平低于世界平均水平 12.8 个百分点。这表明，我国目前的城市化发展滞后于工业化的发展，也表明我国正处于城市化发展速度最快的时期。依据对全球城市化进程的研究，城市化速度最大值发生在人均收入 4 090.49 国际元左右。而我国 2007 年按照 2005 年不变价计算的人均收入大约为 4 160 国际元。通过对历史长时间序列的比较研究发现，我国目前的城市化率水平只相当于美国 1910 年、日本 1960 年和韩国 1970 年的水平，未来我国城市化具有很大的潜力。

3. 服务业提升的空间巨大

未来现代服务业大力发展的基础，来自消费需求的提升以及生产型服务业围绕制造业的展开与深化，最终形成服务业与制造业的良性互动。我国服务业在 GDP 中的比重过低是制约产业发展和需求提升的一个关键因素。目前，我国服务业占 GDP 的比重与世界平均水平、低收入国家水平、

高收入国家水平相比,分别低 30、7.3 和 33 个百分点。如果第三产业的占比能够在未来 15 年达到世界平均水平,那么每年将提升 2 个百分点,带来的 GDP 增长也将高达 4 个百分点。

4. 明确自主创新和技术进步的作用

自主创新和技术进步,作为一个高附加值竞争源泉,既是未来我国经济是否具有国际竞争力的核心要素,也是在成本优势被削弱的情况下新的经济增长源泉。在加大自主创新和技术引进的条件下,加快推进经济结构转型、促进产业升级,是维持未来经济竞争力的必要条件。在我国经济 30 年的增长中,技术进步的贡献率并不是一直呈上升态势:1979—2007 年,技术进步对经济增长的平均贡献率是 9.6%;从 20 世纪 80 年代到 90 年代,贡献率大幅提高了约 8 个百分点;2000 年之后,技术进步的贡献率又下降了约 7 个百分点。主要原因在于技术研发上的投资不足,与发达国家相比存在较大差距。在开放条件下,要突破"有限后发优势",唯有进一步加大技术进步的投入。

三、把握未来经济增长时期的动态平衡

1. 在需求结构转型过程中,必须注重总需求三驾马车的动态平衡

外需驱动转向内需驱动并不等于简单缩小净出口的规模,投资驱动转向消费驱动也不是单纯地压制投资的规模。我国出口投资驱动增长模式不仅有深厚的国际分工体系基础,更为重要的是,具有内部储蓄基础。因此,调整出口-投资驱动增长模式,不仅要依赖于传统粗放的开放政策和投资政策的调整,更要依赖于国际分工环境和内在分配-储蓄体系的变化。若简单采取压低出口和投资的转型方法,只会导致宏观经济在需求快速下滑与结构冲突激化的双重压力下出现大幅波动。在我国目前高储蓄率和国际分工格局等因素的影响下,高投资在中短期内依然具有合理性和必要性。当然,这并不意味着投资没有调整的空间,投资结构调整仍应当成为当前政策的核心要点,要与产能过剩的调整相匹配,摆脱"利用新投资来满足旧产能过剩,新投资又形成新产能过剩"的循环怪圈。投资高速增长可行的支撑点,应放在人力资本、生产型服务业以及软基础设施上。

2. 在城市化加速的进程中,必须重视经济转型与社会转型之间的平衡

城市化带来的投资和消费的增长,是以社会改革为前提的。城市化的速度快于社会改革的速度,不仅会带来城市化成本急剧增加,还可能使高

速经济增长失去稳定的社会环境基础。第一，农村人口向城市转移，并非单一的"经济吸引"。事实上，代表现代生活方式和文明发展方向的城市文明，是未来人口转移的核心动力，而"文明移民"主导下的城市化，将使城市化的社会成本加速攀升。第二，即使是以"经济移民"为主体的城市化，如果没有户籍制度、养老体系、社会安全网、政府治理、农村土地制度以及其他公共设施建设改革与之匹配，城市化也难以承受经济波动带来的强烈的社会外溢效应。第三，必须充分认识未来产业发展模式和就业模式变化的规律，不能过高估计服务业发展所吸纳劳动力的数量。第四，城市人口结构的急剧变化，可能成为制约城市化带来的各种消费效应和投资效应的核心因素。

3. 在工业化驱动模式向服务业驱动模式转型过程中，必须高度重视服务业与制造业、服务业与消费之间的互动

不能简单通过打压工业投资和工业发展来提升服务业的比重，也不能通过简单提高服务业的投资来增加服务业在GDP中的份额。进一步提升工业化、消费水平与服务业投融资体制的改革依然是服务业增长贡献率进一步提高的三大要点，服务业的发展需要层次化分类处理。第一，生产性服务业在本质上是工业化发展到一定阶段的产物。在未来经济增长时期，第二产业依然是经济增长的第一推动力，服务业的发展依然没有摆脱其工业依附的特性。因此，对于工业生产性服务业的发展，必须通过工业的进一步深化、通过工业服务的外包与分工的发展来推动。第二，消费性服务业在本质上是消费水平大幅提升、消费层级发生质变的产物，而消费的增长以及消费结构的进一步革命是比较缓慢的，需要以收入分配机制、社会保障体制等社会性制度发生重大变革为基础。第三，金融、航空、电信等混合性服务业的发展不仅受制于目前的各种行政性管制，同时也受制于目前全球分工格局固化的约束。发达国家高端服务业的输出以及各种管制对于本国高端服务业的约束将使这些产业的发展面临"两难困境"，这需要在战略上权衡放松管制与对外开放的利弊。

4. 掌控在向新技术、新能源、新产业驱动型经济发展模式转变进程中的平衡

必须重视需求型技术变迁与供给型技术变迁之间的匹配，重视产业的技术基础与经营基础之间的匹配、技术变迁与制度变迁之间的匹配，避免在产业升级和技术创新盲动性的驱使下，陷入"新能源陷阱"与"动态比较优势狂躁症"之中。

5. 重视后工业社会目标与工业化社会目标之间的平衡

避免过度利用后工业社会的目标来评判工业化发展的各种措施，防止出现盲目跟随发达国家的发展目标和发展措施，使我国政策目标陷于"内在冲突""目标无解"的困境。必须正视我国经济发展阶段的特性，在政策制定上坚持实事求是，避免受发达国家发展理论带来的意识所侵扰。

6. 我国的社会与政治结构需要经济保持一定的增长速度

未来我国经济在增长模式转变和新轨道运行的进程中，依然有保证高速增长的基础，增长目标不宜大幅压低，结构调整、增长方式变轨并非与高速增长存在必然的冲突，"在高速增长中调结构"依然是未来经济发展的基本原则。

四、政策建议

1. 把当前"反危机、防恐慌"的短期应对政策，转向以经济转型和培育新增长源为着力点的长短期兼顾的宏观经济政策

在当前政府主导的刺激政策已见成效、经济企稳回升的情况下，应及时把以"反危机、保增长"为主的短期宏观应对政策转向以"调结构、扩内需"为主的长短期兼顾的宏观经济政策。防止短期应对政策导致的周期性经济调整不到位，影响未来经济增长的基础。从保持国民经济较长时期的持续较快增长速度的要求出发，此次周期性调整的宏观调控政策应在较长时期内发挥作用，尤其要注意防止出现短期政策损害中长期目标的问题。

2. 改革收入分配制度，扩大居民收入比重，建立有利于提高消费率的消费需求刺激政策，形成以内需为主的需求结构

首先，推进收入分配制度改革，形成劳动者报酬集体协商机制，从根本上改变劳动者在收入分配上的弱势地位。推进税制改革，将目前的生产型增值税转变为消费型增值税。建立健全涉及保护劳动者利益的各项法规，严格保护劳动者权益。其次，推进有助于增加居民财产收入的制度改革。从法律和产权制度上保证居民特别是中低收入阶层的财产，加大力度保护普通居民的财产权。加强和完善资本市场立法，创新金融及其管理制度，为居民获得和拥有更多的财富创造出更多的金融工具。最后，调整居民内部各阶层之间的收入分配差距。

3. 积极、稳健地推进城市化进程，探索并推进农村土地资产化改革，进而扩大国内需求

城市化的推进，有利于促进投资、改善经济结构，促进第三产业发展，由城市化带来的社会保障、教育及卫生等公共事业的发展将有效扩大国内需求。同时，城市化将进一步推动房地产投资的快速增长，并且是维持投资增长速度的重要载体。要积极规范城市化进程中住房价格的定价机制，继续规范、完善保障性住房和商品房的分类定价环节。重视城市化进程中的原始要素累积。要推进农村土地制度创新，探索并推进农村土地尤其是宅基地的资产化，给予农民一次性的财产性转移支付，提高农民的收入水平，推进城市化进程中的原始要素累积。

4. 构建以社会保障制度为核心的社会安全网

建立全国统一的社会保障体系。加大财政投入力度，完善社会保障筹资机制。中央财政可通过划拨国有资产、扩大彩票发行等多个渠道继续充实全国社会保障基金。在人口老龄化高峰期，可通过发行社会保障特别国债适当平滑财政支出，减轻压力。地方财政也可在财力增长情况下建立相应的保障储备基金。同时，建立健全社会保险基金平衡机制。统筹城乡发展，完善以农村为重点的社会保障体系。要进一步落实对农村、农业"多予、少取、放活"的方针，加快完善农村社会保障体系。完善社会保险制度，促进居民消费需求增长。加快发展社会救助和社会福利，提高低收入者的收入水平。

5. 推进自主创新和技术引进、加快产业结构调整与结构转型

自主创新和技术进步作为一个高附加值竞争源泉，是未来我国经济国际竞争力的核心要素，也是在成本优势被削弱的情况下，新的经济增长源泉。因此，新行业的战略规划、新行业进入的开放、新行业技术的研发补贴以及基础设施建设就显得十分重要。同时，还应重点支持高附加值产品的出口，改变我国的出口结构。

6. 加快发展现代服务业，使其成为扩大就业和培养中产阶级的产业载体

大力发展生产型服务业，促使生产型服务业围绕制造业展开与深化，使现代制造业与服务业有机融合、互动发展。细化深化专业化分工，鼓励生产制造企业改造现有业务流程，推进业务外包，加强核心竞争力。同时，加快生产型服务业向自主研发、品牌营销等服务环节延伸。放宽市场准入，加强与境外服务企业的合资合作，大力引进外资投向基础设施、金

融保险、现代流通、旅游设施、公共交通、文化教育、医疗体育、社区服务等服务领域，加快服务业的国际化进程，提高服务业的市场化水平。探索户籍制度改革，加快推进城市化、市场化进程，做大服务业的总量规模，扩大消费需求。

7. 在构建和谐社会的目标下建设公民社会与公共财政

我国是在社会转型、经济欠发达和体制转轨背景下推进社会基本公共服务体系的建立的，迫切需要有公共财政体制的配套改革。目前，我国已基本建立具有中国特色的社会主义市场经济体制，公共财政体系的框架已基本形成，但在保障民生、改善基础设施方面的投入还很不够。同时，公共财政体制本身还有待改进。首先，明确各级政府在公共服务和经济领域的职责，赋予地方政府相应的税权；其次，按照公开、透明的原则重建预算制度，解决现行财政存在的严重"缺位"与"越位"问题；最后，在赋予居民对当地政府预算表决权的基础上，形成以当地居民为主体的竞争机制。当然，这种公共财政体系的建立应该逐步实现，不可能一蹴而就。

原载《宏观经济管理》2009年第11期，署名"中国人民大学宏观经济分析与预测课题组"，执笔人：毛振华、刘元春、朱戎。

地方政府仍有发债空间

(二〇一二年三月)

自2011年审计署公布地方政府性负债规模后，反思和寻求地方债务解决之道成为各方讨论的焦点。时至今日，有关地方政府及融资平台债务规模和信用风险的话题仍备受关注。

尽管近年来地方政府本级财力增强，包括中央对地方转移支付和基金预算收入在内的可支配财力规模也越来越大，但地方借债和偿债仍面临法律和责任的双重制约。一方面，现行《中华人民共和国预算法》（以下简称《预算法》）规定地方政府不能有赤字，限制了地方政府自主借债的空间；另一方面，近年来地方政府民生性支出等事权责任扩大，挤压了地方的偿债能力。在地方综合财力增强的背景下，无论是偿还现有的存量债务还是继续借新债缓解支出扩大的矛盾，均面临较大挑战。

仅认识到这些并没有全面系统地弄清楚中国地方政府的负债能力、可允许的负债规模边界和风险。笔者认为，地方政府负债未触及边界风险，尚在可控范围之内；若尽快改革现有地方政府负债体制，地方政府未来仍有发债空间。

一、负债风险可控

关于负债规模和适度性，笔者认为：目前，地方政府负债规模适中，未触及地方政府的负债边界；总体系统性风险不大，偿债能力仍在可控范围内。

1. 地方政府现有的存量债务只是初始债务，不能因为负债结构的不合理而否认负债能力

审计署公布的地方政府性负债为10.7万亿元，也有民间的估算高于这一数字，无论规模有多大，这个存量的规模只是一个初始负债，而其中近50%是通过融资平台公司向银行借贷或发行城投债的变相方式举借的债务，主要产生于2008年以后。由于宏观调控和土地财政的锐减，社会普遍关注的是融资平台的信贷风险和城投债的信用风险，不能由此就认为地方政府负债能力到了边界，没有能力进一步举借债务。相反，现阶段中国地方政府的负债仍处于起步阶段，不能因为负债结构不合理而否认负债能力。

我们注意到一个有意思的现象：一方面，2011年的房地产市场调控收紧了地方政府"土地财政"这一"钱袋子"。根据国务院《关于2011年中央和地方预算执行情况与2012年中央和地方预算草案的报告》，2011年国有土地使用权出让收入为2.7万亿元，下降18.6%；另一方面，中央和地方政府2011年又收获了10.37万亿元的财政收入，这一数字接近地方性政府债务的规模10.7万亿元，其中地方本级财政收入为5.24万亿元，增长接近30%，超过了地方融资平台债务4.97万亿元。这"一增一减"背后折射的是地方财政收入面临的结构性问题。

一些省市近乎一半的综合性财力来自与土地出让金有关的基金收入，而这其中土地收入又影响到融资平台公司的担保和偿债能力。融资平台近两三年或将面临债务集中到期的偿债压力，土地出让金收入的下降无疑引发了社会对地方政府担保或代偿能力的质疑。笔者认为，鉴于近年来地方经济的快速发展，地方政府收入稳步提高，从流量上完全可以覆盖现有的债务规模。而且地方政府性负债的累积主要集中在2008年以后，具有一定的特殊性，消化好这部分初始存量债务是目前亟待解决的问题，不能因此否认了地方政府未来的负债能力。

任何一个负债主体在进入债券市场后都有一个滚动负债问题。对这一问题的讨论，美国曾经有"旋转门"之说：在一定规模之内，一个有负债能力的主体，大都持续保有一个负债余额。从这个意义上讲，如果简单判定现有存量不大的地方政府融资平台面临大风险，就是缺乏对债券主体持续保持合理负债规模的常识认知。

2. 从地方资产负债表的视角来看，地方政府经营性资产可为偿债提供保障

中国的地方政府与西方不同，具有一定的特殊性，这种特殊性体现在地方政府不仅提供单纯的公共产品和服务，还拥有规模较大的经营性国有资产。中国地方政府的职能相对复杂，不能从传统经济学理论出发，仅将其视为"守夜人"，地方政府在推动地方经济发展和经济转型中承担了独特的角色，其复杂性决定了其特殊性。

从理论上来讲，如果把中国的地方政府视为一个大型企业集团，地方政府应该像企业一样，有自己的资产负债表、利润表和现金流量表。如果按照这个逻辑框架来分析，相对于地方债务规模来说，地方政府的负债率

不高，远未达到负债边界。实际上，抛开非经营性资产和资源类资产，中国的地方政府拥有大量的经营性资产，在有必要时，这些资产也可以作为地方政府偿还债务的基础。这些经营性国有资产很多以股权或非股权的方式存在于上市公司或非上市公司及相关产业中，尽管这些资产的数据尚未完全公开，但这些资产应该具有一定的变现能力。从这个意义上讲，地方政府的负债能力仍在可控范围内。

以往我们考察地方政府的负债水平和能力时，常使用债务率或债务负担率这两个指标。如果给地方政府建立资产负债表的框架，理论上可以对地方资产进行估算，建立相应的资产负债表以确立合理的负债边界。而这其中，考察的国有经营性资产主要集中在国有企业。

根据国资委的统计数据，截至2010年底，中央国有企业资产总额为244 274.6亿元。而根据各地国资委公布或媒体公开的数据，截至2010年底，北京国有企业资产总额为16 631.6亿元；上海国有企业资产总额为1.4万亿元，其中经营性国有企业资产总额大约为1万亿元，这其中，市属经营性国有企业资产又约占85%的份额；截至2011年底，广东省国有企业资产总额达2.27万亿元。笔者粗略估算，全国地方国有企业资产至少超过了20万亿元，其中七成为经营性资产。

各地国资委均制订了做大做强国有资产的计划，并立足于将之证券化。比如，在"十二五"时期末，广州国有资产总额将达到1万亿元，资产证券化率将达到60%；2015年，北京国有资产总额将达到2.8万亿元；上海力争在2012年底地方经营性国资证券化率达到38%。

地方国有企业近年来效益的不断提高和证券化的逐步推进，使得国有资产的盈利能力和流动性大大增强。这些资产的盘活和流转，一方面为地方经济贡献了较大份额，另一方面也成为衡量地方政府实力的表现。从报表的角度来看，地方国有企业上缴的红利大多进入地方政府的非税收入中，这部分地方经营性国有资产能带来比较可观的偿债现金流，因此理论上这些资产可以完全纳入地方资产负债表框架中，作为衡量地方政府偿债能力的基础。

如果以此估算地方资产负债率，以北京、广东为例，截至2010年末，北京市和区（县）两级政府性债务余额为3 745.45亿元，与全市综合财力相比，地方政府负有偿还责任的债务率为61.71%，资产负债率仅为22.52%；截至2010年底，广东省三级地方政府性债务余额为7 502.96亿元，债务率为64.22%，如果以国有企业资产作为基数，资产负债率仅为33%。

初步观察和估算，从资产负债表的角度来看，地方政府现有的负债规模应该没有达到负债边界。目前，大部分地方政府财政收入仍在增长，而且财政状况未出现恶化，现金流正常，国有资产的规模在扩大，效益在提高，因而仍具有相当好的负债能力。模拟建立地方政府资产负债表，是确定地方政府负债合理上限边界、判定信用风险的必备之课。

3. 一些地方的经济总量"富可敌国"，负债空间或可延展

中国地方特别是省的经济总量近年来不断扩大，GDP过万亿元的省市逐年增加。单从经济总量来看，一些排名前列的省份"富可敌国"，实力不亚于欧洲一些国家。

根据中国社科院发布的《中国省域经济综合竞争力发展报告（2009—2010年）》，从GDP来看，中国部分省市经济指标排位已进入中游位置，超过部分发达国家，其中广东、江苏和山东3个省份的GDP均进入前20位，分别排在第14、第15和第17位，超过了比利时、波兰、瑞典、奥地利等19个经合组织成员国。尽管人均指标相对落后，但也有少数发达的省市比如上海、北京、天津等人均指标达到或超过了一些发达国家。

如果从面积、人口和经济规模来看，中国的一些省基本与欧洲一些国家无异。而欧洲这些国家具有独立的财政权而无独立的货币发行权，无独立的货币发行权这一点也与中国的省市有类似的地方。

与欧洲一些国家的数据比较可见，一些发达省市债务负担率不大，仍处于可控范围。笔者根据2010年数据估算，比如广东省2010年GDP约为3.78万亿元，远高于比利时（2.55万亿元，以2010年末汇率折算，下同）、葡萄牙（1.19万亿元）、爱尔兰（1.18万亿元）和希腊（1.13万亿元），仅比荷兰（4.21万亿元）略低，而广东同期的政府性债务余额为7 502.96亿元，债务负担率约为20%，同期上述欧盟国家国债余额占GDP的比重依次为96.8%、93%、96.2%、142.8%和62.7%。

可见，中国的一些发达省市经济总量正快速接近一些欧洲国家，但债务负担率均大大低于同规模的国家。当然，在欧债危机中，这些国家过高的负债规模和风险，是由过度举债造成的，中国的省市还远未达到那个水平。

中国地方政府目前尚无独立的发债权，而仅能通过财政部代理发债或国债转贷，也只有广东、浙江、上海和深圳①四个省市2011年实行了地方

---

① 参见《关于印发〈2011年地方政府自行发债试点办法〉的通知》。

自行发债的试点。与一些欧洲国家类比，从经济规模和债务负担率等指标来看，一些发达省市仍有负债空间，远未超过警戒线。根据各地公布的初步核算数，全国共有 23 个省份 2011 年 GDP 总量超过万亿元，其中 4 个省份达到 2 万亿元，1 个省份达到 3 万亿元，3 个省份超过 4 万亿元。可见，未来各省份的经济总量仍将进一步扩张，一些省份的债务负担率还会呈现一定的下降。即使我们把地方政府融资平台和城投债视为政府负债，现在的负债规模也不算大，信用风险尚在可控范围之内。

二、进行体制改革以强化管理

1. 要通过相关法律调整，明确地方政府可成为负债主体

现有地方债务的结构特点体现在两个方面：一方面是融资平台债务占比较高，达到 46.4%（实际上可能高于这个比例）；另一方面是地方债务主要来源于银行信贷。

地方政府未名正言顺地成为负债主体，是因为现有体制的约束。这种约束直接造成了地方政府债务管理缺乏清晰的法律构架。

一方面，地方政府不能有预算赤字，无法直接从银行借债，但开支巨大，入不敷出，只能通过中央转移支付来解决，但仍显不足。地方政府只能通过融资平台变相借债，以规避不能负债的法律约束，并在大搞地方经济建设拉动 GDP 的刺激下，放任融资平台公司的借债行为。

另一方面，融资平台既是一般公司，又是一种特殊公司，为政府承担基础设施建设和固定资产投资的融资功能，有地方政府支持和担保，在理论上可以根据需要来扩大借债规模，有借债冲动。银行也愿意和这些公司打交道，同样具有放贷冲动。在这种模式下，地方政府的融资需求被放大，负债边界实际上是在不断扩大，只不过没有显性化。而且融资平台公司的偿债意愿是模糊的，一旦缺乏稳定现金流，就需要政府"兜底"。这说明，地方政府负债主体构造有缺陷，简而言之，地方政府没有真正承担起借债的主体责任。

现行法律没有规定地方债务的总量和规模，尽管《预算法》规定不能有赤字，但地方财政近年来已出现实际赤字。融资平台负债规模的攀升更说明了地方政府难以厘清债务主体责任的事实。因此，修改现有《预算法》及相关法律，明确地方政府可成为负债主体，在此基础上，进一步设定地方政府的负债规模与偿债机制，既可让地方政府名正言顺地利用债务

工具,又能有效约束其借债冲动,还可为投资者提供巨大的投资机会。目前,这一工作已略显滞后,应尽快推进。

2. 大力推行地方自主发行市政债

既然地方政府仍有负债空间,而融资平台公司在理论上存在负债主体构造的缺陷,那么地方政府就应该自行或自主发债,通过改变负债主体和债务结构来逐步消化现有债务,满足未来的融资需求。因此,市政债未来应成为地方政府的主流融资渠道,而现有的融资平台将逐步退出主导地位。

美国市政债的经验值得借鉴。从1812年开始,美国的州政府和地方政府就以发行债券的方式为地方经济发展及基础设施建设筹集资金。历经约两百年,美国市政债已形成相当庞大的规模。根据美国证券业与金融市场协会(SIFMA)的统计数据,截至2011年第三季度,美国市政债余额规模为37 336亿美元,为世界第一,占全国债券市场规模的10.27%。

美国的市政债大致可以分为税收支持类债券(tax-backed debt)和项目或收入支持类债券(revenue bond)。前者依靠地方税收收入来还本付息,具有较高的政府信用;后者依靠特定项目或工程稳定的现金流来偿还本息。美国市政债的特点是品种丰富、分类清晰和管理规范,地方政府对发行市政债有很大的自主权,市政债只需符合"经常账户平衡预算"原则和遵守《国内税收法》的规定。另外,美国市政债拥有完善的地方信用评级和债券保险市场,注重通过市场化的风险管理机制来分散风险。

中国未来也可以发行这两类市政债,其一是以纯税收为还债基础的市政债,主要用于提供日常的公共产品和弥补财政赤字等,购买这部分债券的投资者应享有一定的免税优惠,以吸引更多机构投资者。针对现有平台公司中一部分项目回报率不高和公共属性较强的项目,可视为地方的准公共产品,剥离后可以通过税收支持市政债来弥补资金不足。其二是地方发行的以收入为基础的市政债,此类债券应与具有稳定现金流的项目挂钩,严格限定资金用途,用于高速公路、桥梁、隧道、公共交通等公共设施。明确了负债主体的市政债,将会对现有的融资平台信贷具有一定的替代作用,而现有城投债已占融资平台债务的7%,未来可转化为项目收入支持的市政债。

3. 加强对地方政府负债总量和偿债机制的管理

由于地方政府既承担公共产品提供者的责任,又是经济运行的实际参与者,加之地方政府负债并无终极个人偿债者,地方政府有放任扩大负债的天然冲动。只有抑制这种冲动，才能有效避免地方政府债务的系统性风险。

近年来，已发生少数地方政府违约改组、抽逃融资主体资产等企图逃废债行为，尽管已得到制止，但仍应引起高度警惕。加强对地方政府负债总量和偿债机制的管理，是促进地方政府负债健康发展的保证。

总体来看，可以得出两个结论：一是地方政府仍有负债空间，可以从现在的自行发债逐步过渡到自主发债，通过发行市政债等方式来解决现有融资平台的债务问题。这种方式比单纯依靠卖地收入的土地财政以及通过融资平台贷款来举借债务更稳健，更阳光化。二是需要建立一种机制来加强地方债的管理。应从制度上改革，加强地方债务管理，这其中包括修改《预算法》，允许地方自主发债，改革分税制以规范中央和地方的财政关系，加强地方人大对债务管理的监督等。当然，在现阶段，我们也应该关注地方政府债务所暴露出来的问题，防患于未然，防止部分地方债务风险的扩散。

原载《财经》官方微博2012年3月18日，后被《财经》2012年第27期刊发。作者单位：中国人民大学经济研究所。

去杠杆是大改革、大转型的切入点
（二〇一三年十二月）

党的十八届三中全会全面推进改革，推进国家治理体系和治理能力现代化，强调处理好政府和市场的关系，使市场在资源配置中起决定性作用，清晰地勾画了未来国家改革的基本战略和基本框架。在总体框架明晰之后，经济社会改革进行实质性推进的切入点在哪里？答案在去杠杆，这是推动中国大改革、大转型的切入点。

一、高杠杆风险：中国经济运行五大问题

为什么说去杠杆是大改革、大转型的切入点呢？首先要分析目前的经济运行存在什么问题。

第一，中国经济迈入"次高速经济增长时期"。自改革开放以来，中国经济维持了高速增长的势头，为应对金融危机的冲击，在2008年"四万亿"刺激政策后，经济有一个强劲的V字形反弹。2010年第一季度增长率达到了12.1%，此后宏观经济增速连续经历了11个季度的下滑，一度下跌至7.6%，在经济学上这可以确定为一次小的衰退，或者一次很重要的调整。一直到2012年中期，政府又采取一些刺激政策，2013年经济增速开始有所企稳、小幅回升，呈现"底部波动、缓慢复苏"态势。我们看到，经济增长率有可能长期维持在7.5%左右，这就是所说的经济迈入"次高速经济增长时期"。

第二，"宽货币、扩信贷、扩投资"增长驱动因素效用递减。经济危机以来的实践经验表明，经济刺激政策可以在短期内防止经济大幅下滑，但并不能真正推动经济走向复苏，真实的复苏需要能给经济自身带来内生增长动力的制度改革，以及改革红利的释放。实际上，中国经济继续沿用了2008年以来最基本的经济政策，应对经济危机之策"常态化"，长期依靠"宽货币、扩信贷、扩投资"的刺激性增长模式。目前经济复苏乏力，债务风险等多种宏观风险上扬，宣告政府主导、投资驱动经济增长模式的不可持续，"宽货币、扩信贷、扩投资"增长驱动因素效用递减。目前，中国广义货币供应量M2存量已经超过100万亿元，预计2013年M2/GDP

的比值将达到200%，货币宽松是不争的事实，从2007年算起，整个货币总量在这几年翻了一番还多。货币供应量M2不论是存量还是增量与GDP脱节的趋势均不断加剧，我国金融市场采取的分业经营监管模式，造成货币市场、资本市场和实体经济之间不能够直接地对接，造成充沛的流动性不能够输送给实体经济。巨额的货币发行，主要通过信贷、投资的途径部分进入实体经济，长期以来的过度依赖，导致2008年以来执行的政策边际效用已经开始下降。

第三，中国特色的"双失灵"盘旋交织，使结构调整的困境增加了新的中国因素。在世界经济危机之后，中国"出口-投资驱动模式"走到了尽头，宏观经济没有按照预期走向"消费-内需驱动模式"，反而在政府宏观政策定位短期刺激的作用下，转向了"信贷-投资驱动模式"。这种模式在2013年延续，使中国经济面临着深层次的"产能过剩"，标志着中国"看得见的手"在干预"看不见的手"时出现了重大偏误，"政府失灵"在某种程度上掩盖了"市场失灵"，出现了"双失灵"盘旋交织的局面。这使经济结构调整的困境增加了新的中国因素，而且证明了中国宏观经济无法依靠政策宽松与刺激来重返经济持续复苏的轨道。

第四，全社会杠杆率高企——尤其以大中型国有企业最为突出。2008年以来，全社会的资产负债率在不断上升，尤其是地方政府、企业以及居民消费的负债杠杆在上升，社会杠杆的高企是重大的变数。由于执行"宽货币、扩信贷、扩投资"的思路，企业扩大了负债水平，企业负债率非常高。特别是大中型企业的负债率2012年超过100%，达到103.3%，而在2007年还只有74%。宽松的货币信贷政策刺激了投资增长，加剧了产能过剩，难以消化。目前部分存在产能过剩的行业投资仍在增长，而且大多为现有水平的重复投资，新的中低端产能继续积累，导致过剩程度进一步加剧。目前国家开始治理产能过剩，在GDP竞赛等因素下，治理效果不理想。这几年新增的产能比淘汰产能还要多，钢铁行业新增产能是淘汰产能的1.5倍，出现屡治屡增的局面，整个经济出现"逆行政化"和"逆市场化"。产能过剩以及由此可能引发的银行呆坏账风险，成为威胁我国经济金融稳定的系统性风险。

第五，风险不断累积——流动性泛滥、债务增长过快、房地产泡沫、产能过剩。在贷款/GDP、投资/GDP、M2/GDP等多种杠杆指标不断上扬的同时，各种风险在累积加重。在中国宏观经济增速持续放缓回落的背景下，多种风险由于"水落石出"而集中上扬和显化，并成为当前市场关注的热点。总的来看,当前宏观经济风险主要体现为实体经济、金融系统和政府部门三个主体之间存在的结构与错配、传导与渗透、叠加与上移的风险。潜在风险交织捆绑在一起,再加上房地产泡沫风险加大,产业去产能,成为当前宏观经济的主要风险来源。从某种意义上说,这也是当前我国经济复苏乏力的根源所在。因此,无论从降风险的角度还是从优化资源配置的角度来看,去杠杆都应是当前大改革、大转型的切入点和聚焦点。

二、高杠杆的根源是体制扭曲与资源错配

"宽货币、扩信贷、扩投资"是怎么实现的?体制扭曲与资源错配加剧了这一点。

第一,体制扭曲——中国特色借道国企路径的影响。政府直接运作经济,调控力度加大,通过中国特色的借道国企,在很短时间内完成巨额的投资。

其他国家也走上了这条道路,由于种种原因我们选择了借道国有企业的思路。金融危机后美国也是政府向企业注资,但只是一个短暂的历程,政府要退出,最后要回归到市场的调节。2008年以后我国借道国企,这些投资通过国有企业的扩张完成,不仅包括原有的国企,还包括大量新的国企,实际上地方政府融资平台也是一种国有企业。比如在江苏、浙江等地,过去很多地县一级都没有国有企业,借助扩信贷、扩投资,又开办了很多新的国有企业,这些国有企业都进入融资市场获取资金。

借道国企的思路使我们走出了一条在危机时期经济增长的轨迹,但是在体制上也积累了太多的问题。这些问题不但冲击市场行为,更重要的是对我们的政治、经济甚至文化都会产生冲击,使得中国改革面临更大的困境——政府和国有企业在社会配置资源上起着决定性作用,形成一个新的利益阶层。党的十八届三中全会讲市场在资源配置中起决定性作用,不同于此前提到的基础性作用。基础性作用是在普遍广泛的领域里起作用,起决定性作用的领域可能是最高精尖的一点点,牵一发而动全身,是处理政府和市场的边界和关系的关键点,也是改变借道国企模式的指导思想。

第二,资源错配——国有企业全面进入竞争领域,国进民退。统计数据显示,2008—2013年国有企业债券融资总量为20.64万亿元,占总发债量的93.49%,非国有企业只占了微不足道的一小部分。在信贷市场,大

约90%的银行初始信贷都给了国有企业，特别是大单都给了国有企业，企业资产负债规模都有成倍的增长。

资源错配主要依赖于高负债的手段。国有企业负债高企的原因，是政府直接配置资源的能力大规模上升。由于国有银行、融资平台或者国有企业的政府色彩或背景，它们具有很好的信用保障，容易与银行、非银行等金融机构的信贷青睐相结合，成为融资枢纽，融资需求被不断放大，融资规模不断攀升。政府因此直接运作经济、直接配置资源的能力和规模空前高涨。2008年以后在社会经济的各个领域，国有企业全面渗透，使得20世纪八九十年代改革中采取国退民进以及激发非公有部分的经济改革政策发生了逆转，造成的直接结果是政府成了经济运作的主体，而不是调控和监管的主体。

国有企业全面进入竞争领域，对民营企业有挤出效应。在政府过度干预经济的背景下，一些表面上的市场行为，实际上加剧了不公平竞争。比如房地产市场，这个领域原来国企参与比重较小，现在大幅度上升。每一个地王的诞生，国企都是重要推手，因为在简单依靠价格竞争的金融市场里，国有企业具有获取低成本融资的优势。整个社会经济的不公平竞争，最终体现为获取资本的不公平竞争。现在民营企业家的移民倾向，在一定程度上是缘于民营企业在投资领域受到严重挤压。借道国企的思维，改变了经济结构，也改变了社会结构。现在改革进入攻坚战，就是因为2008年以来的政策造成了体制结构的扭曲，这个局面必须改变。

三、降低政府和国有企业负债是去杠杆的核心

实际上，从长期来看，企业杠杆率上升影响经济活力和经济增长的质量。国有企业的负债率大规模上升，杠杆高企，尤其是在主营业务趋于饱和的前提下，投资的空间在收缩，效率在下降，大部分资金转而投向房地产和金融领域，从影子银行等金融现象都可以看到国有性质参与其中的痕迹，这本身就加大了金融系统的风险。为逃避监管或者加强进一步获取资金的能力，国有企业不断通过负债、投资的方式推高资产负债表，以获取表面漂亮的财务指标，再融资、再投资，如此循环，规模不断扩张。成也萧何败也萧何，面临再融资的压力，风险在不断积聚，一旦资金链断裂，可能引起连锁反应。

笔者2013年多次去美国考察，发现位于此次经济危机中心的美国，经

济有明显复苏的迹象。我认为其中一个主要原因,是美国作为市场化程度很高的国家,通过破产竞争机制优胜劣汰,实现资源重组和配置,银行系统也经历了大规模的破产,危机之后美国企业资本得以补充和盘活,企业负债率下降,构成了美国经济回升的基础,也是美国企业具有很好竞争力的重要支撑。反观我国的金融机构和金融创新,一直在追逐监管竞争,追逐监管套利空间,并没有出现破产重组,但这并不意味着金融系统就没有风险和问题。

再看地方政府债务情况。我国的城镇化进程在加快,不断地增加对城市交通、供水、供电公共基础设施的投资需求。尤其是分税制以来,分权化改革后地方政府被赋予了更多的支出责任,财权与事权不对等。这加剧了地方政府的融资需求。各级政府通过释放信用能力,维持了较高的借贷规模,提前享受了大规模资本性投资的好处。这需要融资成本能很好地在现在受益人和未来受益人之间进行分摊和匹配,以控制风险。

分析地方政府债务风险,首先应认知融资平台滚动发债的问题,即在一定规模之内,一个有负债能力的主体大都持续保有一个负债余额。我国政府过去没有显性债务,这给后来的政府负债提供了原始基数,只要借新还旧能维持这个基数,债务旋转就推得动,这是非常谨慎的宝贵的资源,是当初未开发留下的缺口。由于国有企业的消耗和低效率,以及对扩信贷和扩投资的依赖,政府面临债务的可持续性问题;同时,融资平台作为政府职能的衍生品,债务主体以及负债需要增强透明度。存在债务主体非市场行为的变更和重组,一番腾挪之后,出现新的融资主体,新主体逃避原有的债务责任,这对国家的信用体系造成了冲击,使国家面临更大的压力。从理论上来讲,如果把中国的地方政府视为一个大的企业集团,地方政府应该像企业一样,有自己的资产负债表、利润表和现金流量表,要增加透明度。

对症下药,地方政府杠杆率低一点,没有那么大的直接运作经济的能力,市场的空间就大一些;国有企业没有那么多的负债能力,就会给非国有经济留下一些空间。

中国特色的体制扭曲和资源错配使政府和国企成为中国经济中负债的主力,同时也成为我国经济增长乏力和风险不断累积的重要因素。因此,降低政府和国有企业的负债水平才是去杠杆的核心。只有降低政府和国有企业的负债水平,社会资源才能实现市场化的更优配置,同时这也是回归到市场在资源配置中起决定性作用的重要举措,才能激发非公有制经济的活力和创造力。

四、去杠杆、降风险的几点建议

第一,在"稳货币"的约束下"调结构":通过限制货币发行增量、盘活存量,实现经济结构的内部重构,限制杠杆水平的进一步提升。

第二,降低对投资拉动的依赖,扩大居民消费,实现企业部门与居民部门之间杠杆水平的再平衡。

第三,模拟企业制的政府资产负债表,合理确定政府的负债规模和水平,同时配以监管和跟踪措施,建立一个完善的有限的政府负债体系。

第四,仿照上海自贸区外资准入的"负面清单"管理,实现对国有企业的"正面清单"管理。所谓"正面清单",即列出对国有企业准入的行业,不在清单里的行业则禁止国有企业准入。比如国有企业可以进入对国家战略和安全有重大影响的行业、公益性和准公益性的行业;而对于泡沫领域的行业、非主营业务的行业以及完全竞争领域的行业则国有企业应当禁入。通过"正面清单"管理不仅可以使国有企业通过出售资产降低负债率,更重要的是降低对资源的过度占用,使资源配置更加公平有效。

第五,对于民营企业的引导,应允许国有企业参股民营企业,效仿美国企业管理制度,通过高股本、股权分散的形式降低负债率水平,从而降低全社会的杠杆率。

第六,完善企业制度,建立退出机制,实现市场经济的优胜劣汰,增强市场活力。

第七,密切关注宏观经济波动、就业、景气指数,合理确定去杠杆的力度和结构分布,确保经济发展的稳定性,有目标设计、循序渐进地推动降杠杆的进程。

关注去杠杆和降负债率,这不是一个简单的风险问题,而是事关整个中国改革的全局,不仅仅是经济问题,甚至是政治问题。作为一个聚焦点,去杠杆和降负债率要引起社会的普遍关注和高度重视,因为去杠杆和降负债率就是现在中国改革的牛鼻子,牵住它就能够影响全局,事半功倍。

原载《第一财经日报》2013年12月16日。作者单位:中诚信集团,董辅礽经济社会发展研究院。

大腾挪——新常态下的经济格局

（二〇一五年八月）

经济均衡与经济波动是经济运行非此即彼的两种基本状态，而经济调控通过政策手段使经济波动重新回到均衡状态上来，使之不至于偏离太远。调控政策轨迹可以表现为理论成果，而在实际经济层面则表现为"结构调整"，这是一个伴随中国经济多年的词汇了，意图是使经济重新回到均衡状态或者政府期望的局面上来，既是手段也是目标，是动态与静态的转换。在现阶段，中国经济逐渐进入中高速发展阶段，尤其是2015年以来，在经济运行的下行压力越来越大、步入新常态以后，进入了一个攻坚期，中国经济谋求转型与增长的再平衡。经济转型和均衡的重建，需要通过生产要素的重新组合来实现。正如熊彼特所说，"经济发展的本质就在于对现有的劳动和土地等所提供的服务加以不同从前的使用和生产要素的新组合"，这种组合就是创新。李克强总理所主张的"大众创业，万众创新"的理念，正是旨在调动这种资源和要素的重组和流动。自然而然，人们会问：如何进行资源的流动和重新配置呢？其主要抓手是什么呢？

本文认为，实现资源流动和重新配置的核心是资金的投放和使用，通过资金的流向来引导资源在区域和产业两个维度的再配置，进而实现经济结构调整和再平衡，这个过程可以形象地概括为"大腾挪"，亦即通过大腾挪来打造新常态下的经济新格局。

一、在区域和产业两个维度实现大腾挪

1. 投资区域的大腾挪

中国正在由一个商品输出、资本输入国转化为一个商品、资本双输出国，中国的资本走向世界，在更广阔的国际市场寻找投资机会。在宏观经济增速换挡的背后，外部环境改善乏力使得出口增速持续低位运行，对经济的推动力大大降低，消费和投资是拉动经济增长的主要动力。尽管消费在2014年以2个百分点的优势成为拉动经济增长的最主要来源，但从政策效果显现的快慢来看，消费比投资相对落后，投资在宏观经济触底阶段对刺激经济反弹的作用更为直接和有效。尤其在当前"稳增长"压力持续增

大的情况下,更需要充分发挥投资对经济增长的带动作用。在投资中,基础设施建设投资增速自2012年以来逐渐成为投资增速最快的部门,铁路、公路和机场的投资是投资的主要方向。但是近几年国内的基础设施建设投入,尤其是对于部分地区交通运输和房地产方面的投资局部不平衡,超出现阶段的需要,导致投资回报率持续下降,而较低的项目回报率对国内市场的投资效率也产生不利影响,再加上房地产市场和新能源市场超前发展带动部分相关行业出现过度投资,使得钢铁、水泥、风电制造、多晶硅等行业的产能过剩问题突出,这些现象都对投资方向和区域的重新定位提出了要求。

习近平主席2013年提出的"一带一路"倡议的推进和实施为国内的资金扩展了新的投资空间。"一带一路"沿线国家和地区中有相当大一部分的经济发展严重受到基础设施建设落后的制约,十分需要外部提供技术和资金支持。据测算,在2020年之前,亚洲基础设施投资的资金缺口将达7 300亿美元。由"一带一路"倡议的实施带来的投资区域向国际市场的转移已经成为当前的热点问题。随着亚洲基础设施投资银行(简称"亚投行")的成立、丝路基金正式投入运行,投资区域的大腾挪已经拉开序幕。从亚投行57个意向创始成员的组成来看,37个来自亚洲和大洋洲,20个来自欧洲、拉美和非洲,这可以看成是世界格局的又一次重组,全球经济利益格局再平衡正在悄然发生。在这一过程中,中国正在由一个商品输出、资本输入国转化为一个商品、资本双输出国。欧美发达国家作为世界经济增长的火车头的作用已大大降低,以中国为代表的新兴经济体日益成为世界经济发展的重要推动力量。

"一带一路"倡议不仅是基于中国资本走出国门的需要,而且将为亚太地区发展中国家带去经验,满足它们依靠自身难以满足的基础设施投资需求,还会增加当地的其他投资需求、经济增长和就业机会,建立起多赢的合作机制。同时,从中国国内经济发展的角度看,更可以借力"一带一路"倡议的实施加强构筑综合立体大通道,形成中西部地区与中亚、东欧、西亚的新商贸通道和经贸合作网络,带动产业由东南沿海向中西部转移,有助于推进中西部的开放型经济发展进程,推动区域经济结构新平衡。

2. 产业结构上的大腾挪,由传统制造业、产能过剩行业向先进制造业、新兴产业、服务业转变

产业结构的调整是宏观经济增长点转换的重要步骤,这既包括传统

制造业的技术创新和产业升级，也包括新兴制造业的快速发展以及服务业的壮大。从制造业来看，中国制造在过去一直是廉价物品的代名词。然而随着人力成本的上升，中国制造的价格优势已经大大下降，跨国公司的工厂也在向成本更低廉的越南、印度尼西亚等国家转移，同时落后的产能带来的环境污染等负的外部性影响也加重了社会发展的负担。因此，进行技术升级，提升中国制造的含金量，寻找经济发展与环境保护之间的平衡点，由制造大国变成制造强国才是长远发展的道路。国务院在2015年5月公布了中国制造强国建设的战略规划，并发布了《中国制造2025》作为第一个十年的行动纲领。该规划提出了通过三个十年的"三步走"战略，以创新驱动、质量为先、绿色发展、结构优化、人才为本基本方针，以2025年、2035年和2049年为三个时间节点，力争在新中国成立一百年时，综合实力能够进入世界制造强国前列。这意味着作为国家层面的重要任务，制造业将要开启一个新的发展阶段。在力求把制造业做大做强的同时，第三产业的快速发展则是从三次产业结构上向发达经济体的追赶和靠近。

根据2012年的数据来看，在国际主要发达国家中，美国和英国的第二产业比重仅为20%左右，第三产业比重均在80%左右；制造业强国德国和日本的第二产业比重高于美国和英国6~9个百分点，相应的第三产业占比低于英、美，略高于70%，而上述国家的第一产业比重仅在1%上下。相比之下，中国第一、第二产业比重明显高于发达国家，而第三产业比重虽然逐渐上升，但到2014年仍低于发达国家20~30个百分点。按照未来30年发展成为制造业强国的目标，中国的第三产业比重仍然需要增加超过20个百分点，拥有巨大的发展空间。以服务业为主的第三产业快速发展不仅能够增加经济的活力，满足经济社会向前发展的要求，而且可以创造大量就业岗位，承接因技术发展释放出来的农业和制造业的劳动力，实现经济结构调整过程中人力资本的转移。国家大力倡导大众创业、万众创新，出台了多项鼓励创业的政策，一方面有助于加快技术进步的速度，另一方面也有助于让优秀的人力资本向更具增长潜力的产业转移，为转换经济增长点、改善经济结构积蓄力量。

资源的腾挪是对过去结构的改变，是由一种状态转变到另一种状态的过程。中国经济社会正处于大变革之中，毫无疑问方向是积极的。但是在转变的过程中，无论是投资区域向境外拓展还是内部经济结构的调整和产业升级都有一些问题需要重视，并针对可能产生的负面影响尽早采取行动，防止不良影响扩大进而影响变革的进程。

二、大腾挪与风险防范

1. 对于资本输出和项目运作来说，识别和防范"一带一路"沿线国家多重风险是前提

一是沿线国家的政治风险。由于沿线国家多具有重要的地理位置和战略价值，经常成为大国角力的焦点，地区关系常处于紧张状态，同时叠加种族和宗教的多样化冲突，政权更迭频繁，不仅会给东道国的偿债能力和货币带来不稳定因素，对于投资安全性的保证也存在着较大的风险，因此，在进行投资之前，十分有必要先明确东道国的政治风险水平，评估投资与贸易是否能够顺利进行。二是东道国的经济风险。沿线国家虽然大都富含能源、矿产、农业原材料及旅游资源等，但相当大一部分国家工业化程度偏低，产业结构相对单一，处于产业价值链的底端，经济基础较为薄弱，可能难以应对突发事件的冲击而出现经济衰退，继而政策变化出现较高贸易壁垒的可能性也更高，这些都影响外部投资的可持续性，需要充分考虑。此外，基础设施建设投资的收益水平本身不高，往往要依靠带动区域经济发展来补充基础设施建设投资者的收益，东道国是否具有发展配套项目的能力，能否满足项目的收益要求也是十分有必要纳入考虑的问题。三是在东道国投资的金融信贷风险。基础设施建设投资往往规模较大，期限较长，需要大量的、持续的资金支持。如果东道国的金融、外汇政策波动较大，无论是对资金投资的持续性还是对投资收益水平都可能产生较大影响，让投资人承担的不确定性大大上升。综合上述问题可以看到，对投资的国家和地区进行多重风险识别是资本"走出去"的必要前提，应该针对潜在风险做好充分的评估和充足准备，以达到事半功倍的效果。

2. 在国内产业结构调整的过程中，也需解决一些实际问题和防范债务风险

一是在投资新兴产业、鼓励创新的同时，要注意减少行政干预，让市场在资源配置中发挥决定性作用。总结过去的经验教训可以发现，部分传统行业产能过剩问题的出现，与个别地区没有很好地发掘自身发展的优势和特点，盲目跟从、一哄而上，行政干预市场导致无差异化的发展有较大关系。因而在新一轮产业升级、结构调整的过程中，应该更加注意减少行

政对市场的干预，将政府的注意力放到完善市场运行规则，对市场进行有效监督，提供一个公平、开放的市场环境上，而让市场在资源配置中起决定性作用，激发市场的创造力，增加差异化竞争和市场多样性，进而提高资源配置的效率。二是在大腾挪的过程中，要注意保持一定的经济增速，为结构调整创造一个有利的环境，以延长调整可用的时间窗口。中国在金融危机后的几年中，经济增速由两位数下降到一位数，尤其是从2010年第二季度到2012年第一季度的近两年时间里经济增速下降了4个百分点，这一降幅如果发生在发达国家身上很可能意味着经济衰退。这一下降即便对于中国这样绝对增速较高的发展中国家来说也是难以承受的。在当前进行经济结构调整的阶段，如果不能将经济增速稳定在一个较好的水平，前期积聚的风险可能集中爆发，影响到经济社会的稳定，改革也将难以继续推进。因此，在"调结构"的同时，"稳增长"的重要性不能忽视。三是在化解前期积累的风险的过程中，尤其是在解决债务问题上，应注意对非国有经济的保护，避免因政策兜底国有经济风险而完全挤占非国有经济的资源。2015年以来，监管机构已经明确表态，对于存量的政府性债务通过置换、展期等方式避免违约。但是对于金融机构，尤其是银行来说，在经济尚未企稳的情况下，风险控制也是重中之重，因而就出现了为了保证对城投公司在建工程的贷款而对非国有企业进行抽贷，进而使得部分中小企业发生连锁性资金链断裂的情况。在直接融资渠道尚未完全通畅的情况下，银行贷款对于民营企业来说几乎是最重要的资金来源，金融机构对于国有企业和非国有企业的歧视性抽贷行为可能继续加剧自金融危机之后的"国进民退"，对非国有经济的冲击较大，可能影响经济结构调整的效果。因此，在确保国有经济不发生系统性风险的同时，更应注意满足民营中小企业的融资需求，打通民营企业股权、债权直接融资通道，给民营企业留下生存空间。

三、结语

中国经济正步入艰难的重构期，资本的边际效率的复苏也需要时间，随着"一带一路"倡议的落实，对内统筹实施"四大板块"和"三个支撑带"战略组合，引导产业由东向西梯度转移，实施长江经济带、珠海-西江经济带、京津冀一体化等区域性建设，拓展和腾挪区域发展新空间；对外把区域开发开放结合起来，加强新亚欧大陆桥、陆海口岸支点建设。这些都有助于资本的边际效率的复苏，推动产业发展新格局的形成，实现国内的经济再平衡，进而惠及周边的国家。大腾挪的序幕正在拉开，大腾挪的成效也是值得期待的。

原载《中国改革》2015年第8期。作者单位：中国人民大学经济研究所。

近年来中国宏观调控和经济政策的特征分析

(二〇一六年九月)

改革开放以来,中国在转型过程中实现了经济稳定与快速发展,国民经济体系不断完善,初步建立了市场经济体制,综合国力大大提升,GDP总量从1978年的3 645.2亿元增加到2018年的突破90万亿元,人均GDP接近一万美元。在过去的十年里,尽管全球性金融危机引致了世界经济形势的动荡,全球经济从"大缓和"转向了"大衰退",但中国经济仍然保持了较高的增长速度,在全球经济中所占的比重持续上升,市场化与经济开放度显著提高,人均产出和收入持续增长。

中国经济能够在全球经济衰退的大背景下继续保持高速、稳定的增长,与随着宏观经济发生阶段性变化,宏观经济政策做出了积极的、适度的调整有着密切的关系。从政策目标来看,在2008年以前,我国宏观调控的目标主要是防止经济增长由偏快转为过热、稳定物价和保持经济平稳发展等;2008年以后,宏观调控的目标转变为"防止经济增速过快下滑",使用扩张性的宏观调控工具,经济下滑的趋势得以控制;在物价水平出现持续上涨的情势下,2011年,宏观调控目标转变为"稳定物价总水平";党的十八届三中全会以来,宏观调控的目标围绕改革,转变为"稳增长、调结构、促发展"。

随着中国经济发展进入经济增长速度换挡期、结构调整阵痛期和前期刺激政策消化期"三期叠加"的新常态,在潜在增长平台下移、结构性减速及周期性力量的作用下,中国经济由高速增长转为中高速增长。在这一时期,人口红利逐渐消失,资源环境约束加强,经济发展面临的结构性问题日益突出。为了应对新的经济形势,我国的宏观调控政策也随之进行调整,从"双防"到"四万亿"强刺激,从强刺激到定向调控,从微刺激到供给侧改革,从过度强调有效需求不足和危机管理到强调潜在供给能力下降和结构性改革。不容否认,虽然宏观经济政策的调整较为有效地应对了全球性金融危机和世界经济整体衰退给中国经济发展带来的冲击,但从目前来看,仍难以止住经济增速下行的趋势,中国经济处于一个非常关键的时期。因此,根据中国经济发展的实际状况和存在的深层次问题,认真总结过去十年我国宏观调控和经济政策所呈现出的特征,对于中国经济未来的健康稳定发展具有重要的理论意义和现实意义。

一、配合总量政策，结构性调控力度不断加大

无论是在全球金融危机期间，还是在迈入"新常态"的发展阶段之后，重视结构性调控都是中国政府进行宏观调控的重要特点。2008年爆发全球性金融危机以来，西方经济体的宏观经济政策受到一定的质疑和批评，而其所依据的主流西方经济理论也遭遇危机。从经济学方法论的角度来讲，生产力发展不平衡等经济发展基本特征决定了旨在研究我国经济发展的经济理论与美国等西方发达经济体的经济理论应该有不同的基本假设，从而也决定了运用西方经济学的总量分析方法和总量调控方法来研究中国经济问题具有一定的局限性。对于经济危机以及宏观调控的反思，更加凸显了结构性调控的重要性。比如，曾经被视为扭曲市场机制行为的产业政策回归美国[①]等发达经济体，并成为其走出危机的制胜法宝。而中国宏观调控的一大特色则是结构性调控政策的运用，包括产业政策、贸易政策、汇率政策等广义的结构性调控工具。

纵观近年我国的宏观经济政策，结构性调控的力度在不断加大。宏观经济政策在保持"取向不变"的前提下运用总量性政策的效果明显减弱，更加偏重于结构性和功能性政策的选择；在经济发展呈现周期性、结构性与趋势性下行的经济新常态下，结构不合理是当前我国经济发展中遇到的最为突出的问题，包括经济增长动力结构、城乡二元结构、产业结构、分配结构等；而发展转型与促进结构调整是当前阶段不可逾越的重要目标，结构性政策更能应对中国当前的经济常态，同时能更有效地促进结构调整、加快转型。事实上，任何一次经济危机和危机调整都是总量因素与结构性因素、趋势性因素和周期性因素叠加的产物。按照中国人民大学宏观经济分析与预测课题组的测算，过去几年中国经济的负向产出缺口有所扩大。这一结论可能决定了中国宏观经济的治理在用需求管理政策对冲产出缺口扩大的同时，更重要的是要采用结构性政策来缓解潜在产出水平下滑的冲击。例如，为了减轻宏观税负，激发企业活力，积极实行结构性减税政策，从扩大"营改增"试点改为全面实施"营改增"；针对中小企业经营困难问题，适时推出差别化信贷政策和税费减免政策等，多手段促进中

---

① 2008年全球金融危机爆发后，美国先后通过了《综合性能源计划》《2009年美国复兴和再投资法案》《美国清洁能源与安全法案》《美国制造业促进法案》，并于2011年开始实施"高端制造伙伴"计划。

小企业发展；严格控制对"两高一剩"行业的贷款，支持对整合过剩产能的企业定向开展并购贷款，促进产能过剩矛盾化解；发挥差别准备金动态调整机制的逆周期调节作用，通过调低宏观热度等参数促进贷款平稳增长；不断优化信贷结构，引导金融机构继续加大对铁路等重点项目、保障性安居工程和"三农"、小微企业等薄弱领域的信贷支持力度；等等。

二、"三位一体"调控模式更加强化，短期调控与长期改革结合，政策连续性、协调性不断增强

宏观经济政策通常被理解为更多地关注短期波动，西方发达国家以财政政策和货币政策为主的宏观经济政策，也是以"熨平短期波动"为主要任务。而我国的宏观调控则是将中长期战略规划与财政政策、货币政策结合起来，实现了宏观调控的短期目标与中长期目标的衔接。这种由规划、财政、货币政策构成的"三位一体"的中国特色的调控模式，强调以"国家发展战略和规模为导向，以财政政策和货币政策为手段，并加强财政政策、货币政策与产业价格等政策协调配合，提高相机抉择水平，增强宏观调控的前瞻性、针对性、协调性"。

近十年尤其是党的十八大以后，中国的宏观经济政策将短期调控与长期改革相结合，寓改革于宏观调控之中的特点越来越明显，政策连续性不断增强。一方面，新的宏观经济政策的出台，不仅注重巩固前期政策实施的效果，也紧密结合国内外经济形势的变化。比如，2008年以来，快速增长的地方政府债务规模以及其不透明和复杂的状况是我国经济运行中的重要隐患，并成为国内外关注中国主权风险的重点之一。为了避免出现地方性债务风险，我国先后颁布了《2014年地方政府债券自发自还试点办法》、《国务院关于加强地方政府性债务管理的意见》（国发〔2014〕43号）、新修订的《中华人民共和国预算法》和《地方政府一般债券发行管理暂行办法》。从"代发代还"到"自发自还"，再到地方债务置换以及限额管理，这些政策的出台不仅通过改革使得我国地方政府发债方式和债务管理逐步规范化和市场化，部分债务风险通过债务延期得以缓解，同时也体现了政府在债务发行和管理规范机制方面做出的探索。另一方面，宏观政策更注重长期与短期的衔接，短期政策调控效果与长期改革推进相衔接。比如在价格领域，进行了资源性产品价格改革，成品油价格形成机制更加市场化和透明；在金融领域，继2012年调整贷款利率区间后，又全面放开金融机

构贷款利率上限，积极推进利率市场化；在对外开放方面，以自贸区为突破点，进一步推动金融等相关产业以及外向型经济升级；等等。与此同时，政策实施也更加重视政策的协调性，通过财政政策、货币政策、产业政策、贸易政策等"组合拳"的方式来共同发力。例如，为了支持实体经济发展尤其是小微企业发展，通过加大结构性减税力度、出台差别化信贷政策以及扩大资产证券化试点、盘活存量等，加强了信贷政策、税收政策与产业政策的协调配合。另外，政策的连续性也通过规划文本内容体现出来，从党的十八届三中全会《中共中央关于全面深化改革若干重大问题的决定》到党的十八届四中全会《中共中央关于全面推进依法治国若干重大问题的决定》，再到"十三五"规划文本，都体现了全面改革推进的连续性、一致性。具体内容参见表1。

表1 "十三五"规划延续了党的十八大以来的重要内容

党的十八届三中全会确定的六大领域改革任务		"十三五"规划提出的改革任务
坚持和完善基本经济制度	1. 完善产权保护制度。 2. 积极发展混合所有制经济。 3. 推动国有企业完善现代企业制度。 4. 支持非公有制经济健康发展。 5. 建立公平公开透明的市场规则。	1. 坚持公有制为主体、多种所有制经济共同发展。 2. 深化国有企业改革，增强国有经济活力、控制力、影响力、抗风险能力。 3. 加快形成统一开放、竞争有序的市场体系，建立公平竞争保障机制，打破地域分割和行业垄断。
加快完善现代市场体系	1. 完善由市场决定价格的机制。 2. 建立城乡统一的建设用地市场。 3. 完善金融市场体系。 4. 深化科技体制改革。	1. 创新和完善宏观调控方式。 2. 减少政府对价格形成的干预，全面放开竞争性领域商品和服务价格，放开电力、石油、天然气、交通运输、电信等领域竞争性环节价格。 3. 加快金融体制改革，提高金融服务实体经济效率。 4. 深化科技体制改革，引导构建产业技术创新联盟，推动跨领域跨行业协同创新，促进科技与经济深度融合。 5. 推广新型孵化模式，鼓励发展众创、众包、众扶、众筹空间。发展天使、创业、产业投资，深化创业板、新三板改革。 6. 稳定农村土地承包关系，完善土地所有权、承包权、经营权分置办法，依法推进土地经营权有序流转，构建培育新型农业经营主体的政策体系。 7. 改革能源体制，形成有效竞争的市场机制。

续表

党的十八届三中全会确定的六大领域改革任务		"十三五"规划提出的改革任务
加快转变政府职能	1. 健全宏观调控体系。 2. 全面正确履行政府职能。 3. 优化政府组织结构。	1. 深化行政管理体制改革，进一步转变政府职能，持续推进简政放权、放管结合、优化服务，提高政府效能，激发市场活力和社会创造力。 2. 优化企业发展环境。 3. 减少政府对价格形成的干预，全面放开竞争性领域商品和服务价格，放开电力、石油、天然气、交通运输、电信等领域竞争性环节价格。 4. 创新公共服务提供方式，能由政府购买服务提供的，政府不再直接承办；能由政府和社会资本合作提供的，广泛吸引社会资本参与。 5. 加快开放电力、电信、交通、石油、天然气、市政公用等自然垄断行业的竞争性业务。 6. 发挥财政资金撬动功能，创新融资方式，带动更多社会资本参与投资。 7. 推动政府职能从研发管理向创新服务转变。 8. 增强政府职责，提高公共服务共建能力和共享水平。
深化财税体制改革	1. 改进预算管理制度。 2. 完善税收制度。 3. 建立事权和支出责任相适应的制度。	1. 深化财税体制改革，建立健全有利于转变经济发展方式、形成全国统一市场、促进社会公平正义的现代财政制度，建立税种科学、结构优化、法律健全、规范公平、征管高效的税收制度。 2. 建立事权和支出责任相适应的制度，适度加强中央事权和支出责任。 3. 建立全面规范、公开透明的预算制度，完善政府预算体系，实施跨年度预算平衡机制和中期财政规划管理。 4. 建立规范的地方政府举债融资体制。健全优先使用创新产品、绿色产品的政府采购政策。

续表

党的十八届三中全会确定的六大领域改革任务		"十三五"规划提出的改革任务
健全城乡发展一体化体制机制	1. 加快构建新型农业经营体系。 2. 赋予农民更多财产权。 3. 推进城乡要素平等交换和公共资源均衡配置。 4. 完善城镇化健康发展体制机制。	1. 坚持工业反哺农业、城市支持农村，健全城乡发展一体化体制机制，推进城乡要素平等交换、合理配置和基本公共服务均等化。 2. 发展特色县域经济，加快培育中小城市和特色小城镇，促进农产品精深加工和农村服务业发展，拓展农民增收渠道，完善农民收入增长支持政策体系，增强农村发展内生动力。 3. 推进以人为核心的新型城镇化。提高城市规划、建设、管理水平。 4. 促进城乡公共资源均衡配置，健全农村基础设施投入长效机制。
构建开放型经济新体制	1. 放开投资准入。 2. 加快自贸区建设。 3. 扩大内陆沿边开放。	1. 推进双向开放，促进国内国际要素有序流动、资源高效配置、市场深度融合。 2. 完善法治化、国际化、便利化的营商环境，健全有利于合作共赢并同国际贸易投资规则相适应的体制机制。 3. 推进"一带一路"建设。 4. 深化内地和港澳、大陆和台湾地区合作发展。 5. 加强宏观经济政策国际协调，促进全球经济平衡、金融安全、经济稳定增长。积极参与网络、深海、极地、空天等新领域国际规则制定。 6. 有序扩大服务业对外开放，扩大银行、保险、证券、养老等市场准入。

三、宏观调控理念有所创新，提出宏观调控机制化，调控方式从特殊转向常态化、一般化，设定上下限

党的十四大以来，中央政府多次强调完善宏观调控体系，从"宏观调

控主要采取经济办法……建立计划、金融、财政之间相互配合和制约的机制"①,到"运用货币政策与财政政策,调节社会总需求与总供给的基本平衡,并与产业政策相配合,促进国民经济和社会的协调发展",再到"综合运用财政、货币政策,提高宏观调控水平"②,这些表述明确了以财政政策和货币政策作为主要宏观调控手段,并提出要实现宏观调控机制化,体现了决策层宏观调控理念的创新。形成宏观调控的决策和实施的机制化,是以不变应万变。缺乏机制化,一旦经济形势发生变化,就容易出现政策频频出台、各部门同时出招等非常态化政府干预,往往会带来一些问题。目前我国的微刺激政策存在两个明显的问题:一是碎片化,即措施应急、零碎不系,缺乏措施之间的衔接;二是措施对经济运行的影响效力短暂,短期化特点明显。实现宏观调控决策和实施机制化,将有助于减少政策碎片化,降低政策短期化的发生概率。

近年来,中国经济下行压力较大,微刺激政策形成了一个"经济增速下滑—微刺激—小幅反弹—再下滑"的循环圈。如此循环,宏观调控就需要守住下限。2013年中央创新宏观调控目标定位,提出了区间调控的新思路,确定经济运行合理区间的"上限"是通胀率目标,"下限"是增长率目标和失业率目标。只要经济运行在这一区间,就保持宏观经济政策的相对稳定,把工作重点放在调结构、促改革上;一旦滑出这一区间,则坚决进行相应的调整,防止危及改革发展稳定大局。区间调控的实施对于市场预期的平稳、对于市场主体信心的稳定都起到了极为重要的作用,因为它明确宣示政府不会容忍经济滑出合理区间。2014年中央又在区间调控的基础上提出了定向调控的方式,即通过对不同部门、不同群体有针对性地降税、降费、降准、降息,着力解决小微企业、"三农"和新型行业的经营困难,增强他们的经营活力。从调控手段来看,与以往相比,除了运用行政性文件公告之外,宏观调控还更为灵活地运用经济、法律和技术手段,创新宏观调控方式,分类指导,有保有压,有扶有控,根据实际情况灵活、差别化地制定调控政策。同时,宏观调控的市场化特征也越来越明显,如在货币政策方面,除了灵活使用再贴现、再贷款、常备借贷便利、差别存款准备金率等工具稳定货币流动性外,还通过冻结续做长期票据、常备借贷便利等创新调控组合,处理好短期流动性与长期流动性的关系。

---

① 参见《中共中央关于建立社会主义市场经济体制若干问题的决定》。
② 参见党的十七大报告全文。

四、调控目标的多元化决定了调控手段的泛化，出现过多干预微观经济的现象，从而引起经济波动

从历年中央政府的工作报告和相关文件来看，我国对于宏观调控的范围并没有做出明确说明，宏观调控的目标和对象界定比较宽泛。现以党的十八届三中全会《中共中央关于全面深化改革若干重大问题的决定》（以下简称《决定》）提出的宏观调控主要任务为例。《决定》指出："宏观调控的主要任务是保持经济总量平衡，促进重大经济结构协调和生产力布局优化，减缓经济周期波动影响，防范区域性、系统性风险，稳定市场预期，实现经济持续健康发展。"从这段表述中我们可以看到，宏观调控的目标和对象不仅包括总量平衡，而且涵盖结构优化，因此，多元化的目标就需要产业政策等多样化的工具（丁伯根法则），同时政策实施主体也必然表现为多部门参与，从而形成了宏观调控手段的泛化和多部门调控主体。宏观调控目标的泛化主要是深层改革滞后和市场体制不完善造成的结果，同时也是某些方面妨碍改革深化甚至客观上促进旧体制中的某些因素复归的现实根源。在我国，调控主体除了发改委、财政部、人民银行外，还有银监会、证监会、环保部、工信部、农业部等。调控手段也有几十种，既有中国特色的行政干预，比如2008年初的价格管制等；也有比较符合市场经济要求的调控工具，如利率、法定存款准备金、公开市场操作、财政赤字规模等"总量参数型工具"，以及针对特定行业投资管制、信贷与IPO有保有压的"产业调控型和准入型工具"。参见表2。

表2 我国政府宏观调控工具

调控工具类型	调控内容
总量参数型工具	存贷款利率、法定存款准备金、公开市场操作、财政赤字规模、财政收入、财政支出、法定汇率调控
产业调控型和准入型工具	城市建设用地供应、特定行业投资准入限制、降低农产品流通成本、提高房贷收入比例、房贷差异化等
行政干预型工具	价格管制、暂停建设用地供给、严管炒作农产品等

从理论上讲，宏观经济波动短期变异度较高造就了宏观调控的相机抉择特点，而与结构演变相关的产业政策等取向比较稳定，调控工具的多样化总体上会导致宏观调控微观化。而多部门调控主体则容易导致政府部门

较为随意地干预投资、信贷、准入等微观经济活动，或由于政府过多干预，导致更为严重的经济波动（如信贷驱动的投资过热等）。多种工具并用，提振经济时难以辨识各自的作用和累计效果，容易刺激过火；经济紧缩时，又可能因类似机制的作用而使经济降速过大。例如，应对国际金融危机时，"四万亿"强刺激带领中国率先从金融危机中走出，对全球经济复苏产生了一定影响，但同时，货币超发也引发了新一轮通胀和更严重的产能过剩等。总体上说，宏观调控目标的泛化，往往会对市场机制发挥作用本身形成制约，反过来也为调控泛化制造借口：或是处于宏观调控之中，或是依赖宏观调控，寄希望于刺激政策，认为宏观调控是万能的。

宏观调控实质上是政府对市场的干预，这种干预必须建立在尊重市场规律的基础上，只有坚定不移地推进市场化改革，才能夯实宏观调控的微观基础。党的十八大报告指出，经济体制改革的核心问题是处理好政府和市场的关系，必须更加尊重市场规律，更好发挥政府作用。而推进经济体制改革，处理好政府与市场的关系，最重要的是在更大程度上、在更大范围内发挥市场在配置资源方面的基础性作用。长期以来，我国粗放式的经济增长方式之所以很难转变，与生产要素如土地、资本、重要资源品的价格受政府管制，价格水平长期偏低有关。从经济增长的驱动来看，资本因素仍是我国经济增长的最大贡献者，稳增长的关键在于资本效率的提升，而目前资本效率偏低，根源是政府主导型经济发展方式，高效率的民间投资并未充分启动。

五、小结

过去十年，中国与全球其他经济体一起共同经历了严重的金融危机和经济衰退，虽然随着世界经济进入低速增长与深刻调整周期，中国经济增速有所放缓，但放眼全球，中国经济依然保持了较高的增长率，占世界经济的比重持续攀升，市场化与开放度显著提高，人均产出和收入持续增长，社会保障制度逐步完善。十年来，从"双防"到"四万亿"强刺激，从强刺激到定向调控，从微刺激到供给侧改革，从过度强调有效需求不足和危机管理到强调潜在供给能力下降和结构性改革，中国的宏观经济政策调整帮助我们首先从金融危机中走出，也越来越呈现出中国特色的宏观调控特点：配合总量政策，结构性调控力度不断加大；"三位一体"调控模式更加强化，短期调控与长期改革结合，政策连续性、协调性不断增强；

宏观调控理念有所创新，提出宏观调控机制化，调控方式更加灵活。但是，我国调控目标的多元化以及多部门的调控主体决定了调控手段的泛化，从而在一定程度上导致政府过度干预微观经济，这成为宏观经济波动的根源之一。如应对国际金融危机时，"四万亿"强刺激带领中国率先从金融危机中走出，对全球经济复苏产生了一定影响，但同时，货币超发也引发了新一轮通胀和更严重的产能过剩等。

从目前宏观调控政策的实施效果来看，以微刺激为主的需求政策边际效应递减，前期产能过剩行业和地方政府融资平台的资金需求拉高了资金成本，使得违约风险上升，金融机构不良贷款不断攀升，又导致金融机构对外借贷趋于谨慎，致使货币市场短期利率波动不能有效传导至资本市场，货币政策效应减弱。同时，由于地方政府财政收入增长速度放缓，配套资金不足，加上产能过剩使得投资乘数减小，积极的财政政策效果也打了折扣。随着进入新常态时期，原有的制度红利和人口红利逐渐消失、劳动力成本不断攀升、资源环境发展约束不断增强，而生产领域的大面积过剩与部分领域（尤其是服务业领域）的供给长期不足等结构性矛盾进一步激化，低成本学习模仿、技术进步的后发优势随着我国要素成本提升以及金融危机后全球需求低迷而丧失。针对这一系列结构性问题，中央政府提出进行供给侧结构性改革。"供给侧"改革不是否定需求侧，而是要把需求和供给管理更好地结合，在适当扩大总需求、释放新需求的同时，注重创造新供给推动供求均衡发展。从理论上讲，供给侧经济学重视发展生产，通过减税，恢复企业活力，而以需求管理为主的凯恩斯学派侧重刺激需求，通过反周期调控熨平短周期经济波动。美国前总统里根和英国前首相撒切尔夫人执政时都曾以供给学派经济学为理论依据，通过减税和国企私有化等供给侧改革，提升生产率。对于中国而言，供给侧结构性改革的推进，关键是要提高经济增长的质量和效益，全面提升中国各方面的要素生产力。这种思路已经在推进的改革和调控中有所体现。

"十三五"期间，简政放权、放松管制、加快金融业对外开放和改革、国企改革、土地改革以及提高创新能力等改革必须不断推进，以促进资源优化配置，提升全要素生产率。与此同时，还要通过产品价格改革和要素价格改革，引导资本和劳动在不同部门间进行优化配置，实现过剩产能的出清以及经济结构的调整。经济结构的调整体现在存量调整和增量调整两个方面，存量调整表现为加大过剩行业的去库存和去产能，增量调整则表现为加大供给不足的部门，尤其是加大各类服务业的投资供给，加大对新兴产业的培育力度。

在"新常态"和"三期叠加"的背景下，中国经济增长处于结构调整的"关键时期"，中国经济发展面临的结构性问题依然突出。这些问题的形成既有经济发展自身的问题，又有经济体制方面的问题，从长期来看，解决这些问题必须依靠更深层次的改革。

党的十八届三中全会以来，以改革增强市场经济活力、促进经济增长的取向十分清晰，自上而下的改革路线图应运而生，更深层次的改革不断推进。一方面，推进政府职能转变，不断简政放权，破除投资发展的体制机制障碍，推动大众创业、万众创新，提升企业和个人投资发展意愿。下放的权利，一部分下放给各级地方政府，一部分直接下放给企业和社会组织。另一方面，围绕缩小收入差距和要素价格"两大核心"改革，国有企业改革、土地制度改革、财税金融体制改革、资本市场等重点领域的改革工作在持续推进。随着改革的不断深入，宏观调控政策和调控手段也应做出相应的调整。

参考文献

[1] 陈璋. 中国宏观经济理论方法论问题研究 [M]. 北京：中国人民大学出版社，2006.

[2] 陈璋，万光彩. 范式之争、中国经验与宏观经济理论创新 [J]. 经济学家，2008（5）：31-38.

[3] 黄志钢，刘霞辉. 中国经济中长期增长的趋势与前景 [J]. 经济学动态，2014（8）：35-54.

[4] 卢锋. 宏观经济失衡的体制探因 [J]. 中国证券期货，2014（8）：26-27.

[5] 卢锋. 宏调的逻辑——从十年宏调史读懂中国经济 [M]. 北京：中信出版集团，2016.

[6] 袁海霞. 中国宏观经济调控理论方法论研究 [J]. 中央财经大学学报，2007（6）：72-77.

[7] 袁海霞. 2013年国家宏观政策特点及2014年政策取向判断 [J]. 当代经济管理，2014，36（3）：10-14.

[8] 张晓晶. 主流宏观经济学的危机与未来 [J]. 经济学动态，2009（12）：34-41.

[9] 中国经济增长与宏观稳定课题组，张平，刘霞辉，张晓晶，李成，常

欣. 后危机时代的中国宏观调控 [J]. 经济研究, 2010, 45 (11): 4-20.

原载《中国人民大学学报》2016年第9期。作者单位：中国人民大学经济研究所。与张英杰、袁海霞合作。

转型与发展：中国经济与政策十年

（二〇一六年十月）

纵观近十年，中国与全球经济共同走过金融危机，逐步迈入"三期叠加"的新常态，经济发展呈现出与世界经济联系加强等八大特征；与此同时，宏观经济也适时调整，从"双防"到"四万亿"强刺激，从"强刺激"到定向调控，从"微刺激"到供给侧改革，从过度强调有效需求不足和危机管理到强调潜在供给能力下降和结构性改革，中国的宏观经济政策帮助我们首先从金融危机中走出，也越来越呈现中国特色的宏观调控特点。当前制约中国经济发展的结构性问题依然十分严重，以需求管理为主的宏观经济政策的有效性不断降低，破解发展难题必须推进供给侧结构性改革。但是在推进供给侧结构性改革的同时，必须注重短期目标与长期目标的协调等六大关系。

一、过去十年中国经济呈现出八大特征

在过去的十年，中国与全球经济共同走过了复杂多变的十年。中国经济经历了危机前一个周期的高速增长，应对了2008年金融危机时期的经济下滑与大幅的经济波动。随着世界经济进入低速增长与深刻调整周期，中国经济发展逐步迈入"三期叠加"的新常态，经济增速有所放缓（见图1）。但是放眼全球，中国经济依然保持了较高的增长，占世界经济的比重和对全球经济的贡献持续攀升；随着改革开放的不断推进，在开放体系中中国与世界经济的联系更加增强，对全球经济的影响也日益重要，一些阶段性特征出现了明显变化，外贸、资本流动从"商品输出、资本输入"向"商品、资本双输出"转变，产业结构、需求结构也都呈现跨越式发展，基础设施和社会保障体系不断完善，在"信贷-投资"驱动模式下债务规模快速发展，如此等等，总体上，笔者认为中国经济发展呈现出以下八个特征。

特征一：中国经济总量超越日本成为世界第二大经济体，中国从区域经济大国向全球大国转变。

2006—2016年，中国经济飞跃发展，各项经济指标数倍增加。这十

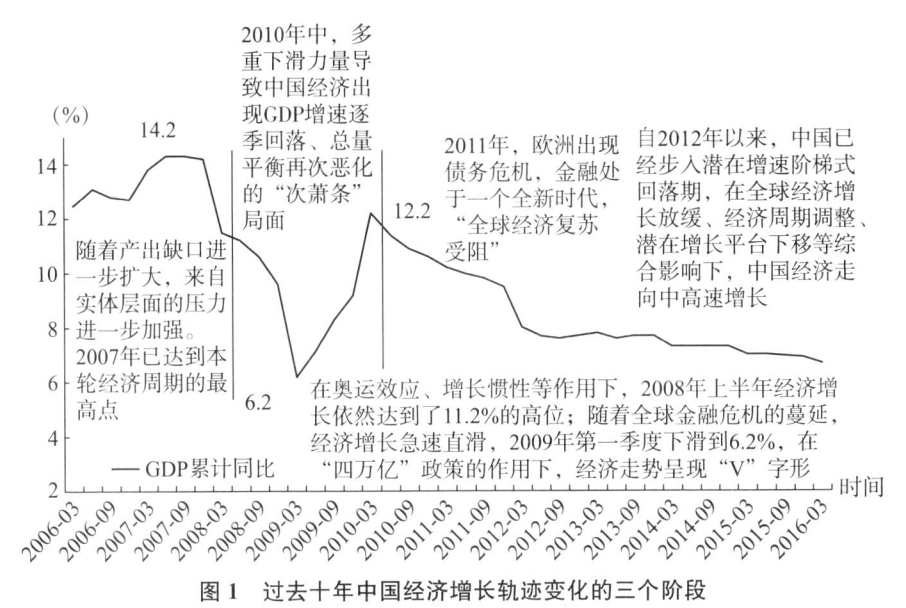

图 1　过去十年中国经济增长轨迹变化的三个阶段

年，中国经济总量增长了3倍多，虽然经历了增长不断放缓，但年均增长依然达9.5%，远高于同期世界经济的平均增速3.7%。2010年，中国经济总量超越日本，在世界经济中的排名从2006年的第4位上升至2010年的第2位并保持至今，成为仅次于美国的全球第二大经济体。

随着经济的快速增长和经济规模的扩大，中国经济对世界经济的贡献日益提升。按照世界银行的测算，使用购买力平价计算，中国经济总量在世界经济总量中的占比，从2006年的9.68%提高到了2015年的16.86%（见图2）；中国对全球经济增长的贡献（用汇率法计算），从2006年的14.86%提升至2015年的超过25%。IMF的数据也反映了这一趋势，2000—2005年中国经济对全球经济的增量贡献率约为7%，2005—2010年增量贡献率上升至21%，2011—2015年这一指标又进一步上升到了29%。

中国从区域性大国向全球性大国转变，在资本市场等各方面对全球的影响也不断加深。全球金融数据提供商迪罗基公司最新公布的数据显示，2016年第一季度，中国已公布的外向并购总额达922亿美元，再创新高。2016年2月，中国化工集团公司宣布愿以约430亿美元的价格收购瑞士农业化学和种子公司先正达。这是有史以来最大规模的收购瑞士企业的交易，也是有史以来最大规模的中国境外交易。从数据来看，2016年第一季度中国已经成为全球跨境并购中的最大收购国，占全球30%的市场份额。

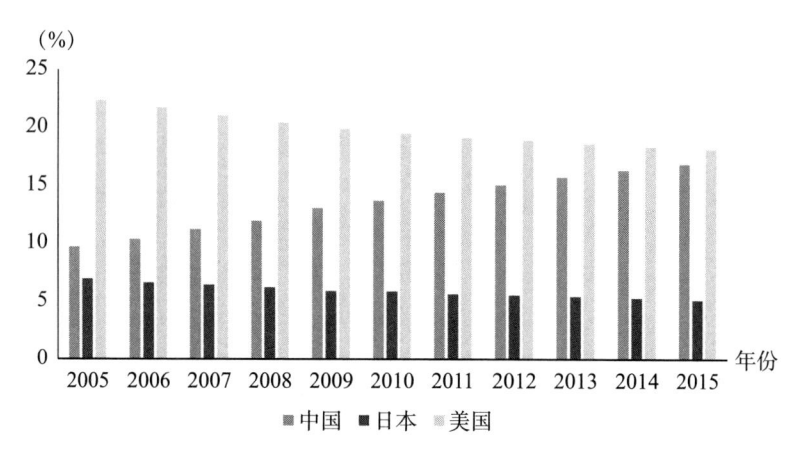

图 2　中美日经济总量占全球 GDP 比重（按照购买力平价计算，2005—2015 年）

注：如无特殊说明，文中所用数据资料均来源于东方财富数据库，由中诚信国际以及中国人民大学宏观经济分析与预测课题组整理。

资料来源：东方财富数据库，由中诚信国际以及中国人民大学宏观经济分析与预测课题组整理。

特征二：中国经济增长与全球高度同步，宏观经济景气由繁荣进入萧条的调整周期。

无论是经济增长、宏观经济景气、贸易状况还是工业生产等，中国经济始终与全球经济保持高度同步，经济增长从高速增长阶段进入次高速增长阶段，宏观景气从繁荣阶段进入萧条阶段。

从 GDP 增长来看（见图 3），在金融危机前，中国经济保持两位数以上的高位增长，世界经济也延续 5.5% 左右的速度较快的增长；2008 年以来，中国经济和世界经济的增长继续下滑，分别从 2007 年的 14.2%、5.67% 下滑至 2009 年的 9.2% 和 0.01%，世界经济几乎陷入了停滞。随着全球"反危机"政策的实施，中国和世界经济逐步走出危机，并进入"低增长、低贸易、低通胀和低利率"的新常态，宏观经济景气由危机前的繁荣进入萧条阶段。

进出口贸易、工业增加值等指标的情况也反映出中国与世界走势基本一致（见图 4 和图 5）。

特征三：中国从"商品"输出国转向"资本、商品"双输出国。

资本流动从纯流入状态逐步向流出状态转变。从过去十年的情况来看，2005—2008 年，这一时期中国经济延续了过去 30 年来的高速增长，总体投资回报率处于全球较高水平，外商直接投资虽然增速放缓，但实际利用金额远高于中国对外直接投资；相比而言，这一时期中国对外直接投

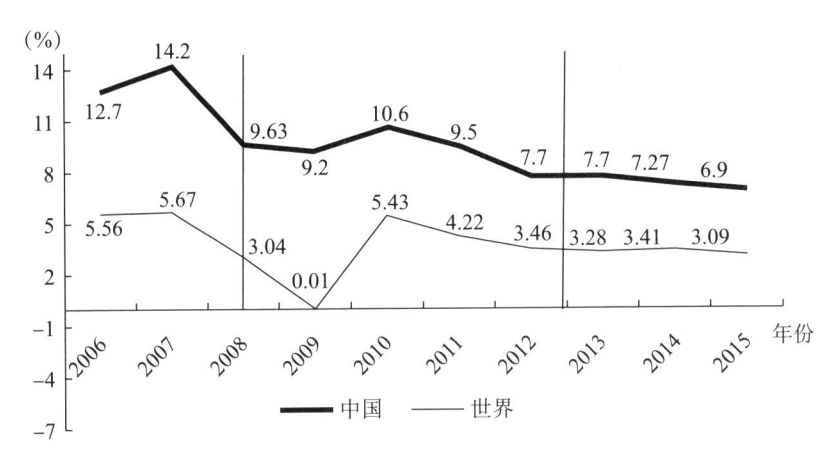

图 3 中国经济增长与世界经济增长高度同步（2006—2015 年）

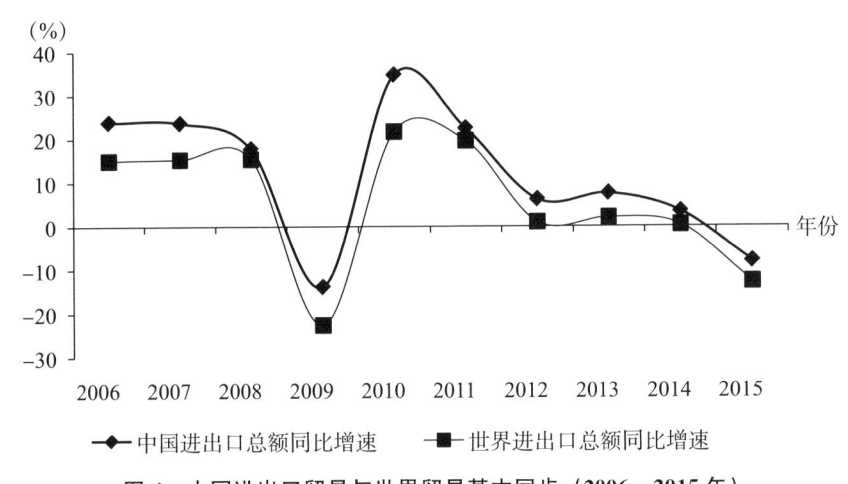

图 4 中国进出口贸易与世界贸易基本同步（2006—2015 年）

资还处于缓慢增长的平台期（见图6）。2008年以来，中国境内企业主体对外直接投资加快增长，尤其是2008年，在金融类投资加快增长的带动下，中国境内投资者对外直接投资加快增长，中国对外直接投资净额为559.1亿美元，较上年增长111%，占比70%以上的非金融类对外直接投资同比增长高达63.6%。到2014年底，中国对外直接投资达到1 231.2亿美元的历史最高值，同比增长14.2%[1]，为全球第三大对外投资国。中国1.85万个境内投资者设立对外直接投资企业近3万家，分布在全球186个国家（地

---

[1] 自2003年中国发布年度对外直接投资统计数据以来，连续12年实现增长，2014年对外直接投资净额是2002年的45.6倍，2002—2014年的年均增长速度高达37.5%。

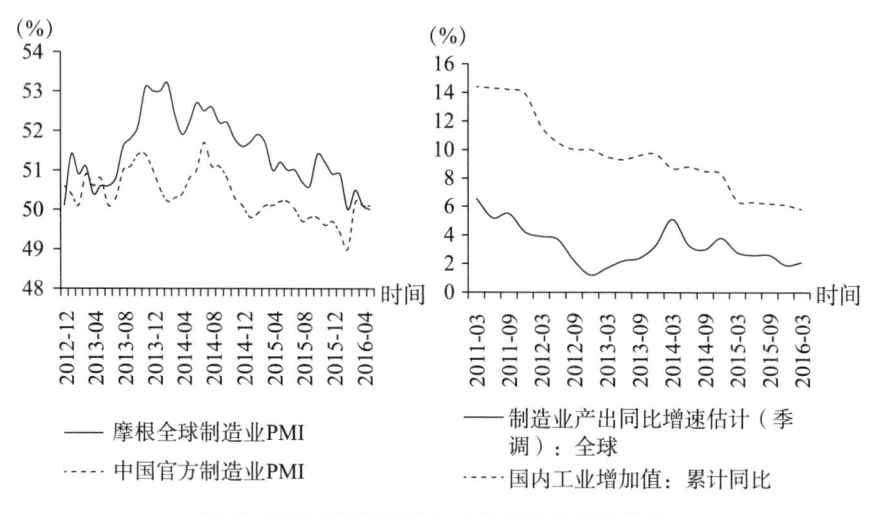

图 5 PMI 先行指标和工业生产均呈低迷态势

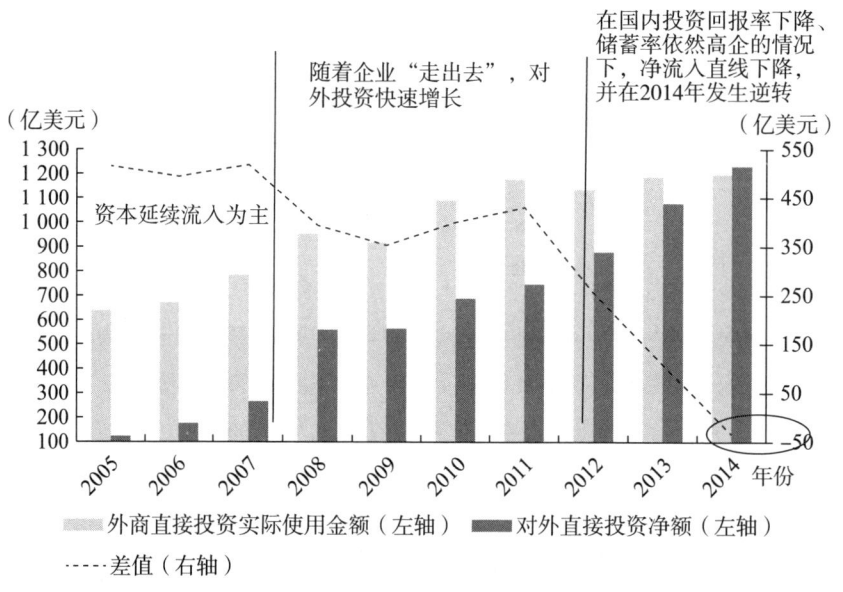

图 6 近十年我国外商直接投资实际利用额和对外直接投资变化（2005—2014年）

注：数据来源于历年《中国统计年鉴》。差值根据中国外商直接投资实际使用金额与对外直接投资净额相减而得。

区）。对外直接投资存量前20位的国家（地区）存量占总量的近90%。中国对"一带一路"沿线国家的直接投资流量为136.6亿美元，占中国对外直接投资流量的11.1%。与吸引外资相比，当年外商直接投资实际利用额达到1 197.1亿美元，中国实际上已经迈入净资本输出国。

中国对外贸易增长由两位数以上的高位增长逐步过渡到与世界贸易同步增长，贸易大国地位凸显。2009年中国成为世界第一大出口国，2013年中国成为世界第一大货物贸易国，货物贸易与服务贸易在世界中的贡献均呈现出逐年上升趋势。根据WTO的数据，2012年以来，中国货物出口额占世界货物出口额的比重排名第一，货物进口额占世界货物进口额的9.8%，居世界第二位，仅次于美国，服务贸易进出口居世界第三。① 从贸易结构来看，进出口货物贸易结构有所改善，加工贸易的占比有所下降，机电产品和高新技术在进出口中的比重均呈现上升态势；在服务贸易中，无论是进口还是出口，运输、旅游以及其他商业服务均为贸易主体，但旅游和其他商业服务的占比有所下降，而建筑、通信、保险、金融等比重虽有所上升，但总体占比较小。

特征四：经济增长动力转换与结构发生大变异。

（1）需求动力更加倚重内需，最终消费中居民消费支出的占比小幅提升。

从需求来看，需求结构呈现外需对经济增长的贡献减弱、内需对经济增长的贡献增强的特点，内需的贡献率由2005年的89%波动上升至2014年的98.7%，内需中尤其是最终消费需求是经济增长的稳定器。外需经历过金融危机时期的最低谷后，总体对经济增长的贡献趋弱。在金融危机期间，受全球经济形势恶化、贸易下滑严重的影响，外需对经济增长的贡献从危机前的10.3%下滑至2009年的－44.8%，达到了1985年以来的最低值；2014年该指标为1.3%，比2005年下降9.7个百分点。随着危机后投资增长高位趋缓以及投资效率下降，资本形成总额对经济增长的贡献由2013年的54.2%下降至2014年的48.5%。而最终消费对经济增长的贡献为50.2%，波动相对资本形成总额、货物和服务净出口而言比较稳定（见图7）。

---

① 据统计，2012年中国货物出口额占世界货物出口额的11.2%，居世界第一位；货物进口额占世界货物进口额的9.8%，居世界第二位，仅次于美国。在服务贸易方面，中国仍是世界服务贸易第三大国。2012年中国服务出口为1 900亿美元，同比增长4%，占世界服务出口的4.4%，居世界第五位；服务进口为2 810亿美元，同比增长19%，占世界服务进口的6.8%，居世界第三位；服务进出口总额为4 710亿美元，仅次于美国和德国。与上年相比，中国服务出口占比没有变化，进口占比提高0.7个百分点。2015年，中国货物贸易出口继续居世界第一位，为2.27万亿美元，占世界的份额为13.8%；其后依次为美国、德国、日本、荷兰、韩国和中国香港。在世界货物贸易进口排名中，美国居第一，中国排第二位，其次是德国、日本、英国。相比之下，中国在商业服务贸易的进出口方面略显滞后，其中进口排第二位，出口则排第五位。美国的商业服务贸易进出口均排世界首位。

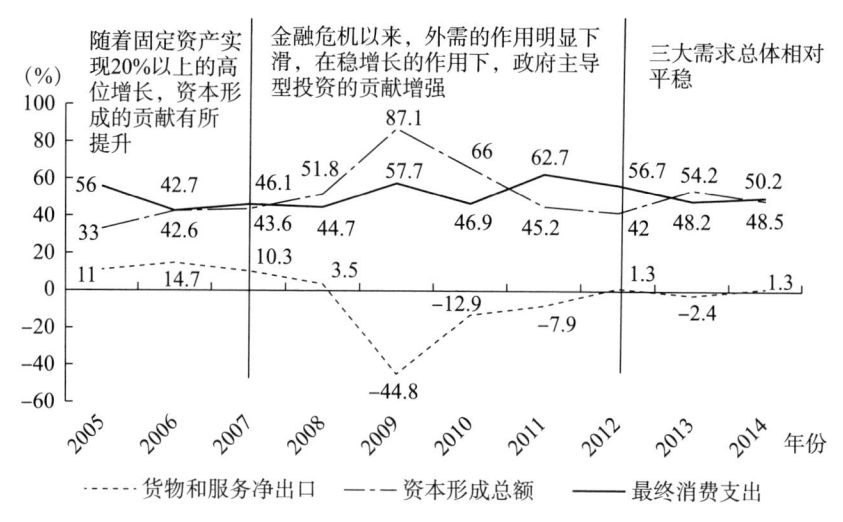

图7 需求对经济增长的贡献

从最终消费支出结构来看，政府消费支出的占比呈现先波动上升而后下降的态势，尤其是2016年以来，在限制"三公消费支出"等影响下，政府消费支出的比重总体有所下降，2014年为26.26%，已回归至2005年的水平；而随着城镇化的不断推进，居民消费支出结构中城镇居民消费支出构成稳步上升，由2005年的72.64%波动上升至2014年的超过77%；农村居民消费支出构成不断下降，由2005年的27.36%下降至2014年的22.47%。

（2）产业结构发生积极变化，产业结构从"二、三、一"转向"三、二、一"，传统产业与新兴产业增长分化。

2005—2008年，在投资高速增长的带动下，钢铁、水泥、建材等原材料和技术装备的产量迅速上升，许多产品的产量均位居世界前列，第二产业的比重基本维持在47.5%和48%之间；在房地产、金融等相关行业的带动下，第三产业的比重由2005年的40.5%上升至2008年的41.9%。2008—2012年，从经济危机到次萧条阶段，在"四万亿"刺激作用下，大规模的投资在一定程度上扭曲了经济结构，也阻碍了产业间结构调整。第二产业和第三产业的比重关系出现短期逆转，第二产业和工业对经济增长的贡献在2010年达到了近十年的峰值，分别为56.84%和46.54%。2011年以后在外需低迷、产能过剩等影响下，工业尤其是制造业的下行压力不断加大，增速持续下滑，第二产业在经济总量中的比重也持续下滑。2013年以来，随着第二产业调整压力加大，产业结构的"三进二退"趋势进一步发展。2013年第三产业的比重超过第二产业，2015年第三产业的比重超过50%，对经济增长的贡献进一步增强。

从产业内部结构来看，传统产业增长减速，新兴产业增长持续较快，战略性新兴产业占GDP的比重有所提升。2005—2010年战略性新兴产业的占比不足4%，2015年已经达到8%，装备制造业占工业的比重从2005年的28.7%提升至2015年的31.8%，高技术制造业的占比也达到11.8%，新能源汽车、智能手机、机器人制造等新兴产业有所发展；与此同时，服务经济中现代型服务业的占比也有所提高。

特征五：价格水平总体波动逐步趋缓。

价格水平经历了两次通胀，总体从通胀转向工业领域的通缩，波动逐步趋缓；从2005年以来的十年轨迹来看，中国经济经历过两次明显的通胀：一是2005年至2008年上半年，伴随着经济保持两位数的高速增长，在投资过热、大宗商品价格快速攀升等的带动下，价格领域呈现结构性上涨转向全面上涨的趋势；二是2010年左右，随着"四万亿"刺激计划的实施，在信贷-投资驱动增长模式下，出现了新一轮物价上涨和资产价格飙升，尤其是房地产再次成为资产泡沫化的重灾区。随着中国经济增速迈入中高速，通胀水平出现较快回落，而通缩则形成新的风险。从波动水平来看，无论从反映总体供求状况的GDP平减指数来看，还是从居民消费价格指数和工业领域的价格指数来看，价格水平总体波动趋缓（见图8）。

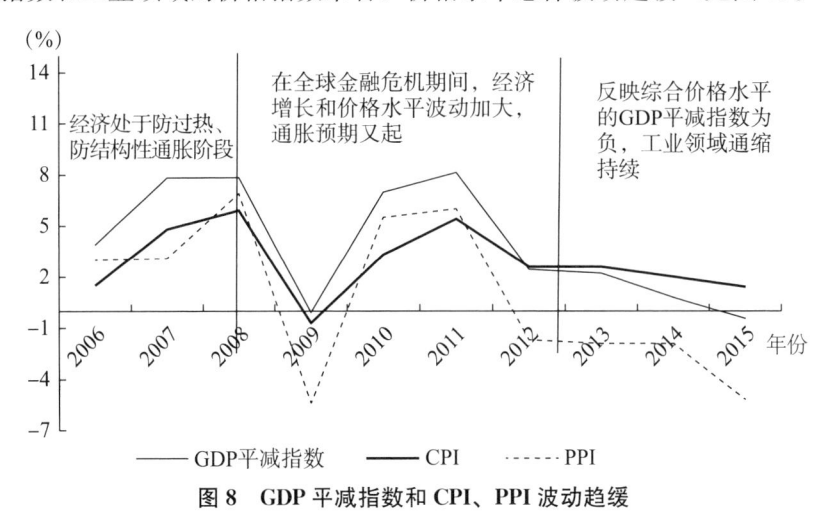

图8 GDP平减指数和CPI、PPI波动趋缓

特征六：社会保障体系进一步完善、基础设施快速发展，为未来发展打下了良好基础。

基础设施不断完善：从健全城乡居民最低生活保障制度、开展新型农村社会养老保险试点发展到支持廉租住房、棚户区改造等保障性安居工程建设。"四通"的覆盖面逐渐扩大，城镇地区通路、通电、通电话、通有线电视已经接近全覆盖，农村地区的"四通"也得到大幅改善。教育水平得到进一步提升。2007年，对农村义务教育学生全部免除学杂费和免费提供教科书，成为中国教育发展史上的一个重要里程碑。此外，学生资助体系不断健全，覆盖面显著扩大。教育体制改革不断深化，促进教育事业不断发展。覆盖城乡居民的社会保障体系不断完善。目前，我国社会保障体系框架初步完成，形成了以社会保险为主，包括社会救助、社会福利、优抚安置、住房保障和社会慈善事业在内的社会保障制度框架，制度运行总体平稳；各项社会保障制度的覆盖范围逐步扩大，从国有企业向多种所有制组织、从正式职工向灵活就业人员、从城镇居民向农村居民扩展；社会化管理服务体系逐步建立，减轻了企事业单位的社会事务负担。

与此同时，劳动者报酬增速持续高于经济增长，城乡居民收入水平不断提升，带动了消费支出的增加与结构的改善，教育、医疗等发展需求、享受需求持续提高。

特征七：衰退式泡沫与金融扭曲的叠加进一步加剧，局部风险进一步扩大。

（1）衰退式泡沫进一步集聚。在十年期间，货币投放总量激增，在催生资产价格泡沫的同时带来了金融系统风险的不断累积和释放，资金"脱实就虚"的流动不时表现为不同类型的"衰退性泡沫"，各种泡沫危机接连发生。从2010—2011年的温州和鄂尔多斯民间借贷危机，到2011—2012年的"城投债"危机，到2013年年终的流动性危机（同业拆借利率飙升），到2014年的"超日债"等公司债危机，再到2015年上半年的"天威债"危机、年中的"大股灾"和下半年的汇率恐慌，乃至到2016年上半年债券市场信用风险的释放、局部的房地产泡沫等，各种衰退式泡沫所引发的危机接连发生，每次危机的爆发都会对市场信心和金融系统产生一定的冲击。

（2）债务规模快速扩张，总体债务水平适中，但非金融企业债务风险较高。近十年，随着经济形势和发展阶段的变化，我国债务总规模呈现快速扩张的态势，债务率经历了危机前略有降低、之后快速攀升的态势，债务率总体适中，但结构性问题突出，非金融企业部门债务水平较高。根据国际清算银行的数据，2015年9月，我国总体债务水平为248.6%，与世界主要国家相比，整体处于适中水平（日本的债务水平为400%，法国为

280%，英国为238%，美国为233%）。分部门看，我国政府部门的债务率为43.5%，居民部门的债务率为38.8%，相较其他国家处于较低水平；非金融企业部门为166.3%，高于大部分国家（美国非金融企业部门的债务率仅为70.9%，英国为70%，法国124.5%，日本为101.8%，等等），也远远超过90%的国际警戒线。因此，总体来看，我国总体债务水平适中，但结构性问题突出，主要是非金融企业部门的债务率过高（见图9）。

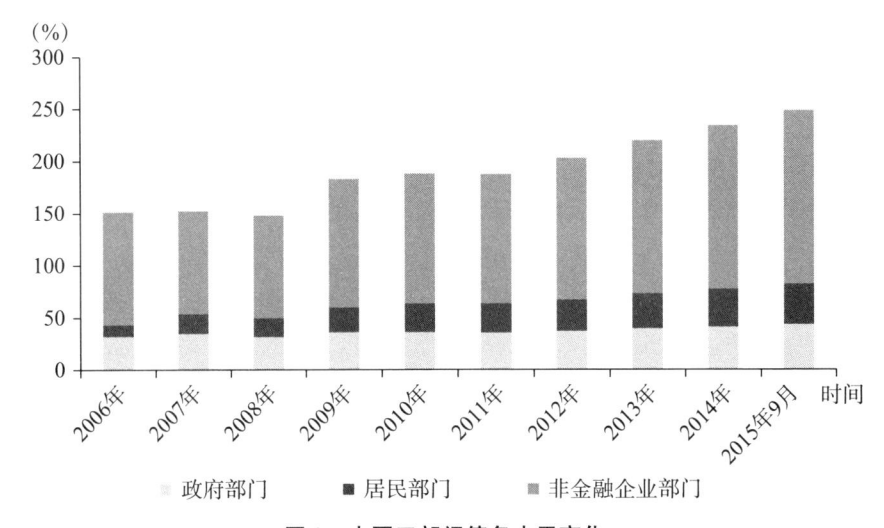

图9 中国三部门债务水平变化

（3）传统行业过剩与局部供给不足持续存在。随着我国经济发展进入新常态，原有的制度红利和人口红利渐失，劳动力成本不断攀升，资源环境发展约束不断增强，而生产领域的大面积过剩与部分领域（尤其是服务业领域）的供给长期不足等结构性矛盾进一步激化。2015年，我国水泥、粗钢、平板玻璃、电解铝等行业的产能利用率在67%、67%、68%、78%左右。与此同时，部分领域比如医疗、基础设施等仍然存在供给不足。

（4）房地产由原来高速发展进入调整周期，行业发展不确定带来一定波动。2013年，由于人口结构变化，对经济发展和民生领域影响都极为重要的房地产行业已经迎来了发展拐点，进入调整期，由于受供求关系影响，分化发展趋势将延续；按照2015年的销售速度，未来还需4~5年去库存。在高库存的压力面前以及在行业调控反复（根据过去"十年九调、逢调必涨"的规律以及近期调控政策的反复）的不定预期中，行业发展仍面临一定不确定性，对经济波动和宏观调控均会产生重要影响。

（5）汇率与利率之间的联动更为紧密，金融市场的波动加大。随着我国资本项目的放开，跨境资本流动的阶段性特征已发生改变，由原来的净流入转变为流入、流出更为频繁；2015年中国跨境资本流动总体呈现净流出态势，全年银行结汇较2014年下降9%，售汇增长24%，结售汇逆差为4 659亿美元。而随着人民币汇率形成机制更为市场化，汇率与利率之间的联动影响也更为密切，这加大了我国金融市场的波动，增加了货币政策调控的难度（2015年8月以及2016年初，人民币汇率的走势、全球金融市场的波动等都说明了这一新特征）。①

特征八：国有经济在资源配置中的地位进一步加强，总体经济效率有所下滑。

近年来，随着经济结构的调整和国有企业改革的推进，国有经济在国民经济中的比重虽然有所下降，但在资源配置中的地位却是不断增强的。虽然国有企业的总资产贡献率明显低于私营企业，但信贷资源却大多投向国有企业，体现在国有企业（尤其是地方国有企业和平台公司）中的债务风险快速累积；2016年以来，在大宗商品价格低位反弹等多种因素的影响下，工业企业的利润增长由负转正，但国有企业的经济利润持续下滑，其利润走势相对其他所有制经济而言几乎是最差的，这说明整体资源配置效率在不断下滑。与此同时，以政府为主导的投资在一定程度上也挤占了民间投资的空间，2016年以来民间投资的增速大幅下滑。

二、宏观调控和经济政策呈现六大特征

纵观十年，我国的经济增长由两位数的高位，经历金融危机期间的波动加剧，逐步迈入"经济增长速度换挡期、结构调整阵痛期以及前期刺激政策消化期"三期叠加的新常态；宏观调控政策也随着调整，从"双防"到"四万亿"强刺激，从强刺激到定向调控，从微刺激到供给侧改革，从

---

① 2015年8月以及2016年初，人民币汇率延续了2015年底快速贬值的趋势，跨境资本流出规模加大，在一定程度上引起了我国金融市场乃至全球金融市场的波动；尽管后期随着监管部门干预的增多、美国加息预期的减弱、美元的走低等，人民币兑美元汇率的走势由大幅波动转为相对稳定，但无疑汇率波动对金融市场稳定的影响在加大。虽然近期数据显示经济呈现小周期回暖，但从国际环境来看，美国经济数据向好。2016年7月美联储加息预期又起，美元相对于前期的走势出现小幅回升，人民币汇率仍面临贬值压力和风险。如果人民币过快贬值，将与资本流出及国内股市波动形成恶性循环，压缩货币政策操作空间，有可能使货币市场利率上升，引发债市风险（如2016年1月的情况）。同时，还会使企业海外负债成本增加，可能造成部分企业出现短期偿债风险。

过度强调有效需求不足和危机管理到强调潜在供给能力下降和结构性改革（见表1）。中国的宏观经济政策帮助我们首先从金融危机中走出，也越来越呈现以下特点。

特征一：反危机的经济政策，体现了凯恩斯需求管理为主的理论基础，具有逆周期性。

表1 近十年中国宏观经济政策及其定位

年份	宏观经济政策调控目标	宏观经济政策定位	措施
2006	促增长、调结构、转方式，五个统筹	稳健财政政策＋稳健货币政策	财政政策从积极转向稳健，货币政策两次上调存贷款基准利率、三次上调金融机构存款准备金率，同时把住"土地、信贷"双闸门等
2007	防止经济增长由偏快转向过热、房子价格由结构性上涨演变为通胀	稳健财政政策＋稳健货币政策	上调金融机构存款准备金率和存贷款基准利率
2008	控总量、稳物价、调结构、促平衡	稳健财政政策＋从紧货币政策	上调金融机构存款准备金率
2008	防止经济增速快速下滑	积极财政政策＋适度宽松货币政策	结构性减税，下调金融机构存贷款基准利率和存款准备金率等
2009	扩内需、保增长、调结构、转方式	积极财政政策＋适度宽松货币政策	发行地方政府债券、增值税改革、产业振兴规划等
2010	调结构、保增长、防通胀	积极财政政策＋适度宽松货币政策	代发地方政府债券、上调存款准备金率和存贷款基准利率等
2011	稳物价、保增长、调结构	积极财政政策＋稳健货币政策	结构性减税、上调存贷款基准利率，下调存款准备金率
2012	稳增长、调结构、管理通胀预期	积极财政政策＋稳健货币政策	扩大"营改增"试点，下调存款准备金率和存贷款基准利率

续表

年份	宏观经济政策调控目标	宏观经济政策定位	措施
2013	稳增长、转方式、调结构	积极财政政策＋稳健货币政策	结构性减税、公开市场操作、差别准备金动态调整等
2014	稳增长、调结构、促改革	积极财政政策＋稳健货币政策	在区间调控基础上实施定向调控，建立现代财税制度、健全政府性债务管理制度、调整存款准备金率等
2015	稳增长、调结构、促转型	积极财政政策＋稳健货币政策	调整存贷款基准利率、改革存款准备金考核制度
2016	稳增长、调结构、惠民生、防风险	积极财政政策＋稳健货币政策	下调存款准备金率、实施全面增值税改革等

宏观经济政策被理解为更多地关注短期波动（凯恩斯曰：长期而言我们都将死去），而西方以财政政策和货币政策为主的宏观调控政策，也是以"熨平短期波动"为主要任务。无论是危机时期的"四万亿"刺激政策，还是走出危机后期的几轮微刺激政策，都体现了"扩大需求"尤其是扩大内需的调控主线；而这些政策通常也是国际上应对危机时主要采取的措施。具体来看，主要有：第一，全面落实积极的财政政策。例如：2008年，出台"四万亿"投资计划，扩大基础设施建设，实行所得税等税制改革；2009年，地方债开始发行，实行增值税转型改革；2010年，修正个人所得税法，减轻税负；近年来，由扩大"营改增"试点到全面推进"营改增"，扩大财政赤字至2.3%；等等。第二，实施适度宽松或稳健的货币政策。例如：2008年，稳健的货币政策转向适度宽松，年内5次降息，4次降准，缩小央票发行规模和降低发行频率；近两年的降准降息以及存款准备金考核制度改革；等等。第三，大规模推进产业调整及创新政策。例如：危机时期出台了十大产业振兴计划；近年支持发展移动互联网、集成电路、高端装备制造、新能源汽车等战略性新兴产业；等等。第四，简政放权与结构性减负措施相配合，降低企业负担。具体包括：2009年，取消和停征行政事业性收费；2013年，暂免征收部分小微企业增值税和营业税，为超过600万户小微企业带来实惠。取消或免征了34项中央级行政事业性收费和314项地方行政事业性收费；2015年，发布了《关于推进价格机制改革的若干意见》和《中央定价目录》等。

特征二：从以需求为主的管理逐步向强调供给侧结构性改革转变。

国际金融危机后实行了比较大力度的扩大内需政策，这在当时传统产能的市场需求还有空缺的情况下是有效的。随着经济发展进入新常态，原有的制度红利和人口红利渐失、劳动力成本不断攀升、资源环境发展约束不断增强，而生产领域的大面积过剩与部分领域（尤其是服务业领域）的供给长期不足等结构性矛盾进一步激化，低成本学习模仿、技术进步的后发优势随着我国要素成本的提升以及金融危机后全球需求的低迷而丧失；消费结构升级并向多样化、高端化、服务化需求转换，传统产能接近或达到上限规模，原有的供给结构已经越来越不适应市场需求结构变化，再简单用扩大投资的办法化解供需矛盾，投资的边际效应就会明显递减，对经济增长的拉动作用将趋于减弱，还会使现有矛盾和问题后延，使潜在风险进一步积累。

针对这一系列结构性问题，中央提出供给侧改革。在适度扩大总需求的同时，着力加强供给侧结构性改革，去产能、去库存、去杠杆、降成本、补短板，提高供给体系质量和效率，提高投资有效性，加快培育新的发展动能，改造和提升传统比较优势，增强经济持续增长动力。对于我国而言，供给侧结构性改革的推进，关键是提高经济增长质量和效益，全面提升中国各方面的要素生产力。党的十八届三中全会以来，这种思路已经在推进的改革和调控中有所体现。在"十三五"期间，简政放权、放松管制、加快金融业对外开放和改革、国企改革、土地改革以及提高创新能力等改革将不断推进，促进资源优化配置，提升全要素生产率；与此同时，通过产品价格和要素价格改革，引导资本和劳动在不同部门间优化配置，实现过剩产能的出清以及经济结构的调整。经济结构的调整体现在存量调整和增量调整两个方面。存量调整表现为加大过剩行业的去库存和去产能，增量调整则表现为加大供给短缺部门尤其是加大各类服务业的供给投资以及对新兴产业的培育。

总体上，任何一次经济危机和危机调整都是总量因素与结构性因素、趋势性因素与周期性因素叠加的产物，经济下行的核心不仅仅是周期性力量的作用，而主要是周期性、结构性、趋势性力量共同作用的结果，尤其是当前经济发展呈现周期性、结构性与趋势性下行的经济新常态，发展转型与促进结构调整是当前阶段不可逾越的重要目标，仅仅依靠"以需求管理为主"的政策是行不通的，需要"供给侧"改革与之并重并双管齐下。

特征三：调控理念和调控工具不断创新。

党的十六大以来，中央多次强调完善宏观调控体系，从"宏观调控主要采取经济办法……建立计划、金融、财政之间相互配合和制约的机制"到"运用货币政策与财政政策，调节社会总需求与总供给的基本平衡，并与产业政策相配合，促进国民经济和社会的协调发展"，再到"综合运用财政、货币政策，提高宏观调控水平"，这些表述明确了以财政政策和货币政策作为主要宏观调控手段，并提出宏观调控机制化，体现了决策层宏观调控理念的创新。

近三年来，中国经济下行压力较大，微刺激政策形成了一个"经济增速下滑—微刺激—小幅反弹—再下滑"的循环圈。如此循环，宏观调控就需要守住下限。2013年中央创新宏观调控目标定位，提出了区间调控的新思路，确定经济运行合理区间的"上限"是通胀率目标，"下限"是增长率目标和失业率目标。只要经济运行在这一区间，就保持宏观经济政策的稳定，把工作重点放在调结构、促改革上来，一旦滑出这一区间，则坚决进行相应的调整，防止危及改革发展稳定大局。区间调控的实施对于市场预期的平稳，对于市场主体信心的稳定都起到了极为重要的作用。2014年又在区间调控的基础上提出了定向调控。通过对不同部门、不同群体有针对性地降税、降费、降准、降息，着力解决小微企业、"三农"和新型行业的经营困难，增强他们的活力。从调控手段来看，与以往相比，除了运用行政性文件公告外，宏观调控更为灵活地运用经济、法律和技术手段，创新宏观调控方式，分类指导，有保有压，有扶有控，根据实际情况灵活、有差别化地制定调控政策，同时宏观调控的市场化特征也越来越明显。如在货币政策方面，除了灵活使用再贴现、再贷款、常备借贷便利、差别存款准备金率等工具稳定流动性外，还通过冻结续做长期票据、常备借贷便利等创新调控组合，处理好短期流动性与长期流动性的关系。

特征四：从以短期调整为主向侧重中长期调整转变，政策连续性不断增强。

近十年尤其是党的十八大以后，短期调控与长期改革相结合，寓改革于宏观调控之中的特点越来越明显，政策连续性不断增强。一方面，政策的出台，不仅注重巩固前期政策的效果，也紧密结合形势变化。比如地方性政府债务问题，2008年以来快速增长的地方政府债务规模以及其不透明和复杂性是我国经济运行中的重要风险和国内外关注的中国主权风险点之一。从《2014年地方政府债券自发自还试点办法》、《国务院关于加强地方政府性债务管理的意见》、新修订的《预算法》到《地方政府一般债券发行管理暂行办法》，从"代发代还"到"自发自还"，再到地方债务置换以及限额管理，这些政策不仅通过改革使得我国地方政府发债方式和管理逐步规范和市场化，部分债务风险通过债务延期得以缓解，而且体现了政府债务发行和管理规范机制的探索形成。政策的连续性也通过规划文本内容进一步体现。从党的十八届三中全会的《中共中央关于全面深化改革若干重大问题的决定》到党的十八届四中全会的《中共中央关于全面推进依法治国若干重大问题的决定》，再到"十三五"规划文本，都体现了全面改革推进的连续性和一致性①。另一方面，宏观政策更注重长期与短期衔接，短期政策调控效果与长期领域改革推进衔接。例如：在价格领域，进一步推进资源性产品价格改革，成品油价格形成机制更加市场化和透明；在金融领域，继2012年调整贷款利率区间后，全面放开金融机构贷款利率上限，积极推进利率市场化；在对外开放方面，以自贸区为突破点，进一步推动金融等相关产业以及外向型经济升级；等等。

与此同时，政策实施更加重视政策的协调性，通过财政政策、货币政策、产业政策、贸易政策等组合拳的方式来共同发力。如在支持实体经济发展尤其是小微企业发展方面，通过加大结构性减税力度、出台差别化信贷政策以及扩大资产证券化试点、盘活存量等，加强信贷政策、税收政策与产业政策的协调配合。

---

① 在加快转变政府职能方面，一方面，推动政府职能从研发管理向创新服务转变，创新公共服务提供方式，能由政府购买服务提供的，政府不再直接承办，能由政府和社会资本合作提供的，广泛吸引社会资本参与；另一方面，深化行政管理体制改革，持续推进简政放权、放管结合、优化服务等。与此同时，发挥财政资金撬动功能，创新融资方式，带动更多社会资本参与投资。在坚持和完善市场经济制度方面，除了坚持公有制为主体、多种所有制经济共同发展，更提出"鼓励民营企业依法进入更多领域，引入非国有资本参与国有企业改革，更好激发非公有制经济活力和创造力"，民营企业是市场经济中最有活力的经济主体，对于就业等多方面具有重要带动作用，鼓励民营企业发展，对于激发市场经济活力具有重要作用；与此同时，优化企业发展环境，加快形成统一开放、竞争有序的市场体系，建立公平竞争保障机制等。在加快完善现代市场体系方面，一方面，减少政府对价格形成的干预，全面放开竞争性领域商品和服务价格，放开电力、石油、天然气、交通运输、电信等领域竞争性环节价格；另一方面，依法推进土地经营权有序流转，深化农村土地制度改革，完善农村集体产权权能等。在构建开放型经济体系方面，一方面，推进双向开放，促进国内国际要素有序流动、资源高效配置、市场深度融合。另一方面，加快服务业对外开放力度，扩大银行、保险、证券、养老等市场准入；近几年服务业的快速发展带动我国经济发展进入以服务经济为主的结构发展演变，服务业的对外开放有利于进一步提升产业发展质量，提升第三产业发展体量。与此同时，积极推进"一带一路"倡议的实施，加强宏观经济政策的国际协调，促进全球经济平衡、金融安全、经济稳定增长。如此等等。

特征五：央行的独立性不强，货币政策的有效性不断下降。

一方面，由于央行的非独立性，货币政策难以进行有效的预期管理，进一步降低了货币政策的调控效率；预期管理的重要前提是央行具有足够的独立性，才能避免政治周期以及时间不一致等因素的影响，但由于目前央行的独立性不强，导致预期管理手段难以被有效实施。另一方面，货币政策需要从数量型调控向价格型调控转变，货币政策工具在可控性、可测性以及经济增长和物价水平等最终目标的相关性上越来越弱，有效性不断下降。

特征六：调控目标和对象多元化，多部门调控弱化了政策效果。

从历年中央政策的工作报告和相关文件来看，我国宏观调控的目标和对象界定比较宽泛[1]，不同于发达国家宏观经济政策只将经济稳定与金融稳定作为主要目标，过去十年中国宏观调控不仅将"稳增长""防通胀""调结构"作为核心目标，而且根据经济形势需要而灵活地扩充目标。比如，淘汰落后产能与抑制房价过快上涨等目标均曾在过去十年中被列入宏观调控的目标之中。随着新常态下经济运行态势的不断复杂化，宏观调控又有针对性地加入"惠民生""抓改革""防风险"等目标。新近出台的"十三五"规划又将未来五年内宏观调控的目标调整为"扩大就业、稳定物价、调整结构、提高效益、防控风险、保护环境，更加注重引导市场行为和社会预期，为结构性改革营造稳定的宏观经济环境"。可见，宏观经济政策的调控目标一直延续了多元化的特点。

多元化的目标需要产业政策等多样化的工具（丁伯根法则），同时在政策实施主体上也必然表现为多部门参与，从而形成了宏观调控手段的泛化和多部门调控主体。而宏观经济政策调控目标与工具泛化造成了以宏观调控之名行微观干预之实的现象经常发生，突出表现为产业政策通过项目核准审批及目录指导等方式替代市场机制，发挥对资源的配置功能。比如，为实现"调结构"目标，相关政策部门就试图从各个产业中挑选出要重点发展的先进技术或产品进行扶持，并淘汰落后的技术或产品。由此，中央与各省份发布的相关产业目录数量达百余部，而且产业目录的涵盖范围、更新频率与针对性在不断加强。[2] 然而，由于政府本身难以收集及处

---

[1] 卢锋. 宏调的逻辑——从十年宏调史读懂中国经济[M]. 北京：中信出版集团，2016.

[2] 就《产业结构调整目录》来讲，2005年首次发布时的篇幅为2万余字，到2011年第二次发布时篇幅已增加至5万字。而且在2013年与2015年时又先后进行了修订，打破了6年修订一次的传统。

理所有的市场信息并做出动态最优化决策,依靠政府力量频繁干预经济只会扰乱市场秩序从而降低市场对资源的配置效率。这就会导致经济结构反而"越调越乱",产业发展方向不断调整、新兴产业陆续出现产能过剩问题及落后产能陷入"越淘汰越过剩"的怪圈均是突出的表象。[①] 不仅如此,由于宏观调控与微观干预之间的关系未得到清晰界定,在宏观调控中滥用行政审批权力的问题始终存在。由此强化了寻租环境并带来了腐败的恶果,进一步损害了经济运行效率。

三、破解发展难题、推进改革尤其是供给侧结构性改革需要正确认识六大问题

(一)正确认识并处理好短期目标与中长期调整目标之间的矛盾

从十年宏观调控和经济发展来看,在金融危机时期,为了稳增长,"促转型、调结构"的目标有所放缓;而危机时期积累的问题和风险也增加了"后危机"时期调结构的困难。

经济不景气、经济增长的短期波动几乎都是需求侧的问题,而不是供给侧的问题,但在短期稳增长、扩大总需求的反周期措施仍是需要的。但是中国经济增速放缓不仅仅由于周期性因素,也是结构性、趋势性力量共同作用的结果。因此,从本质上讲,必须依靠结构性改革及调整来化解结构性矛盾。但需要考虑的是,在推动结构性改革的时候也要对结构性改革的各种措施进行梳理,分清轻重缓急,处理好短期目标和中长期目标的矛盾。当前,在一定程度上,短期宏观经济调控与长期结构性调整任务有一定的混淆,强调通过调结构和去杠杆这种长期政策来消除经济下行压力,在客观上却容易造成忽略短期任务的急迫性。从长期来看,供给侧改革有利于推动我国经济发展转型,促进结构调整。结构性改革主要解决长期问题,但不能忽视短期问题。结构性改革和需求管理解决的是两个不同层面的问题:前者解决长期潜在增长下降,后者主要解决短期经济增长下降、产能过剩等。

(二)正确认识政府与市场的关系

在外部冲击作用下的危机时期,稳定经济增长必须依赖政府调控,但调控过度又容易滋生更多的问题,关键是如何确保有限政府,促进市场机

---

① 2008年金融危机后出现的七大新兴战略性产业并未成为随后科技发展的主流方向;前几年被政府认为是新一轮技术革命制高点的低碳化技术,如今也被"互联网+"所取代。

制有效发挥作用。宏观调控实质上是政府对市场的干预，这种干预必须建立在尊重市场规律的基础上，坚定不移地推进市场化改革，从而夯实宏观调控的微观基础。党的十八大报告指出，经济体制改革的核心问题是处理好政府与市场的关系，必须尊重市场规律，更好地发挥政府的作用。而推进经济体制改革，处理好政府与市场的关系，最重要的是在更大程度、更大范围发挥市场在资源配置方面的基础性作用。从经济增长的驱动力来看，资本因素仍是我国经济增长的最大贡献者，稳增长关键在于资本效率的提升，而目前资本效率偏低，根源是政府主导型经济发展方式，而高效率的民间投资并未充分启动。产业政策通过项目核准审批及目录指导等方式替代市场机制，发挥对资源的配置功能。

（三）正确认识货币功能的有效性与有限性

为应对金融危机的冲击以及促进经济稳定较快增长，我国以快速增加的人民币新增贷款等方式不断扩大货币投放。2015 年贷款余额比 2008 年底增长 209.7%，远远超过 GDP 的实际增长。M2 增速虽然从 2010 年的 19% 持续下滑至 2015 年的 13.3%，显著低于 1988 年以来中国 M2 的平均增长率（20%），但是 M2 存量已居全球第一，M2/GDP 持续攀升。从政策效果来看，我国扩大货币投放的效果在逐渐减弱，信贷刺激对经济增长的边际作用越来越小，而大量增加的货币也带来了一系列问题，但是对资产价格（尤其是房地产价格、股市波动）等的影响却越来越大。因此，对于货币功能，需要正确认识滥用和慎用的界限。

（四）正确认识培养和建立中国产业优势的中长期性

调结构、促转型是我国相当长一段时期的主要任务和目标之一，但是产业结构的调整以及产业优势的培育和建立，都不是一朝一夕的事情。回顾近十年的产业政策。一方面，产业落后导致的受制于人、抗风险能力差、政府宏观调控滞后与投机心态，导致了资本的过度集中，热钱涌入加剧了行业泡沫、通货膨胀；另一方面，反过来，资本的过度集中与产业结构失衡又加剧了其他产业的落后，如此反复、恶性循环，才导致了矛盾的爆发。因此，要正确认识培养和建立中国产业优势的中长期性。由于产业升级是一个长期的过程，缩小差距也不是一朝一夕的事情，因此，促进技术创新与产业升级，提高自身能力才能不再依附于人，使落后的劳动密集型产业向技术革新方向发展，这样在国际竞争中才能有话语权。

（五）正确认识在风险的释放过程中积累风险的危害性

应对危机的前五年即 2008—2012 年是债务风险、资产泡沫风险、金融风险等各类风险不断积累的五年，这些风险的积累也给中国经济创造了新的困难；在应对危机的过程中，货币投放量以及债务规模的快速扩张，加大了金融风险；而大量投机性货币在股市、债市以及房市中伺机流动，催生了股市泡沫、债市泡沫以及房市泡沫。而汇市与股市的连通，更是加大了系统性风险提升的概率。自 2010 年开始，各路资金爆炒农产品，"蒜你狠""豆你玩"随之出现；2013 年，大量资金流向"非标"；2015 年上半年股市飙涨，年中股灾随之而来；2015 年 8 月和 12 月，人民币汇率贬值预期上升，资本流出压力加大；2016 年初一线城市商品房价格暴涨，同时大宗商品期货价格暴涨，债券市场信用违约多点多元爆发；股市与汇市联动加强，系统性风险发生概率提升；可以说，目前正处于各种风险不断释放的过程中，在这个过程中，财政政策和货币政策都有一定的作用空间，财政赤字率和政府负债率与全球相比依然较低（最近几年财政赤字率基本在 2.3% 以内，2016 年目标为 3%，与巴西、阿根廷、日本 5% 以上的赤字率相比较低；政府负债率为 41.5%，低于欧盟 60% 的警戒线，也低于当前主要经济体和新兴市场国家水平），名义利率离零利率和负利率尚有距离，可以利用现有的政策空间进行结构性调整和改革，通过杠杆转移缓释风险。但是如果在这个过程中已有的风险进一步积累，那么系统性风险发生的概率会大大增加。

（六）正确认识当前改革的艰巨性和诸多困难

我国的改革已走过 30 多年历程，当前正在进入深水区和攻坚期。与以往相比，改革的深刻性、复杂性和艰巨性前所未有。首先，改革的深刻性前所未有。正如习近平总书记所说，中国改革"已进入深水区，可以说，容易的、皆大欢喜的改革已经完成了，好吃的肉都吃掉了，剩下的都是难啃的硬骨头"[①]。全面深化改革无论是在深度上，还是在广度上，都是过去任何时期、任何阶段的改革所无法相比的。其次，改革的复杂性前所未有。现阶段的改革是全面的改革，不仅要深化经济体制改革，还要深化政治体制、文化体制、社会体制、生态体制、国防和军队体制改革，以及加强和改善党的领导等，实质上是把伟大事业和伟大工程都包括在内的改革。各种改革之间相互交织、相互掣肘，改革的综合性较强、复杂性较高，对改革方案的专业性、系统性要求更高，实施和推进改革的困难较大。最后，改革的艰巨性前所未有。在多年改革发展中，收入分配、资源

---

① 习近平接受俄罗斯电视台专访. 新华网，2014 - 02 - 09.

利用等各个领域均或多或少形成了某种既得利益群体，而且这些固化的既得利益又往往与政府部门自身的利益相关联，渗透到经济社会生活的多个方面。

参考文献

[1] 陈璋. 中国宏观经济问题研究方法论［M］. 北京：中国人民大学出版社，2006.

[2] 陈璋. 中国经济增长方式基本特征的方法论视角［J］. 中国人民大学学报，2007（3）：57-62.

[3] 陈璋. 范式之争、中国经验与宏观经济理论创新［J］. 经济学家，2008（5）：31-38.

[4] 黄志钢，刘霞辉. 中国经济中长期增长的趋势与前景［C］. 首届中国宏观经济论坛论文集，2014.

[5] 卢锋. 宏调的逻辑：从十年宏调史读懂中国经济［M］. 北京：中信出版集团，2016.

[6] 毛振华，袁海霞. 通过大腾挪实现"杠杆转移"［J］. 投资北京，2016（8）：26-27.

[7] 毛振华，张英杰，袁海霞. 近年来中国宏观调控与经济政策特征分析［J］. 中国人民大学学报，2016（5）：21-28.

[8] 史蒂芬·罗奇. 向中国学习宏观调控［N/OL］. 金融时报中文网，2012-03-09.

[9] 袁海霞. 中国宏观经济调控理论方法论研究［J］. 中央财经大学学报，2007（6）：72-77.

[10] 袁海霞. 2013年宏观政策特点及2014年宏观调控取向判断［J］. 当代经济管理，2014，36（3）：10-14.

[11] 袁海霞. 十三五规划点评［M］. 中诚信国际工作论文，2016.

[12] 张小晶. 主流经济学的危机与未来［J］. 经济学动态，2009（12）：34-41.

[13] 张小晶，李成，常欣，张平. 后危机时代的中国宏观调控［J］. 经济研究，2010，45（11）：4-20.

原载《当代经济管理》2016年第10期。作者单位：中国人民大学经济研究所。与袁海霞合作。

稳增长和防风险双底线下的宏观经济
——2016 年宏观经济形势分析与 2017 年预测
（二〇一七年一月）

2016 年经济呈现出短期底部企稳与泡沫聚集的特点，在潜在增长平台下移，周期性、结构性以及趋势性因素共同作用的背景下，经济下行压力依然巨大，2017 年宏观经济仍将持续筑底。而底部运行的深度和持续时间的长度取决于世界经济复苏程度、中国经济潜在增长水平、新产业新动能培育、房地产周期调整、政治经济周期波动以及对潜在风险的化解与对策等多种因素。与此同时，在"债务-投资"驱动模式下，我国债务规模快速攀升，债务水平已经积累至相当大的程度，债务的结构性风险突出，尤其是广义政府债务水平超出国际警戒线。而中国经济目前存在的深层次问题本质上大多与债务风险密切相关，比如资产泡沫的聚集，实际上是"债务-投资"驱动模式中投放的大量货币在股市、债市以及房地产市场等领域的伺机流动；债务风险有可能是导致中国经济爆发危机的关键点。从目前情况来看，中国具备防范危机的实力，但是对于可能引发危机的潜在因素必须重视：一方面，要树立正确的危机观，不惧怕危机，建立危机应急机制；另一方面，在债务风险演变成债务危机前，要防患于未然，建立风险缓释机制。

一、2016 年宏观经济形势分析

2016 年是"十三五"的开局之年，也是供给侧结构性改革元年。在积极的财政政策、稳健的货币政策、去库存背景下的房地产放松政策等综合作用下，宏观经济呈现短期底部企稳与泡沫聚集的特征。

（一）当前宏观经济呈现底部企稳特征

受世界经济复苏疲弱、中国增长周期调整、产能过剩依然严重等多重因素影响，2016 年中国经济增长仍面临下行压力；但在积极的财政政策、稳健的货币政策、去库存背景下的房地产放松政策等作用下，宏观经济呈现出底部企稳迹象。前三季度中国经济增长 6.7%，虽然低于 2015 年全年水平，但整体呈现底部徘徊（见图 1）。作为稳增长和稳投资的主力，基础设施投资持续高位增长（见图2）；工业企业效益有所改善，营业收入和利润增长由负转正并持续增长，规模以上工业企业亏损数量有所减少；房地产销售带动房地产开发投资、新开工面积以及施工面积均有所回升；GDP平减指数由负转正，居民消费价格重回"2"时代并温和上涨，工业领域通缩进一步收窄，9月当月PPI更是由负转正；与此同时，经济结构持续优化，新的增长动能不断出现；宏观经济景气指标、PMI等各类景气指标和先行指标有一定的改善；等等。总体上，房地产投资改善以及政府主导的基础设施投资持续高位增长是经济短期企稳的主要力量。

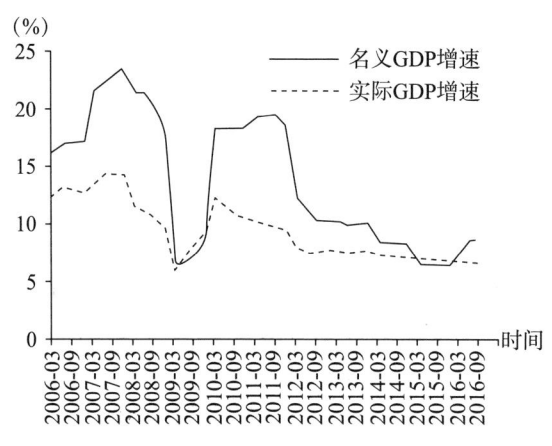

图1　GDP增长

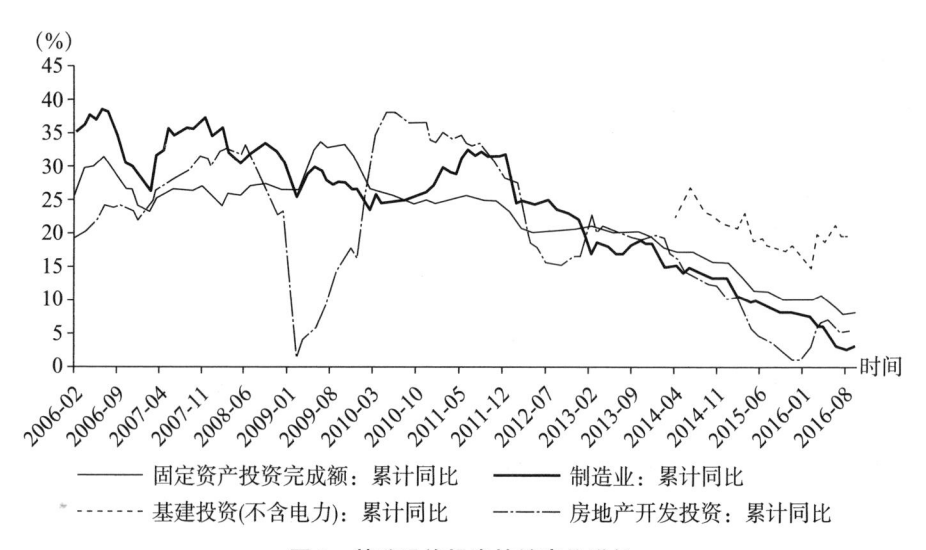

图2　基础设施投资持续高位增长

（二）趋稳基础并不牢固，资产泡沫不断聚集

然而，由政府主导力量带动的经济趋稳基础并不牢固，经济运行中一些深层次的问题并没有得到解决；资金"脱实就虚"加剧，资产泡沫问题不断凸显，局部风险不断扩大，对宏观经济和民生影响甚重的房地产领域泡沫不断积聚，房地产价格区域分化进一步加剧（见图3和图4）；随着中国经济进入新常态，外贸增长由过去的高速增长进入与全球同步的阶段，代表市场性力量的民间投资增长急速下滑并持续低迷；债务的结构性风险日益突出，各类违约频出，金融市场风险不断放大；传统行业产能过剩与局部供给不足的结构性问题依然严峻；降成本持续推进，企业融资成本有所下行，但总体税负依然较高；区域经济加速分化，东北地区经济困难加重；等等。

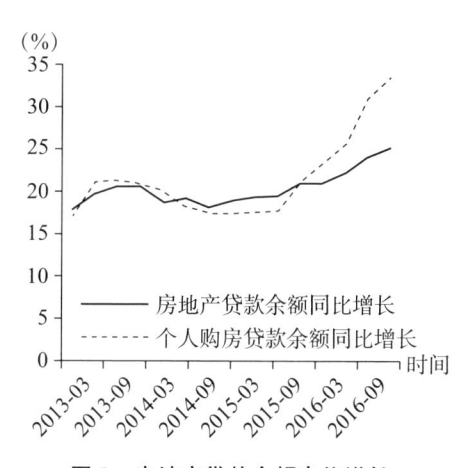

图3 房地产贷款余额高位增长

2016年上半年，宏观调控明显体现了稳增长的主基调，财政支出力度比2015年同期有所加快，基础设施投资增长持续保持高位，与此同时，保持适度宽松的货币政策，去库存背景下的房地产政策放松。但是基于对泡沫和风险的担忧，宏观调控基调由2016年上半年的"稳增长"向"防风险"转变。一方面，随着收紧的房地产调控再度出台，22个城市出台了限购、限贷政策，这必将带来地产销量增速的下滑，因此，2016年第三季度土地购置、新开工面积增速有所下降就毫不奇怪了；因房地产价格上升过快，部分城市推出新的房地产限购政策，由房地产市场带动的实体经济的回暖正面临回落的风险。另一方面，政治局会议明确货币政策要抑制资产价格泡沫和防止金融风险，政策基调保持适度宽松；央行最新的货币政策

执行报告也强调未来对风险的防控；等等。总体来看，由于房地产投资增速放缓的滞后效应，2016年第四季度宏观经济仍将延续前三个季度的增长态势，但2017年上半年将面临下行压力。综合考虑全年的情况，根据模型预测，2016年经济增长率将为6.7%，CPI将增长2%左右。

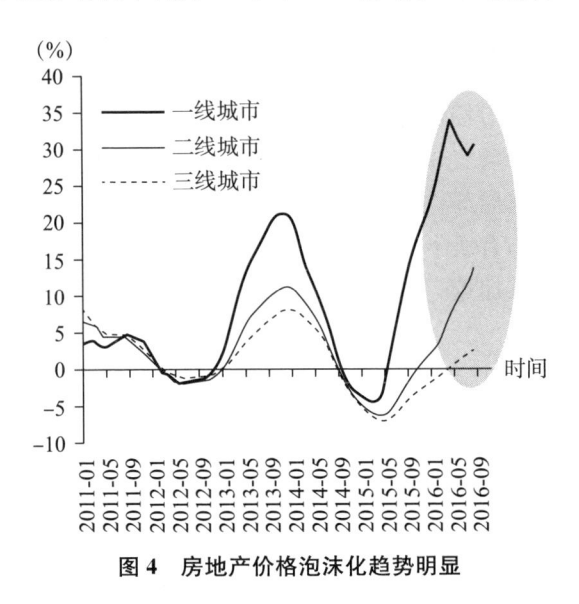

图4　房地产价格泡沫化趋势明显

二、2017年预判以及经济运行中需要关注的发展困境

受世界经济复苏疲弱、中国潜在增长水平下移、房地产调整持续、新产业培育尚需时间以及政治周期波动等多方面因素影响，2017年将是中国经济持续筑底的一年，并且仍将面临八大发展困境。而诸多困境的存在本质上与中国债务风险密切相关。

（一）2017年中国经济将持续筑底

2017年将是中国经济持续筑底的一年。从历史轨迹来看，2009年第一季度我国经济增速降至6.2%，达到亚洲金融危机之后的第一次经济底部。随着刺激政策的实施，经济短暂回升，自2010年第三季度开始，经济从10%的增速基本逐季回落，截至2016年第三季度经济增速降至6.7%。随着中国经济"新常态"的延续，投资回报率不断降低，而杠杆率不断升高，经济下行的压力仍然不容小觑。未来个别年份或季度经济增速跌破6.5%应该是大概率事件。那么2017年是否会是中国经济"不对称W形"的第二次底部？从中国经济增速的回落来看，当前正处于从过去（1978—

2010年）年均10%的高速向中高速换挡的过程，面临结构调整、动力转换、体制改革等系统性调整，经济增速回落至一个新的平衡点，即第二次底部，这个平衡点取决于多种因素。从中长期来看，取决于潜在增长速度；从中短期来看，则受各种周期性力量的影响，包括世界经济在2017年是否延续新平庸，投资需求何时触底，去产能进展如何，经济增长新动能何时能形成规模性影响等，特别是中国的债务问题是否已经濒临拐点，风险能否得以缓释。

从世界经济发展、国内经济增长的动力源泉、房地产发展、新产业培育以及政治经济周期等情况来看，中国经济在2017年仍将持续筑底，底部运行的时间长度将为1年左右，2018年初宏观经济有望逐步回暖。具体判断如下：

（1）世界经济增长动能仍旧疲弱，全球贸易持续低迷。全球尚未出现新一轮革命性影响的重大技术突破，缺乏新的动能来带动全球经济走出低迷态势。从主要机构对2017年的经济增长预测来看，世界银行、国际货币基金组织、联合国最新的报告，均下调了对2017年经济增长的预期，且预测值依然处于金融危机后的较低水平。随着贸易保护主义有所抬头，全球贸易持续低迷；与此同时，逆全球化倾向上升，美国特朗普当选后的政策变化、英国脱欧后续发酵、各国货币政策分化、国际金融市场宽幅震荡以及地缘政治冲突上升等也使得全球复苏中的不确定性因素增强；在全球经济的再平衡过程中，世界经济持续的低增长、低贸易、低通胀和低利率的"四低"特征仍旧延续，外需难以有明显改善。

（2）从中长期来看，支撑中国过去30多年高增长的几大动力源泉均不同程度地减弱，全球化红利耗竭，工业化红利递减，人口红利也随着人口抚养比底部的到来、刘易斯拐点的出现、储蓄率的回落而发生逆转。"十三五"期间中国经济增长潜力有所下降，潜在经济增长率的底部将会以大概率突破6.5%。

（3）增长动力主要依赖于内需，消费需求受居民收入、消费习惯等方面因素影响，其走势相对于经济增长而言平稳；投资需求是需求变动以及经济变动的关键。

基础设施投资、房地产开发投资和制造业投资占固定资产投资的比重超过七成，三者的走势基本可以决定固定资产投资的发展趋势（见图5）。随着城镇化的推进等，基础设施投资仍有提升空间，尤其是在水利工程、通信设施、农村基础设施等方面仍有较大投资空间，仅铁路建设，2017年将有投资总额大约 4 446 亿元的 23 个重点推荐铁路项目开建①；但考虑到地方政府负债、投资能力等方面的制约，基础设施投资增速大幅提升的概率较小，同时考虑到基数效应，其增长会逐步放缓。而随着去产能持续推进，行业依然处于调整周期决定了制造业投资难以明显改善。从房地产业的发展来看，随着人口结构的变化，房地产行业的供求基本面已在 2013 年发生逆转，行业整体依然处于调整中；而主要城市不断出台加码的房地产收紧政策将在一定程度上对房地产开发投资产生负面影响，这种政策滞后效应将在 2017 年得到体现。综合考虑政策影响和供需变化，2017 年房地产开发投资将有所下滑；总体上，全社会固定资产投资增速将进一步趋缓。

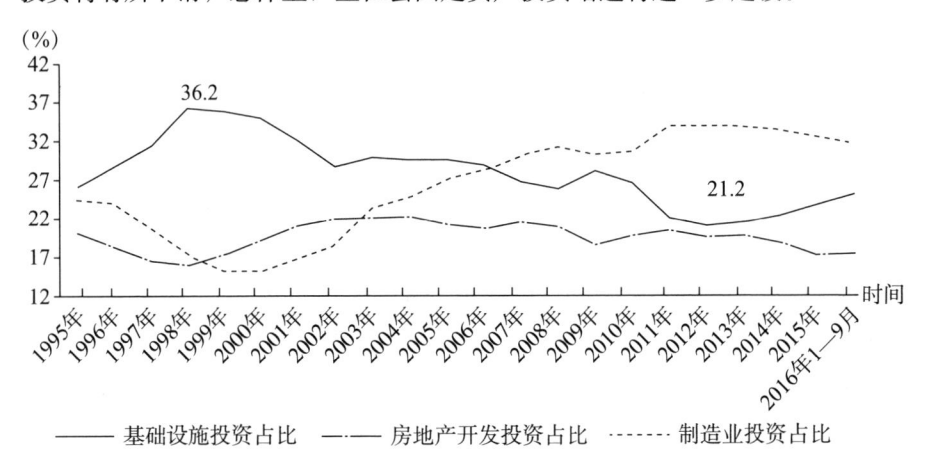

图 5 基础设施投资、房地产开发投资和制造业投资分别占国家资产投资的比重

（4）从产业发展来看，随着"三去一降一补"的推进，传统过剩行业能否实质性地做出全面调整，依然是中国经济面临的重要挑战；而从增量来看，新兴行业的增长势头也有所放缓，其发展尚不足以弥补传统行业、传动力量的缺失。

从数据来看，2016 年推进的"三去一降一补"有实质性的推进，虽然不同过剩行业去产能进程不一，但煤炭、钢铁等行业的去产能均有所推动；但是从供需来看，行业产能过剩的基本面并没有根本性的改变，2017 年仍是去产能的关键时期，中央政府需要坚定决心持续推进僵尸企业、高负债企业、过剩产能企业的调整；2016 年尤其是下半年以企业破产、债务重组、债转股等手段进行的存量调整有所进展，但相对低于市场预期，

---

① 参见国家发改委、交通部联合印发的《交通基础设施重大工程建设三年行动计划》。

2017年预计将有所加快,这决定了中国经济仍将在底部徘徊。目前战略性新兴产业占GDP的比重在8%左右,高技术制造业的占比在11.8%左右,相比传统产业的体量,难以在短期内形成新型支柱产业,难以带动中国经济实现新的高速增长。2017年新产业和新动力难以阻止传统行业探底,难以促进整体经济筑底的进程。

与此同时,2017年以及未来几年,中国产业结构依然处于向以服务经济为主的格局转变过程中,第三产业占经济总量的比重和对经济增长的贡献均呈不断提升的态势。相对于第二产业,就业弹性更高的第三产业劳动密集型特点更为明显,劳动生产率的提升相对慢于第二产业,全社会劳动生产率的提升将会随着第三产业比重的提升而有所放缓,这将对经济增长产生一定的制约。表1给出了不同阶段经济增长、劳动生产率增长以及产业结构变化情况。

表1 不同阶段经济增长、劳动生产率增长以及产业结构变化

	GDP增速（%）	劳动生产率增长（%）				产业结构占比（%）		
		全员劳动生产率	一产	二产	三产	一产	二产	三产
1979—1990年	9.84	5.42	3.67	3.56	3.49	27.58	43.33	29.08
1991—2000年	10.45	8.54	3.93	10.98	4.15	17.91	45.88	36.2
2001—2010年	10.55	9.88	6.73	8.51	8.05	10.79	46.39	42.83
2011—2015年	7.88	7.44	9.22	6.47	4.26	8.82	43.78	47.41
1979—2015年	9.68	7.74	5.21	7.32	5.02	—	—	—

(5) 从经济增长的债务视角看,中国目前稳增长的路径依然是"债务-投资"驱动模式,虽然宽松货币带来的边际效用不断递减,但政府主导的投资仍支撑着经济增长,这决定了2017年中国总体债务仍将攀升;与此同时,考虑到未来几年仍是偿债高峰,整体偿付压力较此前有增无减,信用债尤为明显;考虑到债务的期限结构,2016年底和2017年初仍是需要警惕的"明斯基"时点(见图6)。

(6) 从政治周期来看,2017年秋季将召开党的十九大、2018年3月将召开两会,政府换届或将对经济增长带来一定的波动。同时2017年也是供给侧结构性改革和"十三五"规划的细则不断落地的重要一年。根据中央全面深化改革领导小组的规划,中国各类大改革将在2015—2017年全面展开。近两年来,包括简政放权、降低税负、国有企业改革等关键领域的改革在不

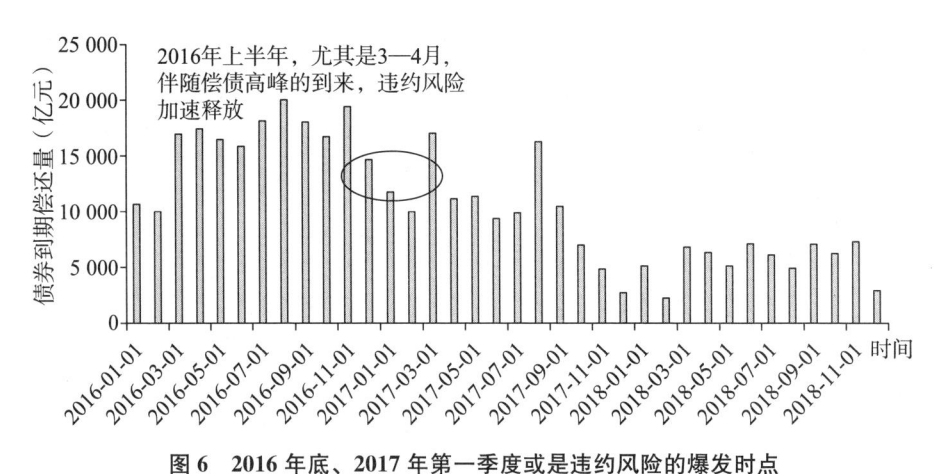

图 6 2016年底、2017年第一季度或是违约风险的爆发时点

断出台，随着"三去一降一补"的推进，供给侧结构性改革也有一定推进。如果在换届中政府注重消除由于换届带来的政策空白或者政策波动，保持宏观调控和改革的连续性与持续性，改革中最难啃的骨头比如国有企业、价格等核心领域的改革如果有重大突破，那么，新的制度红利将不断释放。①

综合以上因素分析，一方面，在全球复苏乏力的情况下，外需持续低迷；另一方面，内需中，调控政策对房地产开发投资的影响将逐步显现，而制造业投资增长改善空间不大，投资总体增速将进一步趋缓；在新旧动能转换过程中，新兴产业的发展难以弥补存量调整的下行缺口；等等。总体上我们认为2017年中国宏观经济仍将持续筑底，2018年或许是底部反弹的一年。依据中国人民大学中国宏观经济分析与预测模型（CMAFM模型），分年度预测2016年与2017年中国宏观经济指标，结果如表2所示。

表 2　2016年与2017年主要宏观经济指标预测

预测指标	2015年	2016年 1—9月	2016年（预测）	2017年（预测）
1. 国内生产总值（亿元）	685 506.00	52 9971.00	735 823.51	794 137.60
增长率（%）	6.90	6.70	6.70	6.50
其中：第一产业增加值	3.90	3.50	3.8	3.90

---

① 比如在价格领域，根据《中共中央国务院关于推进价格机制改革的若干意见》（简称《意见》），将推进水、石油、天然气、电力、交通运输等领域价格改革。《意见》明确到2017年，竞争性领域和环节价格基本放开，政府定价范围主要限定在重要公用事业、公益性服务、网络型自然垄断环节。

续表

预测指标	2015 年	2016 年 1—9 月	2016 年（预测）	2017 年（预测）
第二产业增加值	6.90	6.10	6.10	5.90
第三产业增加值	8.30	7.60	7.7	7.50
2. 全社会固定资产投资总额（亿元）	561 999.80	426 906.00	615 950.00	675 081.10
增长率（％）	9.76	8.20	9.60	9.60
社会消费品零售总额（亿元）	300 931.00	238 482.00	332 230.00	366 120.00
增长率（％）	10.70	10.40	10.40	10.20
3. 出口（亿美元）	22 844.21	15 584.76	20 730.00	21 290.00
增长率（％）	−2.80	−7.50	−8.80	−2.70
进口（亿美元）	16 810.82	11 427.44	15 600.00	16 260.00
增长率（％）	−14.10	−8.20	−7.10	4.20
4. 广义货币供应（M2）增长率（％）	13.34	11.50	12.40	11.80
狭义货币供应（M1）增长率（％）	15.20	24.70	13.70	13.50
5. 居民消费价格指数上涨率（％）	1.40	2.00	2.00	2.10
GDP 平减指数上涨率（％）	−0.43	0.70	0.60	1.30

2017 年具体预测如下：

预测一：在外需持续低迷疲弱、消费增长略有趋缓、去产能调结构持续推进等综合影响下，预计 2017 年 GDP 实际增长 6.5％，比 2016 年下滑 0.2 个百分点。

预测二：在三大产业方面，预计三次产业分别增长 3.9％、5.9％、7.5％。随着去产能、调结构的持续推进，工业生产或将进一步放缓。

预测三：在内需方面，作为稳增长的主力，基建投资虽然仍有增长空间，但在内需低迷、行业调整影响下，制造业投资和房地产开发投资改善概率甚微，综合来看，2017 年全社会固定资产投资增长 9.6％左右；总体来看，消费需求平稳增长的基本趋势仍未改变，但是经济和收入放缓对消费的滞后影响将继续显现；同时，缺乏实质创新、客户体验有待提高、存在监管漏洞等因素在一定程度上还会制约新兴消费动能，总体来看，消费增长将稳中趋缓，增速在10.2%左右。

预测四：随着全球经济复苏乏力，国际大宗商品价格低位徘徊，汇率波动加大，外部市场需求低迷仍将延续；经济不景气导致各国利益取向的分歧凸显，贸易保护主义有所抬头，尤其是针对我国的贸易壁垒尤为突出。WTO预测2017年全球贸易增长率为1.8%～3.1%，依然是金融危机以来的低迷水平。同时考虑到基数效应，预计2017年出口下滑幅度进一步收窄，但总体依然处于下滑态势。

预测五：虽然全球需求低迷，但在大宗商品价格整体触底后低位徘徊以及各种地缘政治的影响下，输入性价格上涨压力存在；同时考虑到国内货币存量因素，以及由去产能等持续推进所带来的供给减少，总体来看，消费领域价格将温和上升，PPI累计涨幅有望转正。

（二）经济运行中仍需关注八大困境，而诸多困境本质上与债务问题密切相关

当前中国宏观经济仍具有巨大的不确定性，尤其是债务的结构性风险和房地产再度进入调整周期带来的下行压力凸显，这些潜在风险表明中国经济的深层次问题并未解决，在某种程度上还将继续深化；如果对这些因素的认识和应对措施不当，那么潜在风险或者不确定性有可能将进一步演化，这需要我们重点关注以下八大困境。

第一是"去全球化"趋势升温，中国经济面临的外部不确定性增强。全球经济复苏乏力，同时贸易保护主义升温，各国在全球平衡中的政策博弈加强，这将对中国出口恢复形成一定影响。第二是经济增长对房地产的依赖程度依然较高，"量价齐升"的市场表现冲垮"量升价稳"的预期目标，单摆式调控政策难以找到平衡点。在稳增长与防风险的压力下，收紧的调控政策再度出台，需要警惕房地产行业发展再次面临短期调整带来的经济下行压力（见图7）。第三是制造业尚未走出底部调整，需求并无实质性改善，实体经济自身依然面临资金周转紧张压力。制造业的盈利走势虽然得到改善，但企业实际运营成本依然较高；与此同时，资金的避实就虚也加重了实体经济发展的困难，社会资金被地方融资平台、过剩产能行业等资金黑洞挤占，资金紧张矛盾不断加剧。第四是基建投资仍是2017年稳增长的主力军，但保持整体资金来源的稳定性难度加大。基建投资的推动

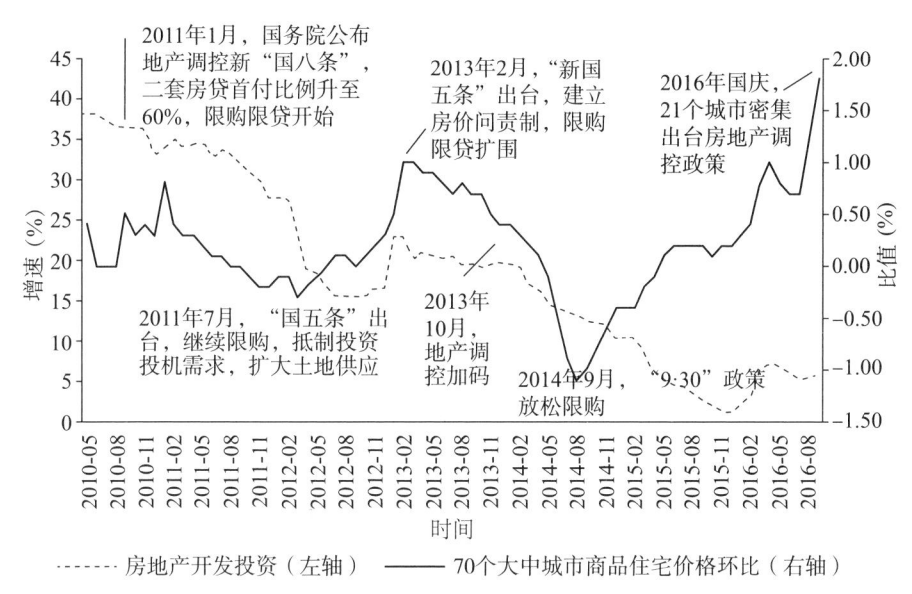

图7 房地产开发投资累计同比、价格走势与政策关系

主要依赖地方政府信用，通过城投融资实现，预算内财政和PPP模式融资是主要解决方式，但是财政收入放缓和PPP模式推进的缓慢使得依赖于地方政府信用背书获取融资的基建投资面临一定的资金压力。第五是去产能、去杠杆面临过剩行业信用风险加快释放与出清机制不健全的困境。从当前的情况来看，2017年仍是去产能、调结构的重要时期。[①] 去杠杆、去产能的进程或将有所加快，随之而来的，将是过剩产能企业信用风险的进一步释放。在信用风险加快暴露的过程中，金融体系中的银行因大范围或者某一环节出问题而波及整个银行体系，系统性风险的发生概率因而就要提升。第六是人民币汇率短期波动和双向波动加大，资本流出压力对国内金融市场的冲击或将加强。在美联储加息预期持续酝酿背景下，人民币贬值的压力持续存在，资本加速外流的风险仍然存在。如果人民币过快贬值，将与资本流出与国内股市波动形成恶性循环。第七是民间投资大幅改善的概率较小，企业持币待投的现象持续，加大了经济下行风险。当前，民间投资下滑是实体经济收益率下滑、进入门槛高等多个因素综合作用的结果，在短期内这些因素并没有能够得到明显改善的迹象，而能否得到实质性改善最主要取决于中国供给侧结构性改革的推进和实施情况，而在改

---

① 中央曾经表态：未来三年要处置345家僵尸企业，用两年压缩煤炭和钢铁10%的产能等。

革取得明显进展之前，我们认为民间投资恐难有明显回升。第八是债务规模不断攀升，信贷等资源主要积聚在效率相对较低的国有企业；国有企业及国有控股企业占据了大量信贷资源，但是利润走势相对于其他所有制经济而言几乎是最差的，整体资源配置效率在不断下滑。与此同时，国有企业改革与债务化解的矛盾凸显给宏观经济运行带来了一定困难。

事实上，2017年面临的诸多问题本质上还是由目前中国经济增长的主要路径决定的，目前债务-投资驱动模式还是稳增长的主要方式。长期以来，由于在我国以银行为主要构成的金融体系中，货币以银行信贷为主的形式投放给中央和地方的国有企业，以此开展由政府推出的大量以基础设施建设、房地产为主的投资项目，在拉动经济增长的同时也带来了资产泡沫、企业债务高企等问题；僵尸企业的迟迟不能出清，更多地受制于债务结构中国有企业占比较高且能利用其隐性担保获取更多的信贷资源并不断滚动。债务工具的使用在经济发展中具有重要作用，适度的杠杆率不仅能够提高资金的配置效率，而且能够促进经济增长，但如果负债率过高或者配置结构不合理，则会造成信用违约频发、金融机构不良贷款陡升、资产价格崩溃，最终导致金融危机的全面爆发。从目前的情况来看，无论是实体经济还是虚拟经济，其投资收益率的下降和资金使用效率的降低已逐渐弱化了债务-投资驱动模式的效用，高债务带来的高风险已成为经济稳定的巨大威胁。

三、中国债务尤其是广义政府类债务高于警戒线，债务风险已成为重中之重

中国目前的债务规模已经积累至相当高的水平，债务的结构性问题尤其是非金融企业结构风险凸显；20世纪以来全球发生的经济危机，其本质大都是债务和债务衍生工具引起的金融危机，而目前我国的债务规模高企，尤其是非金融企业的债务问题日益加深，债务风险既是经济运行中需密切关注的重要问题，也是经济工作中需要防范的重中之重。

（一）自金融危机以来，中国总体债务规模快速攀升，债务水平在全球处于较高的水平

(1) 总债务持续攀升，杠杆率[①]已超过250%。根据国际清算银行的数

[①] 杠杆率在会计上一般是指资产负债表中总资产与权益资本的比率，用于衡量负债水平。在宏观上，由于缺少完整的资产负债表，在实际计算中，国内学者一般使用债务规模与GDP的比率作为债务水平的衡量标准。黄志龙（2013）、张茉楠（2013）、李扬（2016）等将这一比率称为"杠杆率"，用它来衡量宏观意义的债务水平。

据，截至2016年第一季度，我国总债务规模高达175.38万亿元，比1995年底的6.64万亿元增长了25.4倍，杠杆率（非金融部门债务规模/GDP）也由109.1%飙升至254.9%。从历史趋势来看，自1995年以来，我国杠杆率随着金融危机的发生而有两波明显的跃升。第一波始于1997年亚洲金融危机，杠杆率在近7年的时间里由110%左右的水平上升至约170%，直至2004年才开始逐步回落。第二波则始于2008年，杠杆率由当年的147%升至目前的254.9%。对比两次危机时期，2008年以来债务规模扩张的速度明显加快，当前的债务规模已达到2008年底的2.77倍，反观GDP增速却一路下滑，在债务-投资驱动模式下，债务规模的增大并未引致相应的产出增加，经济运行效率的降低导致杠杆率以更快的速度增长（见图8）。

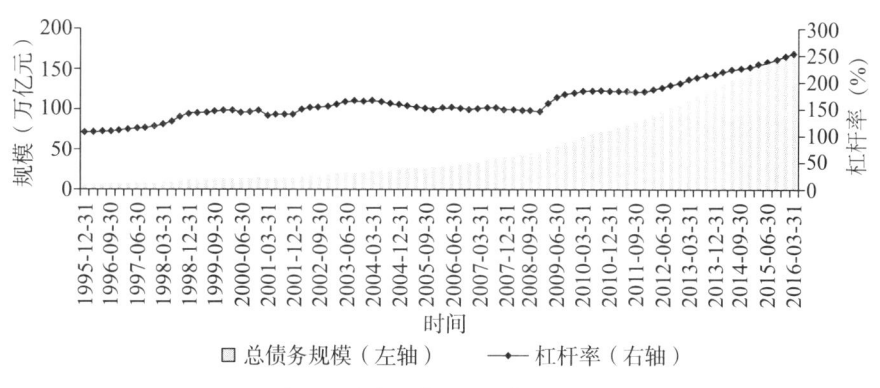

图8 我国总债务规模及总杠杆率的历史趋势

资料来源：BIS，中诚信国际整理。

（2）从国际比较来看，总债务水平已处于全球较高水平。与全球其他国家相比，我国总杠杆率（254.9%）虽然低于日本（394%）、加拿大（288%）、英国（266%）等发达经济体，但已超过美国（253%）、澳大利亚（247%）及韩国（237%），并远高于巴西（146%）、印度（130%）和俄罗斯（89%）等新兴经济体（见图9）。从杠杆率扩张速度来看，2005年底，我国的总杠杆率还仅有151.3%，但经历金融危机到次高速增长再到迈入"三期叠加"的新常态，总杠杆率在10年间提高了103.6个百分点，而美国的总杠杆率提升同样的幅度则花费了30年，日本和英国也经历了近20年。

（二）广义政府类债务水平凸显，非金融企业尤其是国有企业债务水平高企，结构性风险突出

（1）债务结构失衡，债务风险集中于国有企业部门。分部门来看，我国

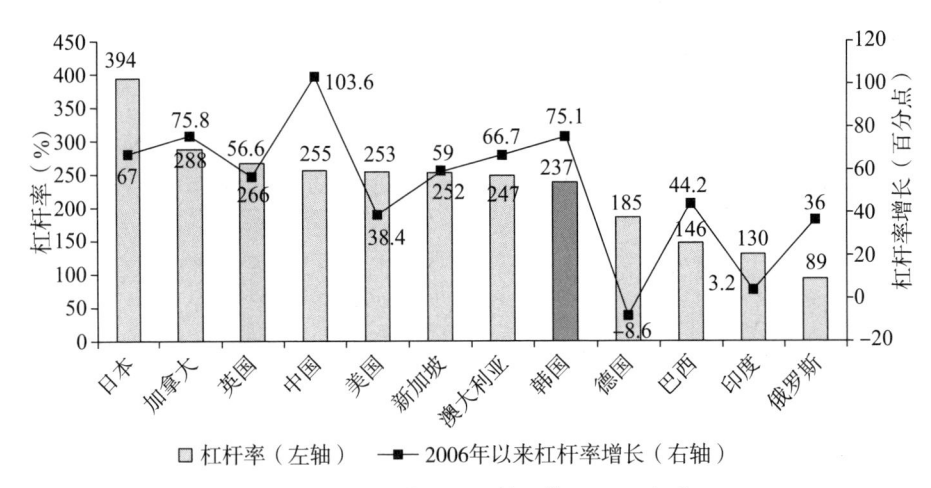

图 9 债务水平的国际比较（截至 2016 年底）

资料来源：国际清算银行，中诚信国际整理。

的债务风险明显集中于非金融企业部门，政府部门和居民部门的杠杆率水平相对较低。截至 2016 年第一季度，我国非金融企业部门杠杆率高达 169.1%，远高于世界平均水平（95.5%）、新兴市场国家平均水平（106.4%）和发达国家平均水平（89.4%），而我国政府部门和居民部门的杠杆率则分别为 45.2% 和 40.7%（见图 10）。

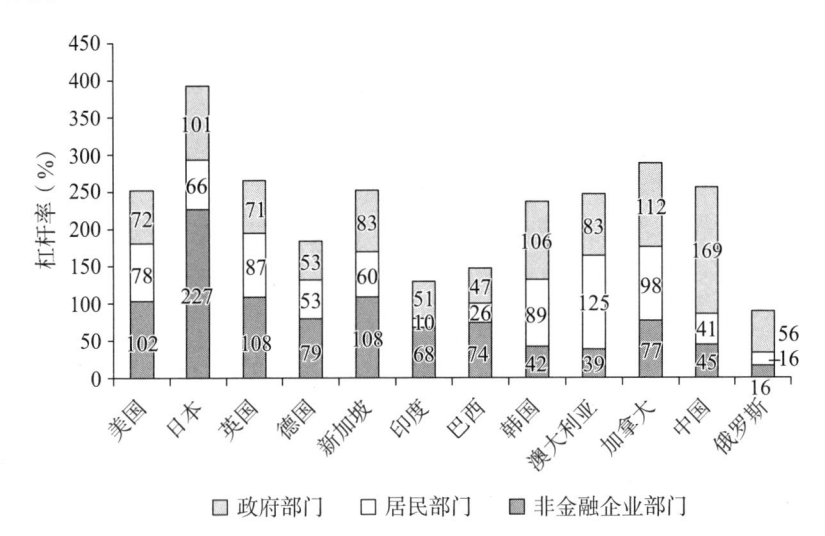

图 10 国内外杠杆率水平比较（截至 2016 年第一季度）

资料来源：BIS，中诚信国际整理。

在金融危机发生后，我国快速出台了大规模的经济刺激计划，"中央财政资金先期进入、地方财政资金立即配套、商业银行贷款大幅跟进"的资金配置模式推动了非金融企业部门和政府部门债务的扩张。

自2009年开始,我国非金融企业部门杠杆率便步入上升区间,2012年后杠杆率更是以每年10个百分点的速度持续扩张。截至2016年第一季度,非金融企业部门杠杆率已经比2008年底高出72个百分点,对总杠杆率攀升的贡献超过三分之二。与其他国家相比,我国非金融企业部门杠杆率也明显偏高,如美国非金融企业部门的杠杆率为72%,英国为71%,日本为101%,韩国为106%。

(2) 随着资源向效率相对低下的国有企业部门倾斜,非金融企业的债务风险更集中于国有企业。将非金融企业部门的债务进一步细化,则可以发现,我国不仅总债务结构存在严重失衡的现象,非金融企业部门内部的债务分配也明显向国有企业倾斜,债务风险高度集中。2008年以来,国有经济虽然在国民经济中的比重有所下降,但在资源配置中的地位却是不断增强的,尤其是在房地产、煤炭、钢铁、有色金属等过剩行业。根据财政部网站公布的数据,截至2016年第一季度,全国国有及国有控股企业(以下简称"国有企业")的负债总规模为81.20万亿元,若暂不考虑不同统计口径之间的差异,国有企业负债规模约占BIS口径非金融企业部门债务规模的69.8%,由此可估算出民营企业的债务占比为30.2%,国有企业和民营企业的杠杆率分别约为118%和51.1%。国有企业的杠杆率远高于民营企业,非金融企业部门债务问题的核心即在于国有企业债务。尤其是在直接融资的债券市场上,国有企业占据着绝大部分的资金。截至2016年9月底,国有企业债券在信用债中的规模占比高达86%。在如此背景下,国有企业的偿债风险不断积聚,同时也加大了系统性风险发生的可能性。

(3) 考虑了政府部分隐性担保责任的广义政府债务水平高达109.53%,远高于市场预期。BIS等现有研究中所计算的政府债务主要考虑了负有偿还责任和担保责任的债务。由于我国地方政府与国有企业、城投企业之间不可分割的关系,我们将融资平台类城投企业的债务纳入政府债务的计算中,作为广义政府债务。在国有企业当中,城投企业可谓是与政府关联最为密切的一类融资主体。过去由于我国地方政府不具备自主举债权限,金融危机后在地方政府补充财政资金、加大基建类投资的动力催生下,城投企业飞快成长。城投债券虽然名义上以非金融企业债务的形式存在,但实际上履行着政府债务职责。2014年底发布的《国务院关于加强地方政府性债务管理的意见》(国发〔2014〕43号)明确提出剥离融资平台公司的政府融资职能，融资平台公司不得新增政府债务。但从政策实际执行情况来看，融资平台公司的转型难度依然较大，目前还处于政策过渡期内。为考察政府实际负担的杠杆率水平，我们暂且将平台企业的存量债务也纳入政府债务的考量范围。根据我们的测算，平台企业债务规模约为44.26万亿元，约占国有企业债务规模的54.51%。将这部分债务计算进来后，我国广义政府杠杆率将从45.20%上升到109.53%（见表3）。同时，考虑到平台企业债务的利率相对高于地方政府债务，政府实际承担的利息也更高。

表3　中诚信国际关于广义政府债务的测算

计算口径	部门分类	杠杆率（%）
原口径	国有企业	118.00
	非国有企业	51.10
	政府部门	45.20
广义口径一（平台企业债务纳入政府债务）	国有企业	53.67
	非国有企业	51.10
	政府部门	109.53
广义口径二（平台企业和国有企业债务均纳入政府债务）	国有企业	0
	非国有企业	51.10
	政府部门	163.20

由于市场普遍认为当国有企业出现债务危机时，政府为维护国有企业的声誉及战略地位仍会选择性地承担最后救助人的角色。若将这部分政府可能承担偿还责任的债务全部包括在内作为更为广义的政府债务，政府实际承担的杠杆率将会高达163.20%。相应地，非金融企业部门的杠杆率则由169.1%降至51.1%。可以看出，在两种宽口径下计算的广义政府部门杠杆率水平不但远高于欧盟的警戒线60%，而且远高于国际通行警戒线100%。

（三）在目前日本、英国、欧洲央行推行负利率的背景下，中国的利率中枢水平相对较高，企业付息压力相对而言处于较高水平

目前，在全球负利率盛行的环境下，尽管我国利率水平中枢也整体有所下移，但仍高于美国、日本、德国等主要经济体，我国并不具有发达国家那样低成本的债务融资优势。以10年期国债到期收益率为例，2016年9

月，我国的利率水平约为 2.75%，较美国和英国分别高约 110 个百分点和 190 个百分点，较日本、法国和德国高 250 个百分点以上。相对高的利率水平给我国带来了沉重的付息压力。根据 2016 年第三季度央行公布的金融机构加权平均贷款利率，结合近期发行的债券发行利率水平，可以估算出我国所负担债务的年利息支出为 8.52 万亿元，约占 2015 年 GDP 的 13%。[①] 由于这部分所使用的利率为近期的平均利率，考虑到长期以来我国利率水平的下降趋势，现有存量债务的平均利率水平应该会更高，因而 13% 的利息占 GDP 的比重只是保守的估计结果。在融资成本较高的环境下，我国持续扩张的债务规模又同时面临着严峻的付息压力，债务风险进一步提升。

（四）居民部门杠杆率适中，但攀升较快，后续增长空间有限

正如前文所述，目前我国居民负债水平相对适中，但是近几年增长迅速。与非金融企业部门类似，我国居民部门杠杆率主要是在 2008 年之后快速攀升，从当年的 18% 上升至 2016 年第一季度的 41%，居民部门杠杆率增加了 23 个百分点；与美国、日本等国家相比，当前的居民部门杠杆率仅仅相当于美国 20 世纪 60 年代和日本 70 年代中后期的水平，也低于 85% 的国际警戒线。但是与同等发展水平的国家相比，高于巴西、俄罗斯和印度等新兴市场国家。尤其是从增速来看，2008 年以来中国居民部门杠杆率年均增速超过了 24%，扩张速度远超其他国家（见图 11）。

居民部门负债的增加主要来自购房贷款的扩张。从负债结构来看，我国居民的负债全部表现为贷款，主要是以房贷为主的中长期消费贷款，占比超过 50%。事实上，自 2008 年金融危机以来，随着房地产市场发生周期性变化，居民杠杆率都相应快速增大。比如 2009 年、2013 年、2015 年底至今，尤其是最近一轮，在 2016 年 9 月人民币新增贷款中，居民部门的占比已经从 2016 年初的 24.2% 攀升至 46.44%；房地产贷款余额也从 2015 年同期的 20.2 万亿元增加到 25.3 万亿元，增长 25.2%；个人房贷余额达到 17.93 万亿元，同比增长 33.1%。但从人口结构变化和房贷增量空间来看，当前居民部门杠杆率快速攀升难以持续。人口结构的变化是决定

---

① 2016 年第三季度央行公布的金融机构贷款平均利率水平为 5.26%，近期发行的利率债、信用债平均发行利率为 2.70% 和 3.50%。假设总债务中仅包括金融机构贷款和债券，截至 2016 年第一季度末，利率债（包括国债、地方债）和信用债存量规模分别为 16.45 万亿元和 16.21 万亿元，总债务规模中扣除这两个部分后可得到第一季度末的金融机构贷款规模为 142.72 万亿元，将利率债、信用债和金融机构贷款的规模分别乘以相应的利率后加总，可估算出债务年利息规模为 8.52 万亿元，约占 2015 年全年 GDP 的 13%。

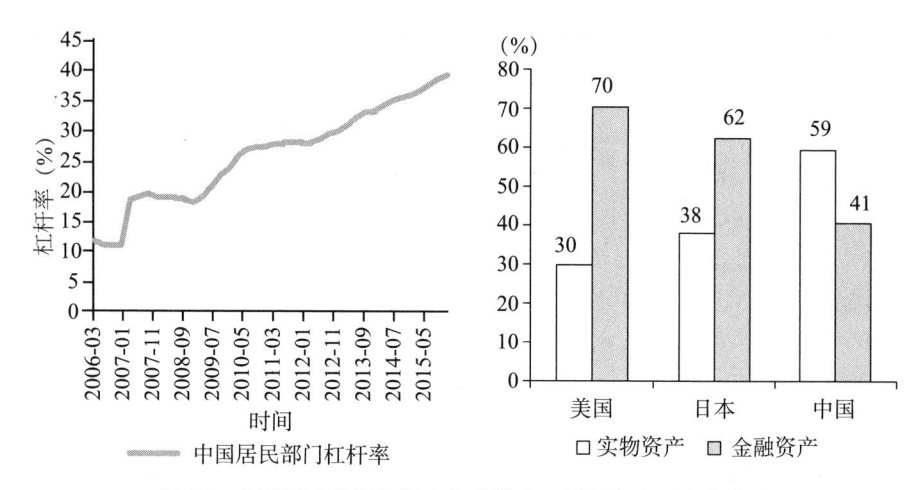

图 11　中国居民部门杠杆率快速攀升，居民资产以实物为准

房地产需求的最关键因素，2011年我国人口抚养比已经达到34.4%的底部，居民部门杠杆率的攀升长期将受到制约；而从国际比较来看，中国新增房贷占GDP的比重从2015年快速上升，目前维持在3%左右的水平，第二季度新增个人房贷占比则达到了7.56%的高位；对于美国和日本，美国新增房贷占比在2008年金融危机前最高值为8%，日本在1989年泡沫破灭前的历史高值为3.5%。综合人口结构和新增房贷的国际比较来看，居民部门以房贷为主的债务增长模式可能很难维持前期高速的扩张水平。

（五）中国债务风险尤其是广义政府债务风险形成的原因分析

（1）刺激政策带来的巨量货币投放是主要原因。自2008年以来，为应对全球金融危机，我国出台了包括"四万亿"投资、十大产业振兴计划等在内的大量刺激性政策，通过对基础设施和房地产的投资来拉动国内经济增长，由此进入了以高负债为主的加杠杆周期。基础设施和房地产的投资又带动了钢铁、水泥、化工项目的发展，其中政府及大型国有企业主要承担了这部分投资。地方政府通过地方融资平台等大量举债发展，进一步刺激当地经济，助推了地方政府及相关企业杠杆率的增长。在这种债务-投资驱动模式下，一方面，中国经济率先在全球中企稳；另一方面，随之而来的是非金融企业部门尤其是国有企业部门、房地产企业部门杠杆率的快速增长，推动总体杠杆率不断攀升。后期，随着全球经济进入深度调整时期，经济增长和国际贸易的放缓带来外需的持续低迷；而国内有效需求相对不足，产能过剩与供给不足的结构性矛盾凸显，经济下行压力不断加大，宏观调控转向定向调控和"微刺激"，在这种情况下并没有改变债务-

投资驱动模式，微刺激释放的货币通过贷款等方式转化为债务，债务规模持续攀升。

（2）资本市场的不健全是杠杆率高企尤其是国有企业杠杆率高企的制度性因素。近两年，随着金融领域改革的不断推进，多层次资本市场的建设有所推进，但由于长期以来我国金融市场以以银行为主体的间接融资为主，股权融资发展相对滞后，债权融资一直占据企业融资的主要地位。截至2016年第三季度末，我国非金融企业股权融资占社会融资存量规模的4%，尽管比上年同期和五年前均有所提升，但是相对于债权的融资比例依然偏低；企业发展过度依赖债权融资，而债权融资更偏好于国企和大型企业，这就导致大量资金流向国有企业并推高了国有企业的杠杆率，特别是那些具有地方政府担保的企业。此外，由于资本市场的发展不能完全满足融资需求，因而助推了影子银行的快速发展，影子银行存在的信息不对称和融资成本高等特点，更加大了金融系统风险的不确定性。

（3）"刚性兑付"幻觉和监管分割助推了债务不断滚动变大。在债务市场不断扩大的过程中，"刚性兑付"幻觉是债务如雪球般不断滚动变大的原因之一，尤其是由各级政府背书的国有企业、地方融资平台等主体依靠刚性兑付预期不断借新债，债务规模不断膨胀。在债券市场发展初期，出于培育市场、控制风险等考虑，监管机构审批的发债主体多为实力雄厚的央企和地方国企，金融危机爆发后，随着刺激政策的落地，越来越多的融资平台以企业名义为政府融资，而地方政府又经常愿意出具各种形式的"兜底函""担保函"来为债务提供隐性担保。政府和企业债务责任的边界模糊是让市场形成一切国企均有政府背书和刚性兑付观念的最主要原因。近两年，"超日债"违约打破了刚性兑付，之前被认为安全的央企和地方国企不断曝出信用风险和违约事件，同时财政收入的放缓和经济下滑使得地方政府兜底的意愿不断降低，债务风险不断凸显。此外，债券市场监管的"五龙治水"以及监管不到位等都对债务风险的积累起到了推波助澜的作用。

四、债务风险能否引发中国真正意义的经济危机

（一）目前，总体债务已处于"临界点"，需要警惕由此引发中国真正意义的经济危机

（1）从国际上通用的债务危机指标来看，中国的相关指标处于较高水

平,债务风险隐患较大。从国际比较来看,中国总体债务水平已经超过美国等国家爆发危机的水平,处于"临界点"的关键时刻。根据 BIS 公布的数据,中国目前的总杠杆率(254.9%)已经远远高于墨西哥比索危机前的杠杆率(77.7%)和泰国在亚洲金融危机前的杠杆率(188.8%),略高于美国全球金融危机前的杠杆率(238.5%),并接近西班牙金融与经济危机前的杠杆率(262.1%)(见图12)。而如果从非金融企业部门的杠杆率来看,中国企业部门杠杆率已经超过上述国家发生金融危机或经济危机前的企业部门杠杆率。

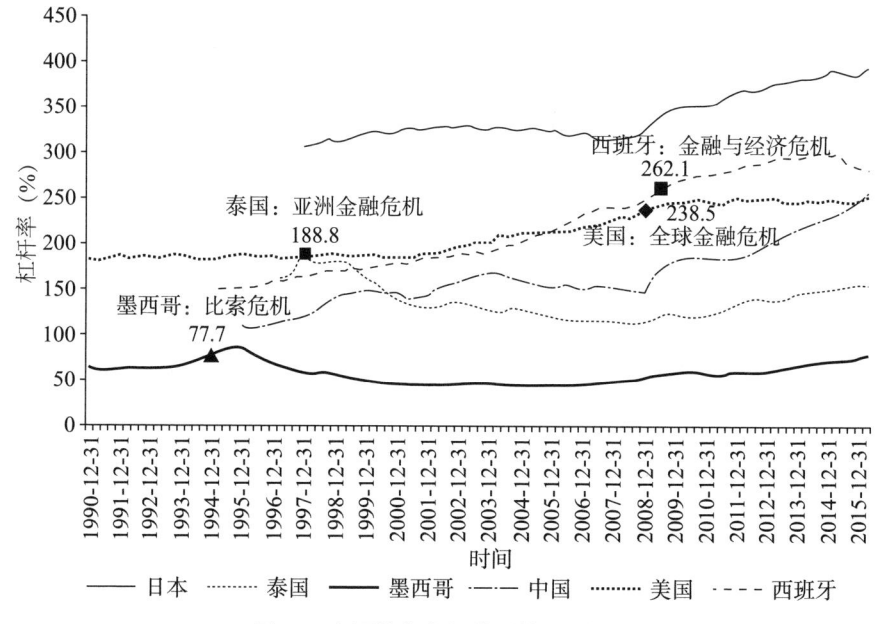

图 12 各国债务危机前后的总杠杆率

资料来源:BIS,中诚信国际整理。

而许多关于危机预警系统的文献都发现信贷扩张[1]和信贷缺口(credit-to-GDP gap)[2]是金融危机的先行指标。而对比中国及各国发生危机时的这两项指标,可以发现中国的这两项指标均已接近甚至超过各国危机前夕的数值。

从信贷缺口来看,日本在 20 世纪 90 年代危机发生前,信贷产出缺

---

[1] 可以用债务率 credit-to-GDP 来反映信贷扩张水平,credit-to-GDP 指所有有息债务占 GDP 的比例,而不是仅仅指信贷与 GDP 之比。

[2] credit-to-GDP gap 是 credit-to-GDP 实际值与其长期趋势值之间的缺口。

口超过20%；在亚洲金融危机发生前东南亚国家印度尼西亚、泰国等的信贷产出缺口分别达到17.3%和35.7%；美国在发生金融危机前该指标为12.4%。而中国私人非金融部门信贷/GDP缺口指标在2016年第一季度已经升至30.1%，是从1995年追踪中国相关数据以来的最高值，超过美国、日本、印度尼西亚危机前的该指标值，接近泰国发生危机前的该项指标（见图13）。

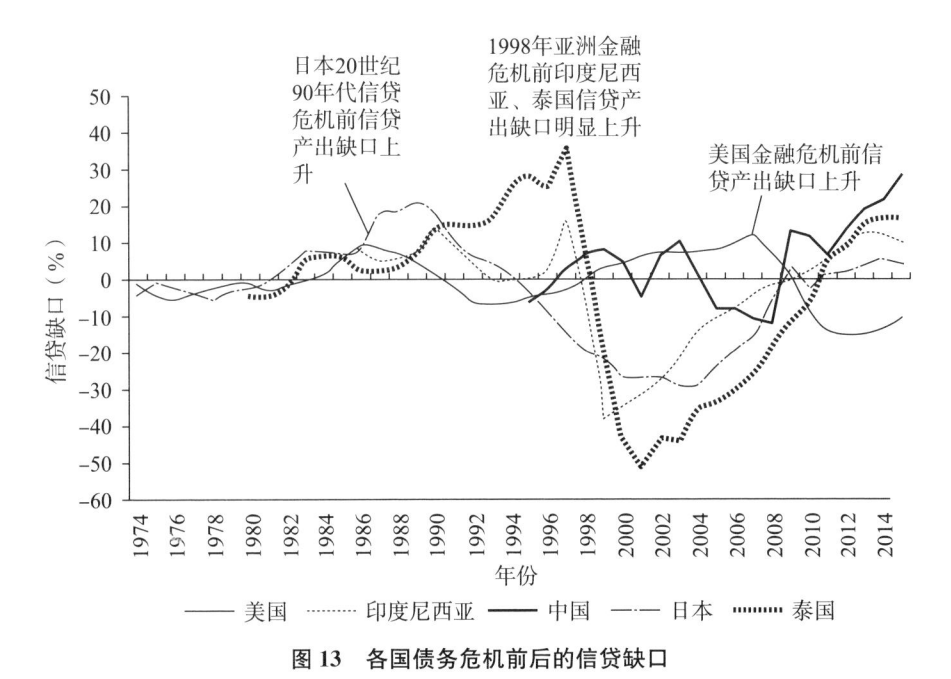

图13 各国债务危机前后的信贷缺口

由于各国国情不尽相同，因而不同国家能够承受的债务水平自然会有一定的差距，而从历史上各国的债务周期来看，信贷扩张也并不必然带来系统性的经济危机。但是高企的杠杆率以及信贷缺口水平确实值得警惕，特别是考虑到中国广义政府杠杆率已经超过了国际警戒线水平，市场信心将在很大程度上影响政府信用的维持，这意味着，政府在解决债务问题上必须相当谨慎。

（2）投机性及庞氏融资占比较高，宏观经济与金融体系的脆弱性上升。自2008年以来在信贷-投资驱动模式下，非金融部门的总杠杆率已经从2008年的不到150%上升为2015年的250%。根据前文的估算，社会融资规模中有很大一部分比例是用来还本付息，而不是进行投资的。这可能意味着从整体上而言，中国国内融资结构中投机性融资者及庞氏融资者的比重已经远远超过对冲性融资者。中国债务-投资驱动模式的运行机制也因此有所改变，经济实体逐步步入借新还旧→借新还息→资产负债表恶化的困境。

分部门来看，自2008年以来居民部门债务以年均超过24%的速度快速增长，而同期居民人均可支配收入的年均增速约为11%，这意味着居民部门收入对其债务的保障程度呈现出逐年下降趋势。不过至2015年，人均可支配收入仍相当于人均负债规模的1.5倍，由此来看，居民部门整体上属于对冲性融资者。非金融企业部门，以发债企业为样本来看，2015年仅有77家企业的EBITDA/短期债务比值大于1，在总样本中的占比不到2%。进一步观察这些发债企业的利息保障倍数指标，可以发现已获利息倍数小于1的企业有375家，占全部样本的比例约为9%[1]，这意味着国内企业部门以投机性融资者为主，且有将近十分之一的企业当年息税前利润不能完全覆盖利息，属于庞氏融资者。从政府部门来看，2015年财政收入为15.2万亿元，当年政府性债务余额超过30万亿元，而利息支出为1.5万亿元。假定短期债务占比超过50%，则政府部门的财政收入就无法覆盖其当期应付债务，此时政府部门也将成为投机性融资者。2015年以来实施的地方政府债务置换是将地方政府短期且成本较高的债务置换为更长期、更低成本的债务，这在某种程度上将延缓政府部门由对冲性融资方式向投机性、庞氏融资方式转变。可以看出，在总债务占据较高比例的企业部门是以投机性融资方式为主，其中还有相当大一部分比例采取的是庞氏融资方式。由此反映出当前国内金融体系的脆弱性正在逐步上升。

（3）局部风险释放已经产生了一定的市场冲击，市场信心恢复减弱了冲击效应。近几年，随着违约事件的频繁发生以及银行不良贷款率的加速上扬，金融市场乃至实体经济已经受到一定冲击。

在债券市场上，受2016年第一季度违约事件频繁发生的影响，债券发行与交易在4月、5月受到显著冲击。当时一级市场发行量骤减，投资者的谨慎情绪使得很多企业发行债券的认购量不足，发行被取消或推迟，二级市场的收益率也短暂上行，尤其是中铁物资大规模债券取消交易大幅推升了风险溢价，低等级间利差也明显扩大。不过，城投公司取消提前兑

---

[1] 选取2015年发债企业经审计的年报作为依据，其中可以根据公布的指标计算出EBITDA/短期债务比值的样本企业共有4 161家，这4 161家企业中可以根据公布的相关指标计算已获利息倍数的企业有3 570家。如果以3 570为总样本计算已获利息倍数小于1的企业所占的比例，则企业部门中庞氏融资者的比例为10.5%。

付、国资委出面解决中铁物资事件等,向市场传递了政府在解决央企、国企债务方面的积极态度,为信用债市场带来了一定的正面情绪,加上新增违约事件发生的频率也明显降低,一、二级市场又逐步回暖。不过,债券市场信用风险积聚与释放已经成为各方共识,未来市场对信用风险的反应将更为敏感,违约带来的市场冲击还将存在,一旦出现非预期的信用事件,或是资金面出现逆转,不排除债券市场再次遇冷的可能性。

在信贷市场上,"偿债能力恶化—金融机构收紧融资—企业资金链断裂—信用风险进一步深化"的恶性循环已经有所显现。随着越来越多的企业,特别是一些国有企业的信用质量也出现恶化,银行在进行放贷时更为谨慎。2016年前三季度,新增的非金融性公司及其他部门的贷款累计5.27万亿元,较2015年同期回落了近12个百分点。新增的非金融性公司及其他部门贷款在新增人民币贷款中的占比也从2015年的63%回落至51.9%。在债券市场上,近两三年不断出现因为银行抽贷导致企业经营难以为继,从而对债券兑付产生不利影响的现象。部分银行在债务人出现贷款逾期后,向法院申请冻结企业资产,这使得企业经营更为困难或发生资金链断裂。贷款逾期的风险快速向包括债券在内的其他债务传导。目前来看,无论是债券市场违约带来的冲击,还是信贷市场融资收紧产生的负面效应都是短暂的、非连续性的,尚未对这两个市场的融资功能造成重大损害。这其中,政府在解决国有企业债务问题上表现出来的积极态度以及坚持守住不发生系统性风险的底线对维护市场信心起到了重大作用。然而,由于当前国内金融系统的脆弱性及敏感性日益抬升,非预期的外部事件冲击很可能将引起债务危机乃至经济衰退不可逆转地发生。

(二)当前状况下,债务危机可能引爆的三条路径

投机性融资和庞氏融资的持续,依赖于信贷环境的宽松和资产价格的不断上涨,一旦这些条件不具备,融资链条就会断裂。投机性资产的损失促使放贷者收回其贷款,从而导致资产价值的崩溃,而资产价格的"螺旋加速下降"效应会造成瞬间的金融动荡。就中国的情况而言,经济活动中投机性融资者及庞氏融资者占据了较高比例,并且出现了个别企业因为过度负债而发生违约甚至破产的现象,从而埋下了较大的债务风险隐患。但得益于最近几年相对宽松的资金环境以及市场对政府托底宏观经济的信心,大部分企业仍能够维持资金链的循环,系统性风险尚可控。然而中国所面临的内外部宏观形势正在逐步发生转变:从外部环境来看,大宗商品价格的剧烈波动以及各国央行货币政策的不协调,给2016年脆弱的宏观经济和金融市场带来了巨大的不确定性，加剧了国际资本流动和汇率波动风险。从短期来看，在全球经济低迷中，中国不仅面临突破出口收缩的困难局面，而且随时要应对美联储加息引发的资本流动冲击以及大宗商品价格变动带来的成本冲击。从内部环境来看，过去几年稳增长的一系列政策也同时带来了以房地产为代表的资产泡沫风险和以债券为代表的债务违约风险加速上扬问题。2015年末中央明确供给侧结构性改革的大方向后，2016年以来实体经济去产能以及金融体系去杠杆全面推进，导致市场整体波动性加大。在上述复杂的内外部环境下，未来仍需要警惕债务危机沿着以下三条路径传导：

1. 货币政策收紧带来利率上行，引发企业资金链断裂

路径一：金融去杠杆—货币政策收紧—利率上升—企业资金链断裂。

为了降低实体经济融资成本、为稳增长创造必要的资金环境，自2014年以来货币政策逐步放宽，但由于经济增速的持续下行，流动性偏好逐步上升。资金"脱实就虚"加剧，更偏好流动性更强的金融领域。这导致金融体系的杠杆在经济基本面持续偏弱的时候反而出现不断上升的趋势，潜在金融风险日益扩大。2015年6月、7月"股灾"正是由于股票市场存在的高杠杆的配资导致一旦监管收紧，股票资产价格就持续下跌。

为了防止在其他金融市场上发生类似"股灾"这样的泡沫危机，自2016年以来监管机构逐步推进金融去杠杆。货币政策尽管在总基调上仍为保持市场流动性宽裕和稳定，但在操作工具及操作思路上发生了转变：在操作工具上，更多通过公开市场操作，搭配SLF、MLF、PSL等工具来维持资金面稳定，而对降息、降准这类全面放水的政策工具则谨慎使用；在操作思路上则更加注重"精准滴灌"。2016年8月以来，央行更是相继重启了14天、28天期逆回购，通过增加更长期的资金投放拉高资金的平均成本。近期央行又表示正在研究将表外理财业务正式纳入广义信贷范围的时机和具体方案，引导银行加强对表外业务风险的管理。货币政策的这种变化，虽然旨在引导金融机构逐步去杠杆，避免资金进一步"脱实向虚"，但由于目前货币政策操作工具的控制权更多地掌握在央行手中，这要求央行对市场资金需求及对资金成本的承受能力有准确的估测。一旦央行资金投放力度不及市场预期或需求，或者资金成本超过机构所承受的范围，则很可能出现类似2013年"钱荒"的恐慌性踩踏事件，并引发市场的连锁反应。

一方面，资金面的非预期收紧将提高金融机构的资金成本，进而导致

实体经济融资成本上升。除此之外，金融机构的资金紧张，可能会导致其在金融市场上抛售金融资产，也会推动市场利率上行，抬升融资成本。对于基本面相对较好、本身能够负担债务还本付息的企业而言，融资成本上升会削弱其融资需求，减少投资，这反过来又会降低收入，使偿债能力弱化，逐步由自行偿还债务向借新还旧转变；而对于本身债务负担就较重的企业而言，融资成本上升将进一步加重其债务负担，此时反而会有更高的融资需求以维持债务的正常循环。另一方面，由于资金面的非预期收紧，金融机构的可贷资金减少，信贷资源的稀缺使得金融机构在放贷时更为谨慎，对风险溢价的要求更高，如此循环，要么高债务负担的企业因不能及时融资，资金链断裂，发生违约及破产，金融机构风险偏好降低，融资条件进一步收紧，更多企业融资受阻，发生经营困难、债务违约甚至破产清算；要么企业通过提高利率获得融资，继续维持债务循环，但由于成本上升，其越来越难以通过自身收入现金流完成债务的本息偿付，从一开始的借新还旧到借新还息，随着债务雪球越滚越大，最终借贷双方都意识到债务的不可持续，从而仍然避免不了发生债务违约及破产。这种恶性循环不断持续，导致更多健康企业无法维持经营，整个金融系统融资功能失效与实体经济停滞不前，最终形成债务危机乃至经济危机。

2. 资产泡沫破灭带来抵押品价值下降，叠加资本外流，引发流动性危机

路径二：美联储加息导致人民币贬值/抑制资产泡沫—货币政策收紧—资产泡沫破裂—抵押品价格下降—金融机构风险偏好下降—流动性紧张。

正如前文所述，房地产业对中国经济增长的贡献依然巨大。自2014年以来，央行多次降准、降息，货币环境大幅宽松，虽然经济疲弱状态并没有明显改善，但宽货币对股票、债券、房地产等各类资产价格的影响则更为明显。尤其是2016年随着限购政策的放开，房地产市场呈现复苏迹象，交易持续火爆的同时，一线、二线城市房地产价格飙升，由局部房价引发的资产泡沫不断聚集。过多的信贷投入房地产挤占了实体经济投资，资金"脱实就虚"加重。事实上，随着政策从"稳增长"向"防风险"转变，抑制泡沫已经是货币政策的主要任务之一。与此同时，随着美联储加息预期的增强，美元走强，人民币贬值的压力和资本外流风险持续存在，央行有可能被动采取紧缩性货币政策。

理论上，货币政策的收紧并不一定会带来资产价格的下跌，这主要取决于实际需求和需求结构。但是需要警惕新一轮调控政策偏差导致出现极

端变化情况——房地产泡沫破灭。如果房地产泡沫破灭，房屋价格大幅下降，对于金融机构而言，抵押品价值将下降，不良贷款攀升，银行资产质量恶化，同时放贷趋紧，导致流动性紧张；对于居民而言，财富价值大幅缩水，消费支出将有所减少，需求疲弱拖累宏观经济。若资产价值大幅缩水，而人民币贬值持续，则资本外流风险将加重，资金面紧张将进一步加剧，从而进一步向实体经济传导，形成人民币贬值—资本外逃—资金收紧—融资困难—企业经营难以为继、违约及破产增多—市场恐慌进一步增多—人民币进一步贬值、资本外流更为严重的恶性循环。如果央行通过动用外汇储备来遏制人民币的贬值趋势，则持续的干预必然使得外汇储备逐步消耗，反而使得外债风险敞口加大，更加不利于金融市场安全，同时还会进一步影响市场对中国经济的信心，加剧资本外流。一旦央行外汇储备消耗殆尽，则国内仍将被迫提高利率，这又会加重企业债务负担，引发企业的偿债危机。

3. 违约事件集中发生，市场集体性恐慌，引发流动性枯竭，资金链断裂

路径三：违约集中发生—市场恐慌—信贷收紧—资金链断裂。

自2016年下半年以来，信用风险对市场的冲击力度明显减弱。这除了是因为随着违约事件的逐步增多，特别是包括央企、地方国企刚性兑付的陆续打破，市场对违约的态度发生了变化，看待违约更加理性，也与2016年下半年以来违约事件发生的频率明显降低有关。同时，政府在解决国有企业债务方面的积极态度，也使得市场信心较2016年上半年有所恢复。然而，考虑到未来几个季度债务到期的规模将加速增长，而企业和地方政府的利润和再融资空间有限，违约事件或仍将加速发生。因此，债务违约情况不仅可能延续现有违约加速的态势，而且可能会在2017年第一季度还款高峰期出现违约高潮，导致银行不良贷款率上升、企业资金链收紧和恐慌情绪蔓延。

另外，虽然近两年来央企、地方国企信用风险及违约事件陆续增多，"刚性兑付"幻觉有所打破，但由于各个政府在处置不同企业的债务危机上态度迥异，一部分在信用危机发生之前就积极协调各方，避免最终出现违约，一部分虽然未能避免企业违约，但在违约后也能够协助延期兑付，导致市场对政府选择性兜底的预期犹在。但在宏观经济处于底部的大环境下，出现债务危机的企业将会不可避免地继续增加，要想保持"刚性兑付"，就需要各方付出更多的成本。一旦政府在国有企业相关债务的处置

中与市场预期产生偏差,也同样会对市场信心产生极大的损害。

在恐慌情绪的主导下,一方面金融机构会主动收紧融资,导致企业经营更加困难,违约风险进一步蔓延,反过来又会增强金融机构的惜贷情绪;另一方面,由于违约风险扩大可能引发信用债价格持续下跌,其作为抵押获得融资的能力也将大幅下降。

上面三个触发因素并不是完全独立的,违约风险集中爆发,会对市场信心造成较大冲击,导致资本外流加剧。这又会对货币政策放宽形成制约,政策收紧带来资产价格下跌,资产价值大幅缩水。银行等也会加剧流动性紧张,一旦资金投放跟不上市场需求,又会导致实体经济的融资难以得到满足,从而引发更多企业出现经营困难,违约风险向更大面积蔓延。在前文中,笔者已经阐述了非金融企业债务高企的一大危害即是违约风险加剧市场动荡,市场信心急剧下降,引发流动性枯竭,加大金融系统性风险。未来若上述任一传导链条的某一环节出现而未得到阻止,则杠杆率高企带来的违约风险就会演变成金融系统性风险的真实发生,因此,防范债务危机问题必须受到高度重视。

(三)需要防范由债务风险向债务危机演变

在影响经济增长的众多因素中,债务风险是影响中国经济是否发生危机或者继续恶化的最重要的力量。中国经济运行中的诸多深层次问题,本质上都与债务问题密切相关。自2008年以来,我国总体债务规模和杠杆率持续攀升,债务风险主要集中于非金融企业部门中的国有及国有控股企业;由于隐性担保,政府尤其是地方政府债务风险超过预期,包括了平台企业债务的广义政府负债率接近110%,包括全部国有企业债务的更为广义的政府负债率达到了163.20%。从国际比较来看,居民部门负债率虽然低于美国和日本,但是高于同等发展水平国家;此外,居民部门债务扩张速度远超其他国家,并且债务结构主要以中长期房屋贷款为主。与美国和日本危机前的水平比较来看,我国以房贷为主要驱动的居民部门加杠杆的空间或许不大。

事实上,中国目前总体债务已经处于一个"临界点"。无论是从杠杆率的比较来看,还是从信贷扩张和信贷缺口等反映金融危机的先行指标来看,总体债务均已接近甚至超过各国危机前夕的数值。尽管从各国的债务周期来看,并非所有信用扩张都会触发"费雪-债务"周期连锁反应,但是,站在这样一个金融系统性风险上升的临界点,虽然从目前来看,无论是债券市场违约带来的冲击,还是信贷市场融资收紧产生的负面效应都是短暂的、非连续性的，但是由于当前国内金融系统的脆弱性及敏感性日益抬升，非预期的外部事件冲击很可能将引发债务危机乃至经济衰退不可逆转地发生。尤其是我们分析的三条债务风险传导路径相互叠加，货币政策的非预期收紧、资产价格大幅下跌叠加人民币大幅贬值引发资本外逃风险以及违约风险集中释放，带来市场信心的沦丧，融资工具不能滚动，债务链条断裂，流动性枯竭，资产价格崩溃，这些都将引发"明斯基时刻"，使经济陷入衰退之中。

从世界经济发展史尤其是主要发达国家的经验来看，尽管每次危机的爆发均对经济有巨大的冲击，但也是资源错配的深刻调整过程。中国目前具有发生危机的潜在隐患，虽然以中国当前的经济实力，在一定程度上具有承受债务危机的能力，但是预期和信心的发展在一定程度上不可控，中国仍需要防范债务危机引发的灾难性冲击；在当前经济下行压力依然不减以及债务风险凸显的背景下，需要重新构建"稳增长"与"防风险"双底线下的宏观调控体系。而推进这一体系的构建，需要我们正确认识宏观调控短期目标与中长期目标的协调、在缓释风险过程中不能积累风险等问题。

五、构建以稳增长、防债务风险为双底线的宏观调控体系，以防风险为政策核心

从当前的形势来看，在经济下行压力依然比较大的背景下，债务风险已经是经济运行中需防范的重中之重。从政府来讲，需要构建以防风险、稳增长为核心的宏观调控体系，稳定市场信心，防范债务风险演化为金融危机。从目前情况来看，中国具备防范危机的实力，但是对于可能引发危机的潜在因素必须重视：一方面，树立正确的危机观，不惧怕危机，建立危机应急机制；另一方面，在债务风险演变成债务危机前，防患于未然，建立风险缓释机制。

(一) 战略思想要明确"稳增长、防风险"等逻辑顺序，政策基调需要供给侧结构性改革与需求侧管理政策协调并进

（1）目前宏观调控的核心应从"稳增长"向"防风险"转变，防风险尤其是债务风险，是保证不发生经济危机的底线。金融危机以来，我国宏观调控的重心一直聚集在"稳增长"上，债务-投资驱动模式在带来经济持续稳定增长的同时，也使得资产泡沫不断聚集、债务风险不断积

累。根据前文的分析，目前债务风险已经是中国引发危机的重要潜在影响因素，因此防风险是保证中国不发生经济危机的关键和底线。从理论和现实情况来看，解决高债务问题并不必然会带来系统性危机及全面的去杠杆。风险控制并不是简单的去杠杆，而是在稳定杠杆增速的情况下调整债务结构。就中国的情形而言，信贷扩张主要集中在国有经济部门中，只要政府信用不崩溃，债务市场就能维持，防范债务危机就仍有一定的政策空间。

与此同时，从当前的形势来看，经济下行压力依然不减，在"防风险"的同时需要稳定经济增长。因为经济增长能够带来资产价值上升，企业的负债结构在一定程度上能够得到改善，由此债务风险能够得以缓释。此外，要实现2020年全面建成小康社会目标，同时考虑保就业、惠民生，未来一段时间经济增长需要保持在6.5%以上，这既是经济底线，也是政治底线。

（2）在稳增长、防风险双重底线思维下，政策基调需要需求侧管理与结构性改革协调并进。目前，中国经济处于潜在增长平台下移，结构性、趋势性以及周期性力量共同作用的下行过程中，对于债务风险的化解，过快的去杠杆可能会带来经济的急速下滑或者波动，通过政府部门和居民部门适当加杠杆，保持总需求的一定扩张，有利于在宏观大背景相对稳定的情况下，企业平稳地降杠杆。这种"杠杆转移"实际上对应于供给侧改革与需求侧管理的相互结合和相互平衡。因此，从"稳增长、防风险"的角度来看，政策基调需要需求侧管理和结构性改革协调并进。

（3）在财政政策更加积极有效、进一步扩大财政赤字的基础上，强化结构性调控功能。从财政政策的角度出发，扩大财政赤字和减税降费是当前避免大规模违约爆发、给企业创造有利的生存条件的必要手段。2015年我国的财政赤字率是2.4%，2016年提高到3%，其中通过发行地方政府债券置换原有政府性债务，从一定程度上已经避免了地方融资平台出现大面积违约的情况发生。与此同时，继续用政府投资稳定需求的增长，从基建、养老、医疗、教育等仍需要大量投入的产业入手增加投资需求，给企业带来可持续性收入；继续减税降费，降低企业的经营负担，让企业部门能够正常地经营和运转。对于符合国家经济结构调整方向的产业，政府应予以多种政策支持和鼓励，降低部分企业在开拓新业务过程中的风险。

（4）货币政策面临的形势更为复杂，需要根据新时期的要求适时调整，配合供给侧结构性改革实质性推进。首先，货币政策要适度宽松，既要避免过度宽松，同时也要防止从紧取向，实际利率的下降对于去杠杆、去产能以及稳投资都非常关键：一方面需要保持适度稳定的流动性供给，通过适度的流动性供给，防止杠杆的反弹和累积，稳定经济增长；另一方面，在保持适度稳定的流动性供给的时候，必须保证供给渠道的透明性，引导市场主体进行长远规划，防止人为的短期流动性供给冲击。其次，汇率、利率联系更为密切，与此同时，资本的流入流出短期加剧，这些有可能是继股灾后诱发中国风险的关键点，同时也增加了货币调控的难度；正确认识当前国际经济形势，正确把握国际经济与国际资本流动的短期周期变化规律，为未来国际资本市场逆转带来的冲击做好预案。此外，宏观审慎监管体系的全面改革必须破题，必须建立统一和无缝隙的宏观监管体系，防止监管套利带来的各种风险。强化金融风险的监控和风险指标体系构建，密切注意各种宏观金融风险指标的变化，及时优化风险预警体系。在短期内还应加强流动性监控，特别是对流动性的结构性矛盾要高度重视。

（二）重视"稳增长、守底线"策略，稳步化解我国债务风险

（1）在通过经济持续稳定增长逐步化解高杠杆（分母的作用）的同时控制债务规模过度上涨。从简单的逻辑来看，缓释债务风险、降低杠杆率或者延缓杠杆率扩张速度，可以从扩大分母（即保持持续稳定的经济增长）和减小分子（控制债务规模增长速度）两种途径来进行。从稳增长的角度来看，一方面，要引导投资结构继续向民生、基础设施、薄弱环节等方面倾斜；另一方面，要寻求投资与消费的结合点，积极鼓励投资民生工程，在改善民生的同时，刺激相关产业等消费支出，扩大消费需求。考虑到"债务-投资驱动"的经济增长模式在短期内难以彻底改变，在新的经济增长动力形成以前，"稳增长"目标的完成仍需要债务扩张支持。由于国内债务主要是通过投资渠道来影响 GDP 的，随着投资边际效益的降低，维持 6.5% 的经济增速，意味着未来需要更大规模的债务。经简单测算，预计 2017 年债务规模至少接近 210 万亿元，杠杆率将进一步攀升至 277%[①]。

[①] $\frac{\Delta \text{debt}}{\Delta \text{GDP}} = \frac{\Delta \text{debt}}{I} * \frac{I}{\Delta \text{GDP}}$，假定 2017 年 $\frac{\Delta \text{debt}}{I}$ 及 $\frac{I}{\Delta \text{GDP}}$ 维持在 2013—2015 年的水平，则可由此测算出 $\frac{\Delta \text{debt}}{\Delta \text{GDP}}$。根据 6.5% 的增速分别算出 2016 年及 2017 年的名义 GDP，由此推算 Δdebt，并估算出 2016 年及 2017 年的债务规模。由于 $\frac{\Delta \text{debt}}{I}$ 在金融危机之前及金融危机之后大多在 0.45 上下徘徊，而 $\frac{I}{\Delta \text{GDP}}$ 却不断攀升，这意味着估算出的债务规模及债务率可能会比实际值要小。

（2）中国债务的核心在于政府，有必要维持强政府信用，发挥中央财政的作用。由于债务问题的核心在于政府，因此政府应该在解决债务问题中发挥重要作用。对于和政府直接或间接相关的债务风险，特别是对于一些具有系统重要性的国有企业的风险，政府必须有所作为，维护强政府信用。首先，进一步明确政府实际应当承担的债务，这需要对有政府隐性担保或由政府偿还的债务进行甄别。这部分债务应当直接从企业债务转为政府债务。这样既可明确偿债责任以稳定市场预期，又可降低融资成本，减小付息压力。在兼顾行业发展可持续性和系统重要性的前提下，让企业部门杠杆转移到政府部门，尤其是中央政府。其次，在此基础上，还应适当将存量的地方政府债务直接转移至中央政府。特别是在分税制下，地方财政面临偿债压力上升、收入减缓等各种压力，地方政府的偿债能力下降，中央财政应发挥更大的作用，通过发行国债进行置换。此外，地方政府对于增量债务需要适当控制增速，落实推进债务限额制度。

（3）完善国家及各级主体资产负债表，持续推进债务分类甄别工作。2014年《预算法》修订之后，国务院、财政部等部门先后出台了《国务院关于加强地方政府性债务管理的意见》《地方政府存量债务纳入预算管理清理甄别办法》等文件，加强依法推进债务管理，进一步规范地方政府举债行为。2015年初步完成了2014年末地方政府存量债务的清理甄别和核查工作，并全面实行地方债务限额管理、地方债务分类纳入预算管理、建立债务风险预警机制、全面构建债务监管体系等。在《国务院关于加强地方政府性债务管理的意见》出台之后，地方政府的融资主体已经由融资平台过渡为地方政府自身，新增债务的融资路径已得到逐步规范。但是，目前在针对地方融资平台、城投类以及国企债务的清理、甄别分类工作方面进展缓慢，需要进一步明确政府负有担保责任的债务规模和政府可能承担一定救助责任的债务规模，区分广义政府债务中中央政府和地方政府的范围，按照经营性、公益性等原则甄别厘清地方债务存量等对于有效控制总体债务风险尤其是政府债务风险、修复政府及各级主体的资产负债表具有重要作用，非常有必要持续推进此项工作。

（4）就解决企业债务而言，应将扩充企业股本上升为国策。就企业应当承担的债务而言，应当鼓励企业扩充股本，避免企业在杠杆率高企的情况下继续加杠杆。在企业经营的过程中，负债经营较为普遍，想要从分子出发降低杠杆实际上较为困难，而从分母出发提高股权融资比例则是改善企业债务水平的重要办法。鼓励企业的股本扩充行为从长期来看更有利于企业的持续经营，降低企业财务成本，避免债务危机的发生。同时，提高资金入股企业的比例让投资者直接分享企业的收益，可以降低企业受债务制约的程度，激发企业的活力，对于经济复苏和结构转型都更为有利。因此，对于各阶段的股权融资方式，包括私募股权基金、IPO、股票增发等，应多方面给予政策支持。还可以鼓励市场化债转股，充分使用混合资本工具。此外，对于企业因减少债务而失去的税盾优势可以予以返还，鼓励企业扩充股本。

（5）根据市场化、法制化原则，适时运用债转股工具，缓释短期债务风险。2016年10月国务院印发的《关于市场化银行债权转股权的指导意见》明确了市场化债转股对象企业应具备的条件，并明确包括四大资产管理公司、保险公司以及国有资本投资运营公司等均可参与市场化债转股，并鼓励社会资本积极参与。债转股这项政策本身也存在较大的道德风险，不排除部分参与债转股的企业故意借此赖账或更有可能失去改善企业经营的动力。对于银行而言，一方面面临国内法律对其持有企业股票的限制，另一方面债转股将使得相应资产的风险权重大幅上升从而增加对其资本的占用，而如果企业不能改善经营或股权转让受阻，则银行还会面临更大的资产损失。可见，实施"债转股"将面临一定的风险，其究竟能否缓解信用风险、改善银行资产质量，关键在于实施债转股的企业能否走出困境，恢复盈利，同时银行能否顺利转让股权也是同等重要的因素。因此，必须做好参与实施"债转股"企业的甄选工作，具备核心资产价值高、流动性压力大、本身为前景良好产业或具备转型为前景良好产业条件的企业更适合参与"债转股"。而随着债转股政策的落实，后续还需要进一步完善股权退出机制，为银行日后转让相关资产建立相关的制度条件。

（三）从长期来看，化解风险和稳增长需要有序且实质性推进供给侧结构性改革

（1）持续推进金融改革，尤其是针对中国宏观"去杠杆"的资本市场改革，健全多层次资本市场快速推进。健全多层次资本市场，多途径扩大股权融资，补充企业资本金。以银行为核心的间接融资体系以及股权市场发展相对滞后是我国债务高企、杠杆率较高的重要原因之一。股权融资可以从分母上降低债务风险，同时也是鼓励创新、推动经济发展的有力措施。2015年，我国试图通过股票市场来解决宏观去杠杆的问题，但是股灾的到来实际上反映出国内股票市场存在的问题不止准入门槛高,更在于监管机构对市场制度的设计不完善、对衍生工具的风险把握不到位、对各类市场运行机制可能带来的后果没有充分预估,这也导致本应于2016年3月推出的注册制相应推迟。因此,需要完善股票市场发行、交易等全方位制度设计,同时稳步推进股票市场的注册制改革。此外,也要深化利率、汇率监管等相关改革,提高金融市场配置效率。

(2) 加快推进国有企业改革,尤其是加快推进经营性企业的改革。非金融企业部门的债务风险主要集中在国有企业,国有企业债务的处置对于整体风险的把控具有至关重要的作用。需要加快推进国有企业改革进程,尤其是加快推进经营性企业的改革。经营性国有企业的债务主要采取市场化方式处置。经营性国有企业包括一些产业类融资平台以及充分竞争领域的国有企业。[①] 一方面,鼓励兼并重组,优质资产兼并劣质资产,通过兼并重组提高企业整体的资信水平;另一方面,对于充分竞争类别的国有企业,鼓励采用市场化方式解决其债务问题。国有企业在过剩产能行业占比较大,从退出机制和国有企业改革来看,过剩产能行业的国有企业的处置与发展混合所有制经济可更有机地结合起来。推进公司制股份制改革,积极引入其他资本实现股权多元化。与此同时,对于自然垄断性质的国有企业,不断放开其竞争性业务,从而促进公共资源配置市场化。

(3) 通过产品价格和要素价格改革,提高全要素生产率,与此同时,改革土地制度,扩大可自由交易资产,对冲超发货币。从货币来讲,债务风险积累和资产泡沫集聚在一定程度上是超发货币的体现;目前我国土地尤其是农村土地尚不能自由交易,如果通过改革,扩大可自由上市交易的土地规模,那么宏观意义的杠杆率将有所降低。因此,应进一步深化土地制度改革,加快土地流转制度改革,使农村土地作为要素尤其是可交易资产的价值得到充分体现。建立城乡统一的土地流转市场,赋予农民集体土地流转权,有利于增加农民的财产性收入,进一步打开农村消费市场;与此同时,从资产负债表来讲,城乡统一的土地流转将提升其资产价值,有利于对冲部分货币,缓解其他领域的资产泡沫聚集。此外,供给侧结构性改革的核心是提高全要素生产率,因此,需要进一步深化产品价格和要素价格改革,引导资本和劳动在不同部门的优化配置,提高全要素生产率。

---

① 根据国资委、财政部、发改委于2015年12月出台的《关于国有企业功能界定与分类的指导意见》,将国有企业划分为商业类和公益类两大类,而商业类国有企业分为充分竞争、国民经济命脉和自然垄断三个子类。

参考文献

[1] 何佩，牛播坤，巴曙松. 中国加杠杆周期走到尽头了吗？[EB/OL]. http://www.icaifu.com/report/detail/201405160443.html，2016-12-07.

[2] 黄志龙. 我国国民经济各部门杠杆率的差异及政策建议[J]. 国际金融，2013（1）：51-53.

[3] 李扬. 去杠杆的路径与方法[N]. 经济日报，2016-07-21.

[4] 毛振华，袁海霞. 通过大腾挪实现"杠杆转移"[J]. 投资北京，2016（8）：26-27.

[5] 毛振华，袁海霞. 转型与发展：中国经济与政策十年[J]. 当代经济管理，2016（10）：8-19.

[6] 毛振华，张英杰，袁海霞. 近年来中国宏观调控与经济政策特征分析[J]. 中国人民大学学报，2016（5）：21-28.

[7] 张珂. 海曼·明斯基著作——"Stabilizing an Unstable Economy"译稿节选[Z]. 外国经济学说与中国研究报告，2011.

[8] 张茉楠. 实体经济去杠杆应着重去产能[N]. 中国证券报，2013-08-02.

[9] 钟正生. 中国债务水平分析[J]. 资本市场，2014（1）：105-109.

原载《经济理论与经济管理》2017年第1期。本文为中国人民大学中国宏观经济论坛2016—2017年主报告的缩略版，主报告为中国人民大学中国宏观经济论坛团队集体研究成果，执笔人：毛振华、刘元春、袁海霞、张英杰。主报告的其他贡献人有闫衍、杨小静、郭静静、余璐、谭畅、闫文涛等。

监管强化与风险释放的平衡

(二〇一七年七月)

自 2016 年下半年以来，宏观调控的重心由稳增长向防风险转变，尤其是针对金融风险的防控措施不断出台，2017 年监管政策进一步升级。将防范金融风险放在更加重要的位置，监管不断升级。

2017 年以来，货币政策持续趋紧，从多角度加强对金融机构业务行为的规范与监督，金融监管进一步趋严。一方面，央行逐步完善"货币政策+宏观审慎政策"的双支柱调控框架，2017 年以来持续通过降低基础货币投放力度、提高政策利率和抬升负债端成本，倒逼金融机构去杠杆，同时将表外理财纳入广义信贷，进一步完善宏观审慎评估体系，抑制银行资产规模过快膨胀带来的潜在金融风险。另一方面，银证保等金融监管部门频频发文，加强对金融机构具体业务行为的规范与监督。其中，银监会于 3 月底、4 月初发布的一系列文件，既包括宏观的监管方向（如整治市场乱象、防控风险、弥补监管短板），又有具体的专项治理检查要点，几乎囊括了银行业目前存在的大多数风险点；同时，证监会明确整改券商集合资管产品，并出台减持新规压缩一、二级市场套利空间；保监会先后出台通知明确"构建严密有效监管体系"，开展保险资金运用风险排查。强监管作为市场的主旋律，尽管业内已早有心理准备，但监管层 2017 年第二季度以来密集发文所体现出的态度与决心，还是超出市场预期。

抑制资产泡沫，房地产调控政策收紧。出于对房价大起大落的担忧，2016 年 10 月房地产调控政策发生转向，20 多个城市接连出台房地产调控政策，11 月多地持续跟进。2017 年 3 月以来，房地产调控进一步升级，调控措施更为全面，波及范围更广，调控区域和对象更为精准，"限购、限价、限贷、限卖"组合出击，至少 40 个城市出台或升级了调控政策，至少 15 个城市由"限购"升级为"限卖"，各地房贷首付比例不同程度提高。同时，继 2016 年 11 月银监会、证监会、保监会等部门出台措施要求严格执行限贷政策，收紧企业发债，规范银行理财、保险资金介入房地产之后，2017 年 3 月底至 4 月银监会出台的一系列监管文件进一步强化了对房地产融资的监管，房地产融资政策持续收紧。

多举措规范地方政府融资和债务管理。根据中诚信国际的计算，截至

2016年底，我国政府性债务规模为37.1万亿元，政府部门负债率为46.4%，与国际清算银行统计的其他经济体相比，我国政府部门债务风险处于较低水平。但我国政府债务存在的潜在问题依然较为突出，贵州、辽宁、云南、内蒙古等高风险地区偿债压力巨大，地方政府通过担保函、承诺函、安慰函等形式为融资平台提供担保；通过PPP模式和产业引导基金的方式变相举债等违规举债行为依然存在。为了进一步规范政府债券发行和债务管理，财政部出台了一系列政策，规范地方政府的融资行为，加强地方政府债务管理，厘清地方政府和地方融资平台公司债务的关系，并规范地方融资平台公司的融资行为（见表1）。

表1 财政部规范地方政府融资系列政策一览

发文日期	文件名称	文件要点
2017年4月26日	《关于进一步规范地方政府举债融资行为的通知》（财预〔2017〕50号）	强调地方政府要严格规范其举债行为，严格规范PPP、各类型产业基金，要求在2017年7月31日前清理不规范的融资担保行为
2017年5月16日	《地方政府土地储备专项债券管理办法（试行）》（财预〔2017〕62号）	明确逐步建立专项债券与项目资产、收益对应的制度，有效防范专项债务风险，2017年从土地储备领域开展试点
2017年5月28日	《关于坚决制止地方以政府购买服务名义违法违规融资的通知》（财预〔2017〕87号）	限制以政府购买服务之名，行违规举债之实

资料来源：财政部。

在去杠杆和防风险的背景下，货币环境有所收紧，MPA考核升级叠加金融监管不断强化，实体经济融资规模下滑，利率中枢快速上移，市场流动性压力有所体现。一方面，近几个月新增社会融资规模波动下降，而广义货币供应量M2的增速也持续放缓至个位数。从数据来看，新增社会融资规模由2017年初大约3.74万亿元的历史高点波动降至5月的1.1万亿元，表内信贷融资和表外融资均比年初有大幅下滑，尤其是包含信托贷款、委托贷款以及未贴现银行承兑票据在内的新增表外融资也从年初的1.2万亿元左右的历史高点波动降至5月的289亿元。信贷结构也发生了变化，随着房地产调控效果的显现，居民中长期贷款占比连续下滑，企业短期贷款占比上升，中长期贷款占比有所下滑，这说明企业资金周转压力加大。与此同时，M2 增速持续回落，由 2017 年初的 11.3% 跌至 5 月的 9.6%，为 30 年来首次跌至个位数。另一方面，随着货币信用环境的收紧，利率中枢不断上移，无论是政策利率，还是反映实体经济融资的票据贴现利率和债券发行利率，均有不同程度的上行。由央行招标、一级交易商参与的逆回购以及常备借贷便利（SLF）的利率均有所上浮，货币市场资金利率亦有所上行。以 SHIBOR 为例，其由年初的 2.2% 左右波动攀升至目前的 2.8% 左右，上行约 60 个基点，幅度接近 30%。总体上来看，在货币政策边际收紧、监管趋严持续的背景下，短期流动性的压力不断凸显，将对实体经济融资形成一定影响。

债务规模刚性压力依然存在，利率抬升对冲了杠杆率的边际改善。从去杠杆的效果来看，中国总体债务水平持续处于高位，但杠杆率呈现出边际改善的趋势，规模以上工业企业和制造业企业的资产负债率自 2016 年下半年以来有所下降。但从目前来看，债券市场已经进入持续还本的高峰期，2017 年需要还本付息的债券规模（在不考虑新发债的情况下）已经超过 20 万亿元，其中信用债为 5.2 万亿元，未来几年债券到期规模居高不下。为了维持债务循环，再融资压力倒逼债务水平自动攀升，债务规模的刚性压力还会加大，债务-投资驱动模式仍将推动债务继续扩张。而在工业利润增速放缓、信贷收缩、监管趋严尤其是利率抬升导致融资成本大幅上升的背景下，企业再融资压力和困难也有所加大。2017 年 1—4 月债券市场取消发行的规模超过 3 000 亿元，仅 4 月就有 154 只债券取消或推迟发行，且不止一只城投债发行利率超过了 7%。5 月、6 月取消的规模依然在不断增长，再融资压力会对整个债务市场形成新的压力。此外，利率中枢的上升对整个经济的融资成本也产生了较大压力。

市场紧张情绪加剧，金融产品流动性下降。从宏观审慎框架建立，到表外理财纳入 MPA 考核，再到"一行三会"针对同业、理财产品等频频发文，自 2017 年以来，金融监管政策在全面收紧，过去一段时间内银行资产无序扩张的态势会逐步得到抑制，尤其是同业相关业务会受到更大冲击；近期的银行资产规模在不断收缩。但在强监管的背景下，市场紧张情绪有所加重，金融市场量价齐跌。自 4 月以来，股票市场及债券市场成交量大幅回落，金融市场活跃度不及前期，尤其是债券市场，1—5 月现券成交额不到 35 万亿元，较 2016 年同期回落了近四分之一；而债券到期收益率持续走高，目前 10 年期国债收益率已经超过 3.6%。在市场波动的背景下，金融资管产品的收益率呈现回落态势，从基金单位净值来看，最近几个月全部基金平均单位净值持续回落。尽管近期监管释放维稳信号，市场情绪有所缓和，但仍需要关注金融去杠杆力度过强或者节奏过快带来的市场波动影响。

金融去杠杆叠加强监管引起违约压力增大。从目前来看，金融去杠杆和货币政策边际收紧提高了金融机构的资金成本，进而导致实体经济融资成本上升。除此之外，金融机构的资金紧张，导致其在金融市场上抛售金融资产，也会进一步推动市场利率上行，抬升融资成本。对于基本面相对较好、本身能够负担债务还本付息的企业而言，融资成本上升会削弱其融资需求，减少投资，这反过来又会降低收入，偿债能力弱化，逐步由自行偿还债务向借新还旧转变；而对于本身债务负担就较重的企业而言，融资成本上升将进一步加重其债务负担，此时反而会有更高的融资需求以维持债务的正常循环；与此同时，由于金融机构的可贷资金减少，信贷资源的稀缺使得金融机构在放贷时更为谨慎，对风险溢价要求更高。如此循环，将导致更多健康企业无法维持经营，潜藏整个金融体系融资功能失效与实体经济停滞不前的风险。

实体经济融资受限，投资面临下行压力。货币收紧叠加监管趋严对实体经济融资形成影响。一方面，为了达到MPA考核标准以及其他监管要求，商业银行压缩广义信贷以及规范同业业务的行为，会影响实体经济可借贷资金，抬升资金成本，同时也影响企业借新还旧；另一方面，针对地方融资平台和地方政府债务的政策规定，尤其是旨在规范PPP融资的规定，从长期来看有利于厘清融资平台和地方政府的关系，进一步规范地方政府的举债行为，但是在短期内会使得目前仍承担基建任务的融资平台融资渠道有所收紧，进而会对基础设施资金来源形成约束。与此同时，随着房地产销售萎缩、发债受限和严查理财、资管资金违规入市，房企的资金来源正在全面收紧，房地产投资将下滑，房地产行业下行对经济增长的影响将不断显现。目前的数据也说明了投资面临的下行压力。2017年2月固定资产投资资金来源出现下滑，这是自1997年以来首次出现的现象。房地产开发投资资金来源虽然保持增长，但增速连续两个月趋缓。

金融严监管应该把握好节奏和力度。风险的累积是一个缓慢而渐进的过程，金融去杠杆与严监管的力度和节奏同样需要谨慎把握，在当前金融杠杆水平已经处于高位、经济仍然存在下行压力的背景下推动金融去杠杆，尤其需要与经济增长的情况、金融风险的变化等相适应。同时，金融监管政策对金融和实体的影响有滞后性和累积性,未来形势如果因为前期监管压力累积过多而恶化,监管政策将陷入进退两难之境:监管力度若不降低,形势可能进一步趋紧;监管力度若降低,则可能伤及监管声誉。因此,在制定金融监管政策时,需要有前瞻性,并在力度上留有余地。

做好预期管理。随着金融改革不断深化和金融开放日渐推进,我国金融机构业务呈现复杂化、对实体经济的影响越来越大的趋势。监管层的每一项政策,都有可能对金融市场甚至整个宏观经济产生影响。因此,政令之出,除需要慎重之外,监管层亦需加强预期管理。市场若能对政策的出台有所预期,一方面可以提前自发适应,减少政策出台之时带来的波动;另一方面也可以减少市场参与者的政策风险。但值得一提的是,预期管理的主要着力点应是防止参与者的错误预期引发市场风险,而不是逆市场潮流而动,试图依靠行政力量强制改变参与者对市场走势的正确判断。

监管要堵更要疏。金融去杠杆要堵住资金的高风险流向,更重要的是树立监管的中长期目标,持续推动供给侧改革,将金融体系的流动性疏导进实体经济。具体来看,一方面要将鼓励企业扩充股本上升为国策,将企业融资方式由以直接融资为主转变为以股本融资为主,从根本上解决企业杠杆率过高的问题;另一方面要转变当前房地产调控以限制需求为主的思路,加大高房价、供给相对短缺地区的土地供给。在操作上,可以通过将部分工业、商业项目用地转化为住宅用地,将一部分非住宅建筑物转化为住宅等方式,在保障耕地红线的基础上,通过对存量土地的再规划、再利用,实现增加土地供给的目的。此外,推动农地、农房、国有资产入市,提升居民财富水平,促进消费持续平稳增长。

原载《中国金融》2017年第14期。作者单位:中诚信国际信用评级有限责任公司。

"一带一路"沿线国家吸引国际直接投资的制度建设研究

——中国"渐进式改革"经验与借鉴

（二〇一七年十月）

从世界经济发展的历程来看，国际资本流动是全球化背景下要素流动配置的必经之路，国际直接投资对东道国的经济增长具有积极的推动作用。对于正处于经济发展初级阶段的"一带一路"沿线国家而言，国际直接投资可以通过促进其资本形成、技术水平提升等来推动经济增长。但是由于沿线涉及诸多国家、环境相对复杂、各国经济社会发展水平落差巨大、投资环境大不相同、地区安全风险频发等，这些国家在吸引国际直接投资的时候面临诸多问题，而这些问题本质上与沿线大部分国家处于发展初级阶段、欠缺相对规范的市场经济体制和市场规则紧密相关。中国改革开放以来取得的成绩以及吸引国际直接投资的成就与渐进式改革密切相关。中国采取诱致性制度变迁与强制性制度变迁相结合的渐进式改革经验可以为"一带一路"沿线国家吸引国际直接投资进行制度改革提供有效的借鉴，即建立和完善市场经济体制，培育真正的市场化主体，建立和完善相关法律法规，同时加强国际合作与互助等。

一、引言

全球经济贸易一体化是时代的主题，也是未来的趋势，资本的输出和流动是资源要素的全球化配置的重要方面。历史上，资本输出和扩张与国家、大公司的发展紧密相连。随着经济全球化的加深和投资自由化的发展，表现为对外直接投资和跨国直接投资的国际资本流动（以股权投资为主），成为全球经济活动的主要形式。国际货币基金组织（IMF）在定义国际直接投资时指出，投资机构对本国之外企业进行投资活动，并持续获得利润，在一定程度上可以增加投资机构对企业的实际控制权。可以认为，资本的跨国流动已经是经济全球化以及国际交往中最活跃和最引人注目的因素。本文讨论的国际直接投资的流动主要是指为了寻求较高回报率和较好的投资机会，资本在国家之间的流入、流出活动。

从全球经济发展的历程来看，国际直接投资对东道国的经济有直接和间接的促进作用。一方面，国际直接投资可以促进东道国的资本形成，改善要素配置；另一方面，国际直接投资可以通过技术扩散、资本的溢出效应来促进东道国的技术进步。与此同时，国际直接投资对东道国的产业结构升级以及人力资本的积累也具有正向作用。而在这个过程中，跨国公司是国际直接投资的主要承担者。

本文的研究逻辑是，从世界经济发展的历程来看，国际资本流动是全球化背景下要素流动配置的必经之路，国际直接投资对东道国的经济增长具有积极的推动作用。对于正处于经济发展初级阶段的"一带一路"沿线国家而言，国际直接投资可以通过促进其资本形成、技术水平提升等方面来推动经济增长。但是由于沿线涉及诸多国家，环境相对复杂、各国经济社会发展水平落差巨大、投资环境大不相同、地区安全风险频发等，这些国家在吸引国际直接投资的时候面临诸多问题，而这些问题本质上与沿线大部分国家处于发展的初级阶段、欠缺相对规范的市场经济体制和市场规则紧密相关。国际直接投资的落地最终取决于风险与收益的匹配，从降低风险、提高对国际资本的吸引力来看，周边国家需要积极推进经济体制等方面的改革，促进投资环境的规范和成熟。中国在经济领域的渐进式改革与开放的成功经验可以为这些国家提供参考和借鉴。

二、"一带一路"沿线国家吸引国际直接投资的重要性

"一带一路"倡议是指于 2013 年 9 月和 10 月期间，由习近平主席先后提出的"丝绸之路经济带"和"21 世纪海上丝绸之路"的发展思路。近十年来，中国与"一带一路"国家有了广泛的投资和贸易合作。"一带一路"国家多为发展中国家或新兴经济体，整体经济实力不强，而且国别之间差异很大。在"一带一路"沿线国家中，大部分国家的人均 GDP 未达到全球平均水平，占比较高。从世界经济发展的历史来看，第二次世界大战后国际直接投资在全球范围内迅猛发展，对发展中国家的经济增长具有一定的促进作用（见图 1）。对于处于经济发展转型期、整体水平相对滞后的"一带一路"沿线国家而言，国际直接投资的流入对经济发展具有重要推动作用。

从既有的研究文献和实际经验来看，"一带一路"沿线国家吸引国际直接投资，可以从资本形成、技术水平、产业结构升级以及就业四个方面

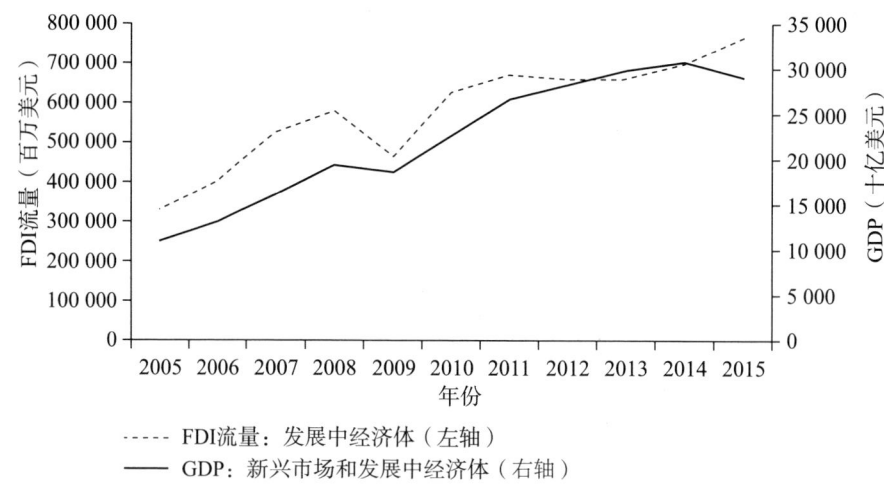

```
800 000                                          35 000
700 000                                          30 000
600 000                                          25 000
500 000
                                                 20 000
400 000
                                                 15 000
300 000
200 000                                          10 000
100 000                                          5 000
      0                                          0
       2005 2006 2007 2008 2009 2010 2011 2012 2013 2014 2015
                              年份
         ----  FDI 流量：发展中经济体（左轴）
         ——   GDP：新兴市场和发展中经济体（右轴）
```

图 1　发展中经济体的 FDI 流量与 GDP 走势

形成积极促进作用。第一，国际直接投资有助于促进"一带一路"沿线国家的资本形成。国际直接投资是"一带一路"沿线国家的重要资本来源。一方面，国际直接投资能够直接扩大"一带一路"沿线国家的投资规模，扩充资本配备，调整有效要素比例，提高"一带一路"沿线国家初始要素的生产率。另一方面，国际直接投资也常常会带动"一带一路"沿线国家政府和企业追加投资，从而增加"一带一路"沿线国家当前的资本存量。第二，国际直接投资可以促进"一带一路"沿线国家的技术进步。跨国公司作为国际直接投资的载体，拥有世界顶尖的技术。在全球扩张过程中，跨国公司对"一带一路"沿线国家提供技术上的援助或供给，直接或间接地促进"一带一路"沿线国家的技术进步。第三，国际直接投资可以促进东道国的产业结构优化升级。从供给方面来看，国际直接投资通过增加"一带一路"沿线国家资本要素的存量，可以改变其初始禀赋条件，加速产业结构的演进。同时，劳动者的素质也有助于推动"一带一路"沿线国家产业结构的优化升级。从需求方面来看，国际直接投资通过积极的经济效应，可以增加"一带一路"沿线国家的国民收入，带动"一带一路"沿线国家的消费和投资，形成新的需求热点，间接地推动产业结构调整变革。第四，国际直接投资在进入"一带一路"沿线国家市场后，会产生就业创造效应，主要体现为增加就业数量和提高就业质量两个方面。

根据国际经验，可以预料到，国际直接投资将会极大地推动"一带一路"沿线国家的经济增长水平，但也应当关注到这些国家的投资环境相对处于较低水平,对于国际投资者而言将面临较大的风险。

三、"一带一路"沿线国家吸引国际直接投资面临诸多问题,这些问题本质上与其制度不完善紧密相关

从世界经济的发展历史来看,国际直接投资对东道国的经济增长、产业发展以及技术实力的提升具有重要作用。而国际直接投资的流动最终都体现在对于投资风险和收益的决策环节。自 20 世纪 60 年代以来,学界开始研究影响国际投资的因素。从投资国的角度来看,影响国际直接投资的主要理论有内部化理论、国际生产折中理论、产品生命周期理论和边际产业扩张理论等。邓宁(Dunning)的国际生产折中理论对上述理论进行综合,他认为企业进行国际直接投资具有所有权优势、内部化优势和区位优势,这是企业进行国际直接投资的基本前提。从东道国的角度看,库伦(Culem)认为市场规模与市场增长率、单位劳动成本、贸易流动以及规模经济可以构成国际直接投资的主要影响因素。考夫曼等人(Kaufmann et al.)从一个国家的政治稳定性、法律完善程度、腐败情况、监管负担、言论自由、政府工作效率六个方面来衡量政府的政治环境,研究结果显示政治环境显著影响东道国吸引国际直接投资的规模。姚利民和孙春媛的研究表明,贸易程度、两国间距离、技术差距、劳动生产率差异等对国际直接投资流动具有重要影响。总体来看,影响国际直接投资的主要因素包括东道国的经济发展水平、市场规模、汇率水平、贸易水平、治理水平和技术水平等。

实际上,"一带一路"沿线涉及诸多国家、环境相对复杂、各国经济社会发展水平落差巨大、投资环境大不相同、地区安全风险频发等,使得这些国家在吸引国际直接投资的时候也面临上述问题。"一带一路"沿线国家的经济发展水平、贸易水平、治理水平等均是影响国际直接投资的重要方面,这些问题本质上与沿线大部分国家处于发展的初级阶段、相对规范的市场经济体制和市场规则的欠缺紧密相关。在综合学界的理论和实证文献对影响国际直接投资因素的研究基础上,本部分对"一带一路"沿线国家吸引国际直接投资面临的诸多问题和制度障碍进行详细分析,主要从市场体系、政治风险、经济发展水平差异、基础设施水平、参与国际规则的情况等方面展开全方位研究。

(一)市场体系的不完善以及合理制度安排的欠缺是吸引国际直接投资的重要制约因素

从全球国际直接投资的发展历程来看,制度安排或者说经济制度和体

制对于投资风险的影响尤为关键，在统一、健全的市场经济体制环境中，规范且完善的法律环境、相对统一的市场规则以及稳定的市场环境等可以降低跨国资本流动过程中面临的制度风险。根据国际生产折中理论，国际直接投资得以发生的条件是兼具内部化的所有权优势和区位优势，其中东道国的区位优势除了自然禀赋、基础设施、市场需求、运输与通信成本、贸易壁垒等经济因素之外，还包括经济体制、政府政策、市场环境、法律秩序等影响资源配置的制度性因素。而东道国的制度环境决定了经营复杂和不确定性的程度，市场化、对外资持欢迎态度的制度是对外投资的拉动力。鲁明泓的研究发现，政府高效、运营透明、法律完善的国家吸收了较多的国际直接投资。

从"一带一路"沿线国家的情况来看，由于大部分国家处于发展转型过程中，市场经济体系以及经济制度相对发展较为滞后，资本流入面临的市场环境和市场规则也具有较大的不确定性，从而可能带来国有化等投资无法收回的风险。在过去几年中，这些问题使得我国企业在"走出去"的过程中遭遇诸多困境，导致投资失败。从本质上来讲，"一带一路"倡议的目的是通过沿线国家发挥比较优势，通过互助合作达到资源优化配置以及经济结构升级，从而实现共同发展。然而，市场体系的不完善以及合理制度安排的欠缺带来的制度风险和市场风险成为目前各国资本互通以及产业合作乃至全球化发展中双边合作及多边合作的最重要制约因素和关键障碍。

（二）政治风险是制约国际直接投资落地的重要因素

对于国际直接投资而言，政治风险从来都是影响投资是否安全的重要因素之一。鲁特（Root）从不确定性的角度，认为政治风险是本国或国外能够引起国际商业运作的利润潜力或者资产损失的任何类型的政治事件的出现，并将政治风险区分为宏观风险和微观风险。西蒙（Simon）则认为，政治风险是政府对商业运作带来负面影响的行为和政策。从理论上讲，政治风险虽然与制度风险密切相关，但又有所不同。本文认为政治风险更侧重由于宗教以及民族冲突、地缘政治冲突、东道国政权机构变更或者更迭、法治情况不稳定、改革进程及力度超出预期等带来的不确定性，这种不确定性导致了跨国公司进行国际直接投资实际发生的收益和成本内容与预期相比出现较大的偏差，这种风险和不确定性主要包括外部的大国政治博弈带来的政治风险以及国内的政治风险两类。

从实际情况来看，"一带一路"沿线国家大多占据重要地理位置，与美国等大国政治关系十分复杂。而这些大国的战略导向、政策立场以及未来判断对国际直接投资的流动具有重大影响。与此同时，沿线国家由于受种族和宗教多样化的冲击，政权更迭频繁，因而对于国际直接投资安全性的保证的不确定性加大。从各国的发展和改革情况来看，大多数"一带一路"沿线国家正处于新旧体制转轨期，由于转轨发展时期的体制不健全、旧体制惯性强大等问题突出，沿线国家的这种政局动荡常态化、政权更替频繁化对"一带一路"倡议的推进构成系统性政治风险。根据中诚信国际主权信用评级结果（政治风险分布如图2所示），从沿线国家的对比情况来看，吉尔吉斯斯坦、乌兹别克斯坦、伊朗、巴基斯坦、柬埔寨以及肯尼亚等中亚、东南亚及非洲国家相对风险较高。政治风险高的国家在吸引国际直接投资时处于劣势。

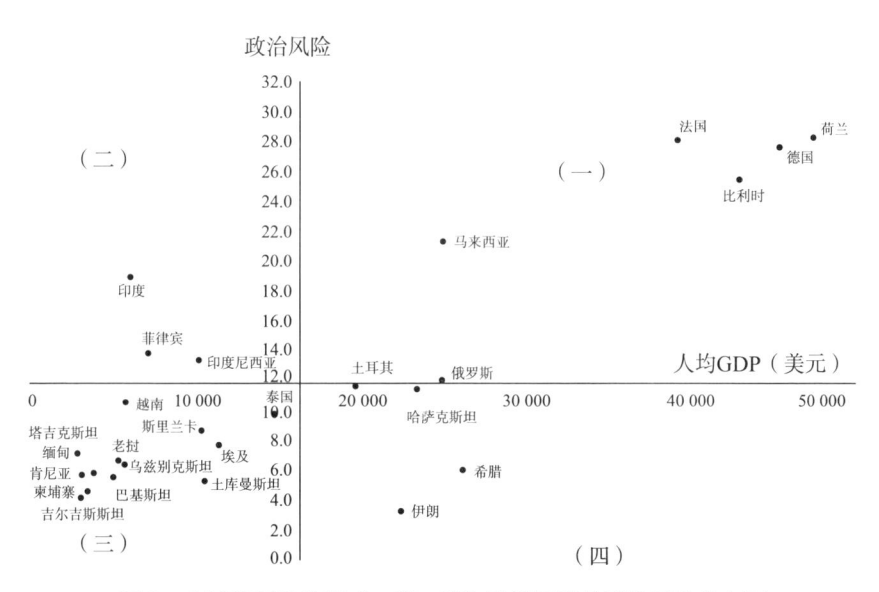

图2 中诚信国际关于"一带一路"沿线国家的政治风险分布图

注：横轴代表人均GDP水平；纵轴代表风险得分，得分越低说明风险越高；原点为各国人均GDP与各类风险指标的平均值。第一象限、第二象限代表各类风险低于平均水平，第一象限、第四象限代表人均GDP高于平均水平。图3和图4含义同此。

资料来源：政治风险评分来自中诚信国际主权信用评级数据库，包括政治稳定性。

（三）沿线国家经济发展水平差异带来的经济风险与财政金融风险也给国际直接投资带来了一定困难

国外学者的研究认为，由于东道国宏观经济基本指标的变化（诸如经济增长、通胀水平、就业等）将导致外商投资面临损失的可能性，这种损失的可能性被称为经济风险,经济风险也是这些国家吸引国际直接投资的重要阻碍之一。从理论上讲,东道国宏观经济的波动和其特定的经济环境在一定程度上会影响交易成本,从而对投资行为和投资收益形成影响。艾乍曼等人(Aizenman et al.)研究了 FDI 与东道国宏观经济风险之间的联系,认为不同行业的国际直接投资受到的宏观经济风险影响不同。而高希和李(Ghosh and Li)通过建立宏观经济变量脉冲反应变量模型,研究了中、东、北非国家宏观经济变量对投资带来的冲击作用。

从实际情况来看,"一带一路"沿线国家发展水平落差较大,相当大一部分国家无论是经济发展还是体制改革均处于转型过程中,部分国家经济基础薄弱,产业结构单一,经济对外依赖性较强,缺乏较强的自主性,受世界经济影响较大。与此同时,配套的制度变迁、结构调整以及管理水平与经济发展水平不匹配或者不对称,也会带来宏观经济风险,即对外投资损失的可能性。经济风险较大的国家,国际直接投资遭受损失的可能性会更大。从中诚信国际主权评级结果来看(见图3),产业贸易发展相对滞后、综合实力相对较弱的塔吉克斯坦等国经济风险相对较高,而经济实力较强的部分欧洲国家,经济风险相对较小。对于经济基础相对薄弱的柬埔寨等东盟九国,其内部环境的不稳定也加大了经济风险。总体而言,由于经济发展落差较大、自然禀赋差异以及政治因素等综合影响,"一带一路"沿线国家的经济风险具有很大的区域差异。

此外,"一带一路"沿线国家经济发展相对滞后,财政保障能力较差,财政赤字现象较为普遍。一些国家高企的债务比率、经济增长的乏力和非紧缩财政同时存在,偿债压力尤其是外债压力较高。加之一些国家汇率受国际影响较大,货币存在极大的不稳定性,容易导致资本外流以及资金成本大幅变动,信贷和金融风险加大。从中诚信国际发布的评级报告来看(见图4),希腊、埃及、斯里兰卡等国的财政风险相对较高,乌兹别克斯坦、俄罗斯、伊朗等国财政风险相对较低。经济风险和财政金融风险高,国际直接投资面临损失的可能性就比较大。

(四)基础设施不完善以及信息获取难度较大等带来的信息不对称也加大了国际直接投资落地的困难

除了上述问题,基础设施的不完善以及信息透明度、信息获取难易等对国际直接投资落实而言至关重要。如图5所示,沿线国家铁路、公路和管道等通道能力有限,大部分国家基础设施建设落后,互联互通能力差。同时,由于"一带一路"沿线国家大部分处于体制不健全、经济社会转型

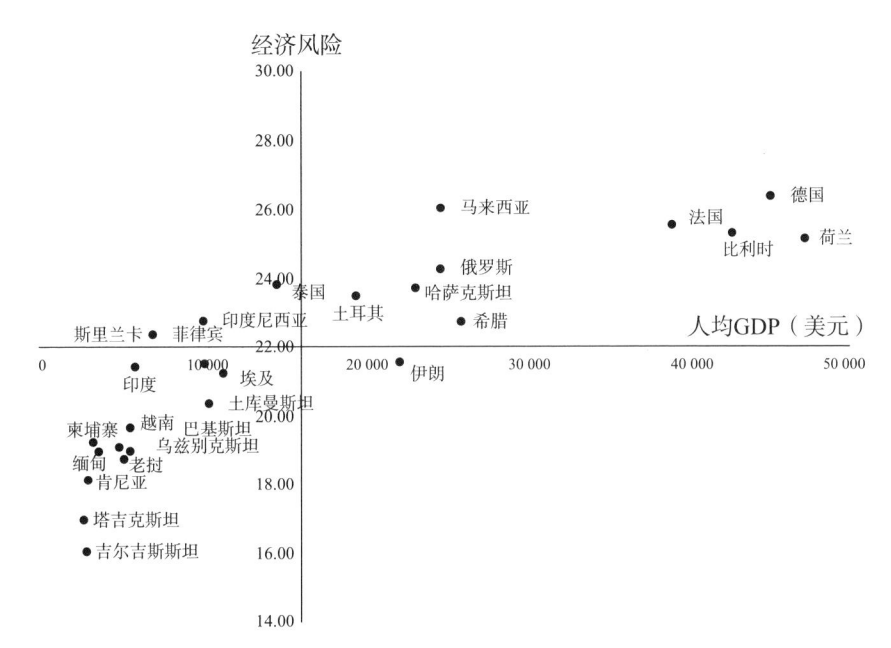

图3 中诚信国际关于"一带一路"沿线国家的经济风险分布图

注：经济风险主要评分指标包括名义GDP、人均GDP、实际GDP同比增长、经济开放度、CPI等。

资料来源：国家信息中心大数据中心."一带一路"大数据报告[M].北京：商务印书馆，2016。图4和图5同此。

的发展阶段，部分国家信息公布渠道较窄、相对闭塞，因此信息获取难度加大。对于准备进行国际直接投资的企业而言，信息获取难度较大有可能加大企业运营难度，同时由于对国外的商业环境不熟悉、对法律制度差异并不熟稔，也导致诸如"合同失效"之类的商业风险发生的可能性，企业面临的投资损失或者机会成本加大。

（五）"一带一路"沿线国家的行为缺乏国际规则约束，增大了国际直接投资的风险

"一带一路"沿线国家地缘政治复杂，这些国家大多不是世界贸易组织成员，也不是其他国际多边投资协定的成员，这些国家的行为缺乏国际通用规则的约束，给投资国进行国际投资带来了较大的风险。如在地缘政治风险较高的国家进行投资，投资国的项目不仅面临给予东道国的投资回报率较高的情况，甚至将面临较大的被国有化的风险。因此，通过与"一带一路"沿线国家的经贸合作，东道国可以借助国际投资机遇提高本国的经济水平，同时加强国际沟通，借鉴其他国家的经验，帮助本国进行制度

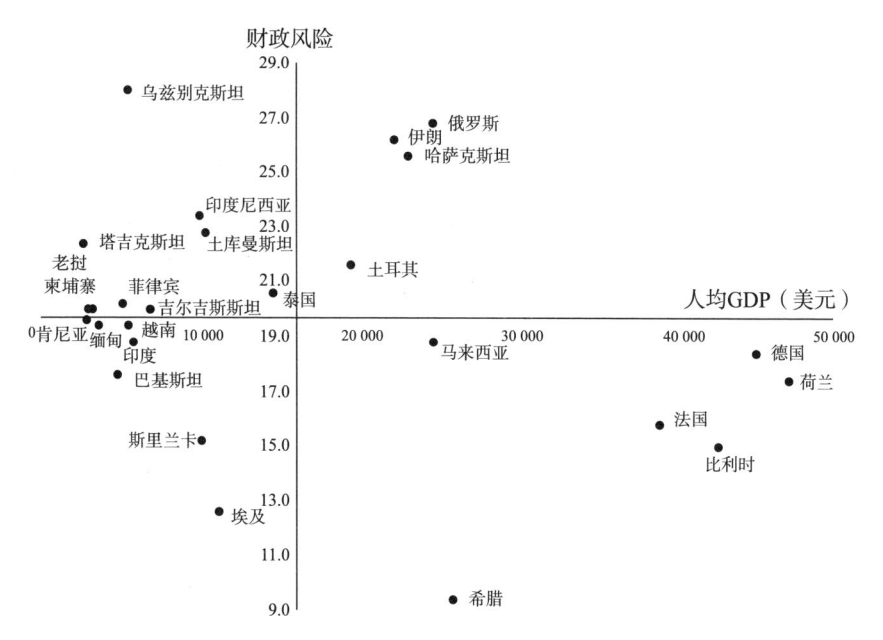

图 4　中诚信国际关于"一带一路"沿线国家财政风险分布图

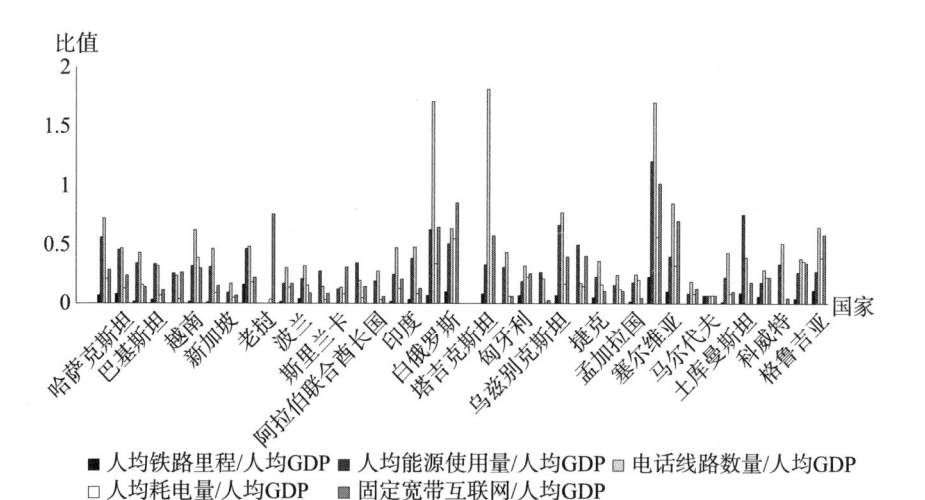

图 5　"一带一路"沿线国家基础设施状况

改革，如改革不合理的投资管理体制、改善监管水平以及提升行政效率等，降低投资国的投资风险，改善本国投资环境。

虽然国际直接投资对于"一带一路"沿线国家的经济发展、产业结构升级以及技术进步具有推动作用，但沿线国家市场体系的不完善以及合理制度安排的欠缺、不稳定的政治状况带来的政治风险、经济发展水平差异大以及财政保障能力较差带来的财政金融风险、基础设施不完善以及信息获取难度大、"一带一路"沿线国家的行为缺乏国际规则约束等都给国际直接投资落地带来了阻碍。从理论上讲，经济发展水平差异大、财政金融风险差异大甚至缺乏国际规则约束并不一定会导致国际投资无法收回，二者之间并不存在必然的联系。如果这些国家存在有效的经济体制、稳定的市场环境，那么经济体系就能有机协调运作。相反，若经济发展水平较低，经济运行体制僵化，政治局面不稳定，经济运行就很容易受到内外部因素的冲击，从而增加国际直接投资不能收回的风险。因此，从"一带一路"沿线国家吸引国际直接投资落地的制约因素来看，经济体制的不完善以及市场体系的不健全是核心原因。通过制度完善以及市场经济的建立，促进投资环境的规范和成熟，可以降低国际直接投资所面临的风险，推动实现资本收益与风险的匹配。

四、"一带一路"沿线国家破解吸引国际直接投资障碍的经验借鉴

从世界经济发展的历史来看，资本在全球范围的流动和配置是世界经济发展的常态，尤其是随着经济全球化、金融自由化的不断发展，国际资本流动的双向特征更为明显。国际直接投资对"一带一路"沿线国家的经济发展具有重要的作用，而由于制度不完善、市场经济体系不完备等使得沿线国家吸引国际直接投资面临一些阻碍。从中国的发展历程来看，中国经济取得的成绩，尤其是通过吸引快速涌入的国际直接投资带来生产力水平和技术水平的提高等，与其脱离任何教科书范式的渐进式改革最为相关。

（一）中国改革开放以来取得的成绩以及吸引国际直接投资的成就与渐进式改革密切相关

从 30 多年来的发展历程来看，中国在转型过程中实现了经济稳定与快速发展，国民经济体系不断完善，初步建立了从无到有的市场经济体制，综合实力得以大大提升，经济的活力显著增强，居民收入实现大幅增加，社会民生也随之健全。GDP 总量从 1978 年的 3 645.2 亿元增加到 2015 年的 688 858.2 亿元，占世界经济的比重持续攀升，人均 GDP 达到 50 237 元。中国经济过去的高速增长曾被誉为"亚洲的奇迹"。

改革开放以来，中国作为国际直接投资流入大国，取得了较大的成就。国内众多学者研究了国际直接投资与中国经济发展的关系，认为国际直接投资可以有效促进中国的经济增长。具体的影响途径有：国际直接投资会带动东道国政府和企业追加投资，从而增加东道国当前的资本存量，中国资本形成总额与外商直接投资中的实际使用金额呈现正相关关系。另外，东道国对国际直接投资的吸收能力，包括东道国的市场规模、人力资本水平、知识产权保护程度、相关政策环境等，往往会影响到国际直接投资的资本积累效应和溢出效应。刘宏和李述晟认为，国际直接投资在长期和深层次上对研发、技术溢出、竞争和示范效应等方面的影响，对中国经济的转型和升级十分关键。王冰和肖蓓运用计量模型进行回归分析和计量检验，结果表明国际直接投资与 GDP 之间存在长期的均衡关系，国际直接投资对我国的经济增长有显著的影响。

虽然近几年增长步伐有所放缓，但从全球视野来看，中国的增速依然处于世界前列。至于中国经济发展的成功，通过中国与俄罗斯的比较，俄罗斯学者认为 1979 年以来的经济改革和各项经济政策是推动中国经济发展奇迹的动因。安德森（Anderson）指出，中国经济飞速发展的主要动力是大规模的存款余额，这些资金在一定程度上成了推动发展的资本来源，这些资本进入市场对经济发展起到了巨大的推进作用。其他学者认为制度变迁、技术进步、劳动力、市场化和经济体制改革等对中国经济增长具有决定性影响。

在所有这些文献中，比较系统和严密的理论解释当属林毅夫等人的研究。林毅夫等人从比较优势的角度出发，论证了发展战略对中国经济的影响。他们认为，改革开放以来中国经济得以高速增长的关键在于原有的经济模式被打破，新的经济制度为中国的发展提供了可能。因此，可以说"中国奇迹"能够发生的关键在于中国推行了行之有效的发展战略。其中，中国过去发展的最大成功之处在于推行适合中国国情的发展战略以及渐进式的双轨制改革，从而确保政治的稳定与经济发展的相互融合。在这个过程中，中国不断利用外资，通过引进技术等方式提升中国的技术水平和生产力水平。投资潮涌和技术跃迁推动中国经济快速发展。

（二）中国吸引 FDI 以及渐进式改革的经验与启示

对比"一带一路"沿线国家，虽然很多国家处于不同的发展阶段，但发展转型仍然是这些国家的主要任务。有效的制度安排会提升效率和发展水平。改革开放以来，通过改革释放的制度红利以及吸引的国际直接投资是推动中国经济高速增长的重要动力之一。笔者认为，从农村的家庭联产承包责任制的推行到市场经济体系的基本建立，中国渐进式改革的经验在很大程度上可以为"一带一路"沿线国家提供借鉴和启示。

中国的渐进式改革体现了诱致性制度变迁与强制性制度变迁的结合。从理论来看，制度变迁可以分为诱致性制度变迁和强制性制度变迁，而中国的渐进式改革充分体现了二者的有机结合，将在实践中逐步完善、成熟的做法逐渐推广并制度化。比如从农村开始的自下而上的家庭联产承包责任制，释放和发展了农村生产力；通过国有企业产权制度改革，建立了国有企业发展的约束与激励机制。这些方式可以减少改革风险，以局部的、实验性的方式将试错的成本分散化，避免过大的失误。在诱致性制度变迁的基础上，不断出台力度较大的改革措施，比如政府机构改革等，逐步实现政府在经济发展过程中从直接控制向间接调控转变，从管制型政府向服务型政府转变。在增量改革和体制外突破的改革开放中，形成了中国特色的双轨制改革，可以保证原有利益格局和利益主体不受到剧烈冲击，在此前提下逐渐建立起市场经济制度。通过渐进式的或者"边际演进"的方式，在增量资产的配置上更多地引入市场机制的改革，从而促进了社会资源以先增量后存量的方式从低效率部门转向高效率部门。

中国的渐进式改革注重局部推进的非均衡发展与整体协调发展相结合。由于经济发展的不平衡以及资源禀赋特征差异，中国的经济体制改革采取了非均衡推进的发展模式，通过分领域、分部门、分地区甚至分企业等局部性的变化，形成从农村到城市，从非国有经济到国有经济，从沿海到内地的分层推进，最终形成经济体制整体转轨的路径。比如，体制改革以及对外开放首先是从东部沿海地区[①]开始，然后逐步扩展到内地。这种非均衡发展模式通过吸引国际直接投资极大地提升了沿海地区的生产力水平和技术水平，但在一定程度上也造成了部门和地区的发展不平衡、收入分配不均等一系列问题。因此，随着区域差距的扩大，政府在宏观调控上加大了对中西部地区的倾斜，引导产业在区域间的梯度转移和劳动力资源的再配置，从而发挥中西部地区的后发优势，统筹区域协调发展。

在中国的渐进式改革中政府的有所"作为"发挥了重要作用。虽然对于政府的边界学术界争议颇多，但是从中国的实践来看，稳定的社会环境、有效的宏观调控、适当的行政干预以及强有力的组织和协调在中国经

---

① 在吸引国际直接投资的制度和政策作用下，外资的涌入一方面引进了技术并提高了东部沿海地区的生产力，另一方面改善了当地的产业结构和居民就业状况。

济的快速发展中发挥了关键作用。改革的时机和力度、新旧制度的冲击等，需要政府的作用来保证制度变革的稳定衔接。在中国的渐进式改革中，各项政策均是在"摸着石头过河"这样的试错中进行的，有效的市场机制和政府调节机制的有机结合直接推动了中国经济的快速发展。在市场和政府关系上，中国的渐进式改革一方面推动了计划经济体制向市场经济体制转型，另一方面又发挥了政府积极有为的作用，避免了像结构主义发展经济学那样片面强调政府的作用而在一定程度上忽视市场机制的作用，同时也避免了像新自由主义发展经济学那样片面强调市场的作用而忽视政府的作用。

在中国的渐进式改革中市场化改革和有中国特色的市场经济制度的建立是最为成功的经验。通过改革释放的制度红利是推动中国经济高速增长的重要动力之一。其中最为成功的是建立了基本的市场经济体制和相对安全、公平的市场环境，完成了从计划经济体制向市场经济体制的转变，这是中国经济有序发展和吸引国际直接投资流入的基本保障。中国市场经济体制是在增量改革、体制外突破和体制内循序推进的改革过程中建立和完善起来的，从农村家庭联产承包责任制到国有企业放权实行包干留成的承包制，到非公有制经济的快速发展，再到现在产权制度的建立，相对完备的市场体系逐步形成。与此同时，中国的市场经济有其重要的特点，即公有制与市场机制的结合，二者的兼容曾经是中国学术中争论不休的话题。但中国的经济体制改革的实践证明，正是公有制与市场机制之间的这种兼容性，为中国经济改革的成功奠定了坚实的基础。特别是非公有制经济的迅猛发展，一方面有效促进了经济发展，另一方面对市场竞争形成了积极影响，在一定程度上推动了国有企业的市场化进程。

与此同时，渐进式经济体制改革与政治体制改革相协调。在中国从计划经济体制向市场经济体制过渡的过程中，经济和社会结构急剧变化，各个领域的矛盾和冲突不断加剧。政治体制改革滞后、民主和法律制度不健全会助长严重的官僚主义和腐败现象，进一步加剧社会矛盾。因此，在市场化的改革中，必须稳步推进政治体制改革，根据经济体制改革和经济发展的要求，依法推进政治体制改革，政治秩序的相对稳定是推动我国经济体制改革顺利进行的保证。

综上所述，中国通过吸引快速涌入的国际直接投资带来生产力水平和技术水平的提高等，与其脱离任何教科书范式的渐进式改革最为相关。而渐进式改革大大降低了由改革带来的风险成本，使得经济社会在相对稳定的情况下保持持续的快速发展。那些处于经济、政治、体制多重转型阶段的新兴国家和发展中国家可以吸收和借鉴中国体制改革的成功经验，比如在改革中循序渐进，增量先行改革等诱致性制度变迁与强制性制度变迁相结合，通过先沿海后中西部地区推进对外开放等非均衡发展提升发展水平，建立相对完善的社会主义市场经济体制，同时，通过建立完善的市场经济吸引国际直接投资，促进资源配置效率和经济发展市场化程度的提升。

五、"一带一路"沿线国家吸引国际直接投资进行制度改革的框架性思考

（一）"一带一路"沿线国家制度改革的基本原则：追求改革成本最小化的渐进式改革

"一带一路"沿线不少国家面临着政治稳定、经济发展、社会转型和政策调整等多方面的挑战。大多数国家的商业运营环境不佳，这些国家可将吸引国际资本当作提升本国发展的重要路径，但最基本的前提是要改善本国的营商环境，中国的渐进式改革可提供重要的经验借鉴。

改革必定带来利益的变动，而这也会直接引起不同利益集团之间的摩擦及对现有秩序的破坏。为避免改革所引起的利益不均衡及由此导致的不稳定，改革注定是具有过渡性质和渐进性的。根据转型经济学的理论，在经济体制转型过程中，最重要的是要在达到既定改革目标的前提下，寻求改革成本最小的路径。任何改革都要支付一定的成本，而改革的成本又取决于改革方案在改变规则的同时，是否同时改变了收入分配结构，以及改变了多少，触动了多少人的利益，以及损害的程度有多大。触动的人数越多，损害的程度越大，引起的反对改革的力量也就越大，改革成本也就越高，改革就越不容易成功。如果进行激进式改革，完全推翻原有的旧制度，那么：一方面，旧制度下的既得利益群体会形成阻碍改革进行的巨大势力；另一方面，因为无法试错，往往还会带来毁灭性的打击。渐进式改革是从局部展开、部分试点试错再推广的逐步达成目标的过程。"一带一路"沿线国家在进行制度改革的时候，同样有必要遵行这样的改革原则——追求改革成本最小化的改革路径。具体来说，渐进式改革的方法有两点可供"一带一路"沿线国家进行借鉴：第一，增量改革。增量改革在一定时期内维持两种制度，既允许现有制度在既有存量内继续运行，又在存

量外建立新的制度。如"新人新办法,老人老办法"。这种改革方式既可避免既得利益集团对改革的阻挠,也可为原有制度提供一个参考系和评价系统。这种改革方式现已在很多领域内得到实践,如中国的住房制度、社会保障制度等。第二,特许改革或试验推广。在一定地区、某个产业甚至小到某个企业进行局部的市场化试点改革,待取得示范效应后逐步推广。这样做的好处是,可以最大限度地减少改革的风险,减少改革的成本,避免重大失误。例如,在改革开放早期设立深圳经济特区的改革,已经成为可以推广至"一带一路"沿线国家的成功经验。

(二)"一带一路"沿线国家制度改革的框架设计

渐进式改革是"一带一路"沿线国家制度改革的核心原则。在这一原则的指导之下,"一带一路"沿线国家若要提高其营商环境,还需要同时把握住以下几个方面的内容,即建立和完善市场经济体制,培育真正的市场化主体,建立和完善相关法律法规,同时加强国际交流与合作,而这几个方面是相辅相成、同时进行的。

(1)建立和完善市场经济体制,培育真正的市场化主体,成为开放的经济体,是"一带一路"沿线国家制度改革的最终目标。中国经济取得的重要成就,重要的一点是让市场在资源配置中逐步起决定性作用。市场经济把资源配置效率提升至过去不可比拟的高度,它不仅使各类生产要素总量空前增长,质量空前提高,而且使各类生产要素发挥更重要的作用。历史与现实经验表明,与其他经济体制相比,市场经济是资源配置最有效率的体制,是发展生产力和实现现代化的最优途径。"一带一路"沿线有不少市场经济制度很不完善的国家,它们必须把握住这一改革目标,逐步提高本国的经济自由化程度和减少政府的干预程度。另外,要培育和发展真正的市场主体。让市场在资源配置中起决定性作用的一个根本标志是,逐步培育和发展真正的市场经济主体,如中国在农村赋予农民生产经营自主权,在城市对国有企业进行渐进式改革,逐步培养真正的市场主体。同时,市场经济的一个重要标志是逐步改变本国与其他国家的关系,成为一个开放的经济体。如中国从进口先进国家商品,到引进先进国家技术与管理经验,再到引进境外资本与企业,中国市场已经广泛向国外开放,外资经济已经成为中国经济发展重要的推动力量。从出口商品到加工贸易再到中国企业"走出去"进行国际直接投资,中国经济已全面进入全球市场,已经与世界经济全面融合,而"一带一路"沿线有一些国家的市场开放度不够,在贸易畅通方面,还需要加快投资便利化的进程并消除一些领域的投资壁垒。

（2）建立和完善相关法律法规是"一带一路"沿线国家制度改革的重要前提和手段。在中国的改革进程中，从国务院、各部委到各地方政府，均配合经济改革目标出台了大量法律法规，这些法律法规为市场化改革铺路，也提高了市场主体的积极性和风险保障程度。对于"一带一路"沿线亟须完善制度的国家，需要建立不同层次的法律法规以加强本国的市场化改革，有效保护市场化改革的成果。如在本国最高的法律层面，要明确市场化改革的目标，同时在不同领域如金融、对外贸易、劳动力市场等方面建立以市场化为原则的相关配套的法律法规。

（3）加强国际交流与合作是"一带一路"沿线国家制度改革的重要机遇和方式。在当前国际交流密切以及逐步开放的国际关系中，对于"一带一路"沿线国家而言，要加强国际交流与合作，抓住国际投资的机遇以提高本国的经济水平，同时加强国际沟通，借鉴其他国家的经验，帮助本国进行制度改革，如改革不合理的投资管理体制、改善监管水平以及提升行政效率等。在金融监管方面也要加强合作，帮助本国建立完善的金融体系和稳定的金融市场，从根本上促进国际投资政策的稳定性和公平性。

"一带一路"沿线不少国家面临着政治稳定、经济发展、社会转型和政策调整等多方面的挑战。"一带一路"沿线国家若要吸引国际直接投资，需要改善其投资环境，而中国吸引国际直接投资的做法以及渐进式改革的经验可以给"一带一路"沿线国家提供有效的可供参考的借鉴。上述国家在进行制度改革后，一方面可以改善本国的营商环境，在法律法规、管理体制、监管体制等方面得到全方位的提升，另一方面可以降低投资国的国际投资风险，提高国际投资的稳定性，从长远来看有利于提高本国的经济增长水平。

六、小结

从全球经济发展历史和经验来看，国际直接投资对东道国的经济促进效应显著，而"一带一路"倡议为"一带一路"沿线国家完善基础设施建设、吸取不同国家的比较优势、形成新的经济增长点等提供了重要的发展机遇。然而，"一带一路"沿线国家很多处于发展初级阶段，经济社会发展落差极大，投资环境具有较高的不确定性，地区安全风险频发，缺乏国际规则的约束，等等，因此在"一带一路"倡议的实施过程中，最核心的风险是由于相对规范的市场经济体制和市场规则比较欠缺，从而有可能出现投资无法收回的制度风险，这些问题本质上与这些国家制度不完善紧密相关。

笔者认为，中国吸引国际直接投资的成就以及渐进式的发展和改革经验在很大程度上可以为"一带一路"沿线国家提供参考和借鉴。中国的渐进式改革大大降低了由改革带来的风险成本，使得经济社会在相对稳定的情况下保持持续的快速发展。那些处于经济、政治、体制多重转型中的新兴国家和发展中国家可以吸收与借鉴中国体制改革中的成功经验。在此基础上笔者提出了"一带一路"沿线国家制度建设框架：第一，"一带一路"沿线国家制度改革的基本原则是追求改革成本最小化的渐进式改革，具体的改革方法有增量改革以及特许改革或试验推广等。第二，建立和完善市场经济体制，培育真正的市场化主体，成为开放的经济体，是"一带一路"沿线国家制度改革的最终目标。第三，建立和完善相关法律法规是"一带一路"沿线国家制度改革的重要前提和手段。第四，加强国际交流与合作是"一带一路"沿线国家制度改革的重要机遇和方式。上述制度框架是中国渐进式市场化改革的成功经验，也是"一带一路"沿线国家进行制度建设和改革的重要借鉴，不仅可以有效降低国际投资的风险，构建稳定的投资和营商环境，而且可以从根本上提高这些国家的经济发展水平。

参考文献

[1] A. 伊拉里奥诺夫. 中国经济"奇迹"的奥秘 [J]. 国外社会科学，1999 (5)：29-33.

[2] 陈璋. 研究中国宏观经济学方法论的难点 [J]. 经济研究资料，2005 (9)：28.

[3] 葛顺奇，罗伟. 外商直接投资与东道国经济增长——基于模仿与创新的研究 [J]. 世界经济研究，2011 (1)：56-60, 89.

[4] 雷建，梅新育. 美国海外投资保证制度 [J]. 计划与市场，2000 (8)：22-23.

[5] 李富强，董直庆，王林辉. 制度主导、要素贡献和我国经济增长动力的分类检验 [J]. 经济研究，2008 (4)：53-65.

[6] 林毅夫. 潮涌现象与发展中国家宏观经济理论的重新构建 [J]. 经济研究，2007 (1)：126-131.

[7] 林毅夫. 中国转型对发展中国家的借鉴意义. 观察者网，2014-10-13.

[8] 林毅夫，蔡昉，李周. 论中国经济改革的渐进式道路 [J]. 经济研究，1993（9）：3-11.
[9] 林毅夫，蔡昉，李周. 中国的奇迹：发展战略与经济改革 [M]. 上海：上海人民出版社，1994.
[10] 林毅夫，姜烨. 发展战略、经济结构与银行业结构：来自中国的经验 [J]. 管理世界，2006（1）：29-40，171.
[11] 林毅夫，刘明兴. 经济发展战略与中国的工业化 [J]. 经济研究，2004（7）：48-58.
[12] 林毅夫，任若恩. 东亚经济增长模式相关争论的再探讨 [J]. 经济研究，2007（8）：4-12，57.
[13] 刘小玄. 中国转轨经济中的产权结构和市场结构——产业绩效水平的决定因素 [J]. 经济研究，2003（1）：21-29，92.
[14] 鲁明泓. 制度因素与国际直接投资区位分布：一项实证研究 [J]. 经济研究，1999（7）：57-66.
[15] 毛振华，阎衍，郭敏. "一带一路"沿线国家主权信用风险报告 [M]. 北京：经济日报出版社，2015.
[16] 毛振华，张英杰，袁海霞. 近年来中国宏观调控和经济政策的特征分析 [J]. 中国人民大学学报，2016，30（5）：21-28.
[17] 牛文静，陈建斌，郭洁. FDI 对我国经济增长、就业的影响研究——基于 VAR 模型 [J]. 经济研究导刊，2019（33）：1-3.
[18] 王冰，肖蓓. FDI 与中国经济增长关系的实证分析 [J]. 对外经贸，2012（3）：42-43，47.
[19] 王宏彬，刘明国. 中国经济增长奇迹的"秘密" [J]. 当代经济，2006（3）：41-42.
[20] 姚利民，孙春媛. 中国逆向型 FDI 决定因素的实证分析 [J]. 国际贸易问题，2007（4）：81-86，91.
[21] 易纲，樊纲，李岩. 关于中国经济增长与全要素生产率的理论思考 [J]. 经济研究，2003（8）：13-20，90.
[22] 袁海霞. 中国经济高速增长与区域生产力不平衡结构演变关系的实证分析 [D]. 中国人民大学，2008.
[23] 张宇. 中国渐进式改革的特征与经验 [J]. 教学与研究，1998（7）：4-11，64.
[24] AIZENMAN J，JINJARAK Y，ZHENG H. Chinese outwards mer-

cantilism—the art and practice of bundling [J]. Cambridge: National Bureau of Economic Research, 2015: 1-30.

[25] ANDERSON J. China's true growth: no myth or miracle [J]. Far Eastern Economic Review, January 2006, 169 (7): 9-16.

[26] ANDERSON J. How to think about China [EB/OL]. http://bbs.jjxj.org/thread-41036-1-1.html, 2017-06-25.

[27] BALASUBRAMANYAM V N, SALISU M, Sapsford D. Foreign direct investment and growth in EP and IS countries [J]. Economic Journal, 1996, 106 (434): 92-105.

[28] CULEM C G. The locational determinants of direct investments among industrialized countries [J]. European Economic Review, 1988, 32 (4): 885-904.

[29] DUNNING J H. International Production and the Multinational Enterprise [M]. London: Allen & Unwin, 1981.

[30] GHOSH B N, Li E. Macroeconomic vulnerability and investment risks in the Middle East and North Africa region [J]. Economia Internazionale, 2009, 62 (1): 1-39.

[31] KAUFMANN D, KRAAY A, ZOIDO L. Aggregating Governance Indicators [M]. Washington: World Bank, 1999.

[32] KRUGMAN P. Myth of Asia's miracle [J]. Foreign Affairs, 1994, 73 (6): 62-78.

[33] ROOT F R. Analyzing Political Risk in International Business: Multinational Enterprise in Transition [M]. Detroit: Darwin Press, 1972.

[34] SIMON H. Poland 1980—1982: Class Struggle and the Crisis of Capital [M]. Michigan: Black & Red, 1985.

[35] XIAOYING LI. Foreign direct investment and economic growth: an increasingly endogenous relationship [J]. World Development, 2004, 33 (3): 393-407.

原载《经济理论与经济管理》2017年第10期。作者单位：中国人民大学经济研究所。与袁海霞合作。

当前我国地方政府债务风险与融资平台转型分析

（二〇一八年五月）

一、我国地方政府债务形成与演化进程

我国地方政府债务发端于 20 世纪 70 年代末，部分省及地级市开始尝试通过举债弥补资金缺口以更好地履行政府职能，但受限于地方政府自主权，该阶段地方政府债务规模整体较小。此后，伴随我国财税体制变化、地方投融资模式变迁，地方政府债务在不同经济发展时期呈现不同特点。

（一）阶段一：1994 年《中华人民共和国预算法》颁布及分税制改革后，融资平台成为地方政府财政收支矛盾下的融资代理人

1994 年《中华人民共和国预算法》（简称《预算法》）审议通过，明确要求地方政府不列赤字，除法律和国务院另有规定外，地方政府不得发行地方政府债券。在地方政府无法独立举债的情况下，同年分税制改革则进一步加剧了地方财政收支矛盾（见图1）。地方政府在财权事权不匹配的情况下，由于受有限财政收入的约束及通过财政部代发代还债券获取的资金较为有限，无法满足地方发展所需资金，于是尝试成立各类城市投资公司作为融资平台，以独立企业法人形式代替政府进行直接或间接融资，从而弥补政府投资项目的资金不足。同时，以 GDP 为主导的政绩考核机制与政府竞争模式，促使地方政府往往重投资规模轻投资质量，粗放型财政支出行为也在一定程度上加速了融资平台这个地方政府融资"创新"渠道的快速发展。

（二）阶段二：2008 年金融危机后，"四万亿"刺激政策推动融资平台第一轮债务扩张

为应对 2008 年全球金融危机的负面影响，国家出台了"四万亿"刺激政策，其中地方政府配套资金 2.82 万亿元。2009 年 3 月，中国人民银行与银监会共同出台《关于进一步加强信贷结构调整 促进国民经济平稳较快发展的指导意见》，提出支持有条件的地方政府组建投融资平台，发行企业债、中期票据等融资工具，拓宽中央政府投资项目的配套资金融资渠道。

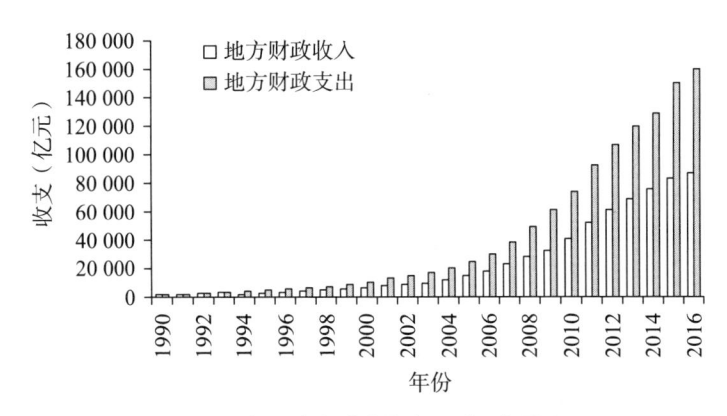

图 1　我国地方财政收支矛盾逐年扩大

资料来源：choice，中诚信国际区域风险数据库。

在四万亿元配套资金需求、国家政策支持、地方政府资金缺口等多因素的推动下，地方融资平台呈现爆发式增长。2008年上半年，全国有融资平台约3 000家，贷款余额约为1.7万亿元。到2010年末，融资平台数量已升至6 576家。审计署的统计结果显示，融资平台债务中仅政府负有偿还责任的债务已达到4.08万亿元。地方融资平台数量与债务规模均呈现翻倍式增长。

（三）阶段三：2011年后依托影子银行，融资平台呈现第二轮债务扩张

伴随前期"四万亿"刺激政策的负面影响显现，经济下行压力加大，地方融资平台的信贷风险引发关注，国家出台了一系列政策来对地方融资平台的信贷业务进行规范。在同一阶段，国内利率市场化持续推进，存款脱媒促使大量资金流向影子银行，如信托公司、基金子公司、P2P平台等，成为地方融资平台继银行信贷之后的重要融资来源。与此同时，商业银行为规避监管将表内业务转移出表，通过表外理财、银信合作等形式为地方融资平台提供资金支持。借助影子银行的"逆周期"扩张，融资平台呈现新一轮债务扩张。根据审计署的统计，截至2013年6月底，全国融资平台债务余额达到6.97万亿元，较2010年底增长40.22%。同期，伴随直接融资渠道快速发展，融资平台公开市场债券融资规模快速攀升，2012—2016年城投债净融资额年均达到1.18万亿元。

（四）阶段四：2014年以来地方债务进入规范发展期，债务呈现隐性化特点

融资平台依托政府信用迅速扩张债务的同时，地方政府债务风险隐患持续积聚，地方政府债务-投资驱动模式难以为继。以2014年新《预算法》与

《国务院关于加强地方政府性债务管理的意见》的出台为标志,地方债务进入规范发展期。一方面开前门,赋予地方政府举债权,并纳入全口径预算管理实行规模控制,并以 2013 年政府性债务审计结果为基础,对于企事业单位举借的政府负有偿还责任的债务,通过发行地方政府债券进行置换;另一方面堵后门,明确政府与企业的责任边界,政府债务不得通过企业举借,企业债务不得推给政府偿还。《关于进一步规范地方政府举债融资行为的通知》(财预〔2017〕50 号)、《关于坚决制止地方以政府购买服务名义违法违规融资的通知》(财预〔2017〕87 号)、《关于规范金融企业对地方政府和国有企业投融资行为有关问题的通知》(财金〔2018〕23 号)和《关于进一步增强企业债券服务实体经济能力 严格防范地方债务风险的通知》(发改办财金〔2018〕194 号)等一系列文件,对于各类违法违规举债行为做了进一步细化明晰,各类试图仍以政府隐性信用背书的融资行为得到有效遏制(见表 1)。

在疏堵结合的政策导向下,地方政府债务纳入规范化管理轨道,总体风险可控,但未纳入地方债务审计范围的存量隐性债务风险仍未消除且不容忽视。一方面,地方政府存量债务中非政府债券形式的债务均以 2013 年政府性债务审计结果为基础,但该次审计工作各省份融资平台及国有企业债务纳入政府负有偿还、担保及救助责任三类的统计口径并不一致,或导致部分地方债务未显性化且被低估;另一方面,地方政府在财权事权不匹配且债务限额的约束下,发行省级地方政府债券的"开前门"举措难以真正满足各层级地方政府的实际资金需求,融资平台及部分国企所承担的地方公益类项目融资职能难以真正剥离,中央关于划清地方政府与企业界线的政策要求在财政压力较大的地方较难落地。由此致使 2015—2017 年,地方政府仍依托融资平台及国有企业通过注入公益性资产、出具承诺函等形式,或利用政府引导基金、PPP 等渠道扩张债务并为该类债务提供隐性背书,呈现为此阶段部分地方债务的"隐性化"特点。

表 1　2016 年以来关于防范地方政府隐性债务风险的政策文件

时间	政策名称	内容要点
2018-03-28	《关于规范金融企业对地方政府和国有企业投融资行为有关问题的通知》(财金〔2018〕23 号)	从资本金审查、还款能力评估、投资基金、资产管理业务、政策性开发性金融、金融中介业务、融资担保等十五个方面,进一步规范金融企业对地方政府和国有企业的投融资行为,督促金融企业加强风险管控和财务管理。

续表

时间	政策名称	内容要点
2018-02-08	《关于进一步增强企业债券服务实体经济能力 严格防范地方债务风险的通知》（发改办财金〔2018〕194号）	再次强调坚决遏制地方政府隐性债务增量，并重点就企业债券的具体事项进行规范，包括严禁党政机关公务人员未经批准在企业兼职（任职）、严禁将公益性资产及储备土地使用权计入申报企业资产、纯公益性项目不得作为募投项目申报企业债券等。
2018-01-18	《中国保监会 财政部关于加强保险资金运用管理支持防范化解地方政府债务风险的指导意见》（保监发〔2018〕6号）	支持保险机构更加安全高效地服务实体经济，防范化解地方债务风险。提出妥善处理对地方政府的存量投资业务；规范投资融资平台公司行为；不得通过股权投资计划等创新方式违规形成地方债务；加强地方债务风险监测；等等。
2017-12-23	《财政部关于坚决制止地方政府违法违规举债遏制隐性债务增量情况的报告》	坚决遏制隐性债务增量，进一步完善地方建设项目和资金管理，管控好新增项目融资的金融"闸门"，强化中央企业债务融资管控；积极稳妥地化解存量隐性债务，坚持中央不救助原则，坚决打消政府兜底"幻觉"。
2017-11-10	《关于规范政府和社会资本合作（PPP）综合信息平台项目库管理的通知》（财办金〔2017〕92号）	进一步规范政府和社会资本合作（PPP）项目运作，防止PPP异化为新的融资平台。具体要求包括：审慎开展政府付费类项目，通过政府付费或可行性缺口补助方式获得回报，但未建立与项目产出绩效相挂钩的付费机制的项目不得入库等。
2017-05-28	《关于坚决制止地方以政府购买服务名义违法违规融资的通知》（财预〔2017〕87号）	严格规范政府购买服务预算管理，严禁利用或虚构政府购买服务合同违法违规融资。严禁将铁路、公路等领域的基础设施建设，储备土地前期开发，农田水利等建设工程作为政府购买服务项目；严禁将建设工程与服务打包作为政府购买服务项目等。

续表

时间	政策名称	内容要点
2017-04-26	《关于进一步规范地方政府举债融资行为的通知》（财预〔2017〕50号）	切实加强融资平台公司融资管理，明确要求地方政府不得将公益性资产、储备土地注入融资平台公司，不得承诺将储备土地预期出让收入作为融资平台公司偿债资金来源，不得以担保函、承诺函、安慰函等任何形式为地方融资平台提供担保。
2016-10-27	《国务院办公厅关于印发地方政府性债务风险应急处置预案的通知》（国办函〔2016〕88号）	建立健全地方政府性债务风险应急处置工作机制，坚持快速响应、分类施策、各司其职、协同联动、稳妥处置，牢牢守住不发生区域性系统性风险的底线，并加强对违法违规举债行为的责任追究。

资料来源：笔者整理。

二、当前我国地方政府隐性债务现状及区域风险估算

基于我国地方政府"隐性化"债务现状，本文从不同口径对地方政府隐性债务规模及区域风险进行了估算。从测算结果看，当前地方政府隐性债务呈现快速增长态势，且规模接近显性债务的2倍，同时部分地区负债水平过高，需重点关注隐性债务及区域性债务风险。

（一）关于地方政府债务分类：显性债务与隐性债务

关于政府债务，亚洲金融危机后，世界银行（Hana Polackova，1998）提出了著名的"财政风险矩阵"。从债务发生的可能性来讲，政府债务可分为直接债务和或有债务；而从法律的强制性来讲，政府债务可分为显性债务和隐性债务。显性债务是由特定的法律或者合同所带来的负债，而隐性债务则是基于市场预期、政治压力的政府责任。将两种划分方法交叉，可得到四种债务类型：直接显性债务、直接隐性债务、或有显性债务和或有隐性债务。从现实的角度来看，地方政府隐性债务也是地方政府可能承担偿还、救助、担保责任但并未纳入其债务管理和统计的债务，但一旦发生危机尤其是存在系统性风险爆发的可能性时，地方政府则不得不加以干预、承担责任。

根据财政部刘尚希等人的研究[①]，隐性债务主要包含社会保证资金缺口、农村社会保证资金缺口、公共投资项目未来的资本性和经常性支出等直接隐性债务以及对金融机构支付危机的救助、国有企业为弥补亏损而举借的债务、拖欠的企业在职职工及农民工的工资等或有隐性债务。而根据审计署的分类，政府性债务包括地方政府负有偿还责任、担保责任和可能救助责任的三类债务。政府可能承担一定救助责任的债务主要是地方政府通过融资平台、其他国有独资或控股企业、自收自支事业单位等主体为公益性项目举借，由非财政资金偿还的债务。根据审计署和财政部的相关文件，举借主体主要包括五类：自收自支的事业单位、政府部门和机构、经费补助事业单位、融资平台公司、国有独资或控股企业（简称地方国有企业）。其中前三类是政府负有偿还责任债务也就是显性债务的主要举借主体，而融资平台公司和地方国有企业是地方或有政府性债务也就是隐性债务的主要举借主体。

基于数据的可获得性以及计算实现的角度，本文将地方政府直接债务作为显性债务，将负有一定救助责任的债务以及其他可能承担责任的或有债务作为隐性债务，显然这一口径要比刘尚希等人的口径小。2014年新《预算法》实施以后，地方政府的发债主体地位被明确，但是新发债的额度非常有限，地方政府此前通过其他主体进行融资的渠道仍发挥作用，因此实际上地方政府隐性债务也主要是以融资平台作为主要载体。[②] 根据《国务院办公厅关于印发地方政府性债务风险应急处置预案的通知》（国办函〔2016〕88号），或有债务中的担保债务，地方政府及其部门仅依法承担适当民事赔偿责任，但最多不应超过债务人不能清偿部分的二分之一，担保额小于债务人不能清偿部分二分之一的，以担保额为限；或有债务中的存量救助债务，地方政府可以根据具体情况实施救助，但保留对债务人的追偿权。在实际情况中这两类债务的认定相对复杂，而目前尚未有明确的认定标准，因而这部分债务的规模存在较大的不确定性，不同机构的测算也较不一致。从防范系统性风险的角度出发，在地方国企或者融资平台出现违约时，政府可能会出于维护区域融资稳定等很多考虑去救助，只要

---

① 刘尚希，赵全厚，孟艳，封北麟，李成威.十二五时期我国地方政府性债务压力测试研究 [J]. 经济研究参考，2012（8）：3-11.

② 根据2013年的审计结果，尽管各个省份之间存在差异，但整体来看地方融资平台债务纳入地方性债务的比例并不高，融资平台中债券纳入地方政府债务的比重在30%左右，贷款的占比大约为36%。

有救助可能，均纳入隐性债务考量。

从隐性债务的形式来看，贷款和信托贷款可能是其主要存在形式。从2013年的审计结果来看，融资平台9.7万亿元的贷款，仅36%纳入了负有偿还责任的债务中，而64%均未纳入政府性债务。如果存在违规融资和担保，则大概率形成政府隐性债务。与此同时，自2014年以来，随着开前门堵后门等系列政策的实施，地方政府债务管理和发行相对规范；但存在部分地方政府通过融资平台以PPP、政府投资基金、政府购买服务、资管计划、明股实债等方式违法违规或变相举债，或以贷款、信托等融资形式举债，尤其是在2015年之后融资平台新增债务均不作为政府性债务统计的背景下，这些均加大了隐性债务形成的概率。

从测算的角度来看，由于隐性债务属于预计负债范畴，且存在结构分散、隐蔽性强、透明度差等特点，因此获取这类数据十分困难。各家机构的测算也不一致，本文在计算时从防范危机的角度考虑，将融资平台作为隐性债务的测算内容之一。考虑到PPP项目中政府付费和可行性缺口补助涉及财政资金参与，考虑《关于坚决制止地方以政府购买服务名义违法违规融资的通知》（财预〔2017〕87号）下发后，通过政府购买服务的融资渠道受限，政府付费型PPP将成为地方公益性项目的重要融资方式，该类PPP项目中的财政支出也应纳入政府隐性债务。与此同时，一些政府投资基金的实际操作不规范，为吸引社会资本，一部分基金采用财政资金劣后或通过隐性回购方式变相提供保本和固定收益的保障，使基金变成政府的隐性债务。

（二）关于地方政府显性债务和隐性债务的估算

1. 地方政府显性债务：相对平稳

根据前文的分析，地方政府显性债务是建立在某一法律或者合同基础之上的政府负债，以政府直接债务为主，包括各级地方政府债务（一般债务和专项债务）、外债等；具体包括财政部代发债券、地方财政部门发行的债券、政府统借统还资金以及《预算法》规定的支出（如签发行政事业单位人员工资及养老金形成的债务）。本文以财政部公布的政府性债务数据为准。

从数据来看，随着多方面规范地方政府发债行为、防范风险举措的落地，地方政府发债方式和管理逐步规范和市场化，以政府直接债务为主的显性债务余额总体平稳增长。2014—2017年，我国地方政府显性债务余额分别为15.41万亿元、14.76万亿元、15.32万亿元、16.47万亿元,2015年、2016年较2014年有所降低,2017年增长略有加快。对比全国人大批准的地方政府限额规模来看,2015—2017年地方政府债务限额分别为16.01万亿元、17.19万亿元和18.82万亿元,近三年地方政府直接债务余额均在限额规模内,且各年直接债务余额均较债务限额有一定剩余。

2. 地方政府隐性债务:2016年规模在21万亿元和30.5万亿元之间,是显性债务的1.4~2.0倍,2017年在34.5万亿元左右

根据前文所述,本文地方政府隐性债务主要包括融资平台、地方国企的债务以及PPP项目中政府付费项目、政府投资基金等内容。虽然政府产业基金的规模不断扩大,其募集规模从2014年的3 031.35亿元上升至现在的36 961亿元,但由于无法确定地方政府可承担部分,本文暂时不将其纳入测算范围。与此同时,从融资平台的资产负债表来看,其他应收款一般是当地政府或者财政部门借用了融资平台的资金,这部分资金可能并不一定需要付息,但当地政府负有偿债义务,有很大可能成为地方政府债务。因此,将这部分债务也纳入隐性债务的估算范围。此外,考虑到抵押补充贷款主要针对棚改这一类公益性项目,或会加大地方政府隐性压力,因此将抵押补充贷款这一指标也纳入估算范围。从数据来看,其他应收款、其他应收与应付的差额均呈现快速扩大的趋势。

表2根据数据的可获得性,从三个角度考虑隐性债务的测算。由于没有包含政府投资基金以及受样本口径等影响,测算结果应该小于实际隐性债务。

表2 中国三部门债务水平变化:2016年三个口径计算下的地方政府隐性债务规模

单位:万亿元

	隐性债务	显性债务	隐性债务/显性债务
口径一	27.14	15.32	1.77
口径二	30.45	15.32	1.99
口径三	21.01	15.32	1.37

口径一:融资平台贷款+融资平台存量债券+融资平台非标+政府付费型PPP投资落地额(假设与融资平台不重合)+抵押补充贷款余额(PSL)－纳入直接政府性债务的部分。

口径二:融资平台有息债务(仅发债口径)+PPP相关债务(假设与融资平台不重合)+抵押补充贷款余额－纳入直接政府性债务的部分。

口径三：纯平台①有息债务（仅发债口径）＋准平台其他应收款（仅发债口径）＋政府付费型 PPP 投资落地额＋抵押补充贷款余额－纳入政府性债务的部分。

根据估算，我国地方政府隐性债务规模在 21 万亿元和 30.5 万亿元之间，是显性债务的 1.4～2.0 倍。用不同口径测算的地方政府隐性债务均保持 20％以上的快速扩张。根据测算，按照上述三种方法，2016 年我国地方政府隐性债务规模分别为 27.14 万亿元、30.45 万亿元、21.01 万亿元，其中，在口径一、二测算下地方政府隐性债务规模分别较上一年增长了27％、38％，均保持了较快增长。从内部构成来讲，在口径一中，融资平台的贷款和非标融资（包括信托、资管等形式）占比最高，分别占 48％和24％；在口径二中，融资平台有息债务规模、抵押补充贷款和政府付费型PPP 分别占比 91％、7％和 2％；从口径三来看，纯平台有息债务、准平台其他应收款、抵押补充贷款和政府付费型 PPP 产生的债务分别占隐性债务的 79％、10％、8％和 3％。

（三）显性债务风险总体可控，但需重点关注隐性债务

我国地方政府显性债务风险总体可控。从偿债水平来看，以显性债务衡量的债务率和负债率均低于国际通行水平，政府债务风险总体可控。2016 年，以显性债务衡量的地方政府总体债务率（债务规模/财政实力）为 80.5％，低于国际通行警戒标准②。如果加上纳入预算管理的中央政府债务余额 12.01 万亿元，全国政府债务余额为 27.33 万亿元，政府债务的负债率（债务与 GDP 的比值）是 36.7％，低于欧盟 60％的警戒线。对比主要国家的负债率水平，可以看出以显性债务衡量的负债率低于主要市场经济国家和发展中国家水平，在显性债务口径下地方政府风险水平相对较低（见图 2）。

虽然当前我国地方政府显性债务风险总体可控，但仍面临较为突出的隐性债务风险，主要表现为隐性债务增速过快，且为避免监管而导致债务形成更为复杂及不透明。我国地方政府隐性债务与显性债务规模的比值接近 2，若测算口径考虑地方政府的隐性债务规模，2016 年我国地方政府总

---

① 在本文中，笔者将只承担融资功能而没有投资和经营功能的融资平台称为纯平台，将既承担一定的政府融资功能，又具备通过部分经营资产获取经营收益，具备一定造血功能的平台称为准平台。在实际操作中，将公用事业类平台、交通运营类（如港口、机场、航空、公交等）平台、省级收费公路投资平台、投控类平台纳入准平台进行数据估算，将其余融资平台纳入纯平台进行数据估算。

② 国际货币基金组织确定的债务率控制标准参考值为 90％～150％。

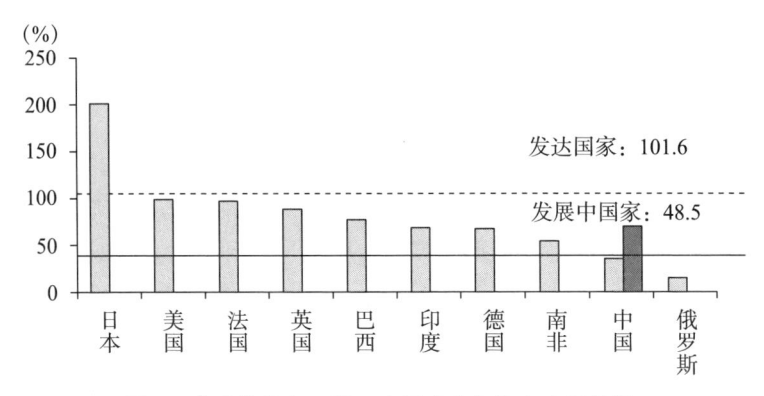

图 2　在显性债务口径下中国政府负债率水平较低

资料来源：中诚信国际区域风险数据库。中国对应两个柱图，左侧为显性债务率，右侧为隐性债务率。

体的负债率与债务率均有较大攀升。以口径一测算的2015—2017年我国地方政府隐性债务规模分别为约19.7万亿元、27.1万亿元、34.5万亿元，近两年年均增长27%。考虑隐性债务的政府负债率直接上升至65%～78%，大幅高于发展中国家平均水平。隐性债务快速增长的背后则是地方政府的不规范融资行为。过去几年针对地方政府出现的各类违法违规举债行为，中央出台了一系列政策进行治理，但有些地方在财政收入放缓的背景下，地方政府违规融资的行为较多，亟待规范。相比显性债务，隐性债务快速增长，同时偿还更具有不确定性，正逐渐成为我国地方政府面临的中长期风险。

（四）部分地区负债水平过高，区域性债务风险需要关注

从显性债务规模来看，截至2016年底，江苏的显性债务余额高达10 915亿元，连续位居榜首；而山东、贵州、广东、辽宁、浙江5个省份的显性债务超过8 000亿元；江西、重庆等的显性债务水平处于4 000亿元以下。从隐性债务规模来看，江苏、北京的隐性债务超过3万亿元，江苏的隐性债务规模仍为最高，接近4万亿元；天津、四川、浙江等的隐性债务超过1万亿元；辽宁、内蒙古、吉林等的隐性债务水平处于4 000亿元以下。

而从衡量偿债能力的负债率和债务率来看，区域性债务风险不容小觑。根据中诚信国际的计算，若以显性债务为衡量标准，2016年全国各省份中负债率（债务/GDP）超过欧盟60%警戒线的是贵州（74.0%），其次为青海（52%）、云南（43%）；其余省份负债水平均处于40%以下（见图

3）。而从综合财力考量的债务率（债务/财政实力）来看，截至2016年底，宁夏（226%）、贵州（179%）、辽宁（169%）等7个省份债务率已经超过100%的警戒线（见图4）。

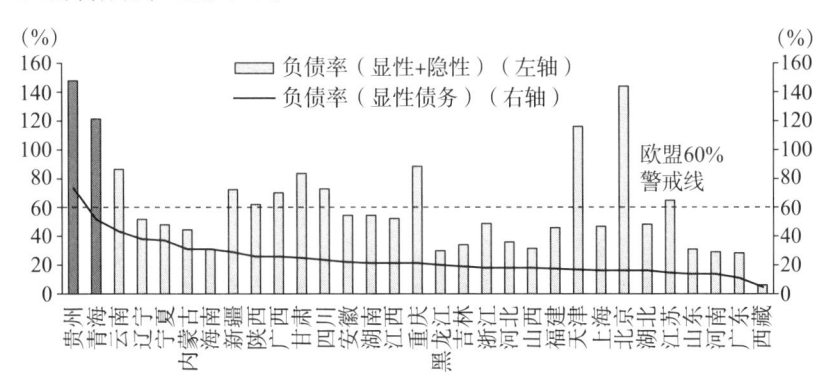

图3　各省份负债率（分别在显性债务及隐性债务口径下）

资料来源：中诚信国际区域风险数据库。

若考虑加上隐性债务后的负债率及债务率，2016年省份负债率超过欧盟60%警戒线的有12个，较显性债务口径下的省份数量增加了11个，贵州（149%）仍高居首位，次之为北京（144%）、青海（122%）、天津（116%）等；负债水平位于40%和60%之间的省份有10个，如安徽（54.6%）、湖南（54.4%）、江西（52%）等；其余省份负债水平均处于40%以下（见图3）。而从债务率计算结果看，除了海南（75%）、西藏（4%）处于警戒线下外，其余29个省份债务率均超过100%的警戒线，与显性债务口径下的省份数量相比大幅增加22个，其中，天津（542%）、北京（452%）、贵州（359%）、江苏（353%）等位居前列（见图4）。

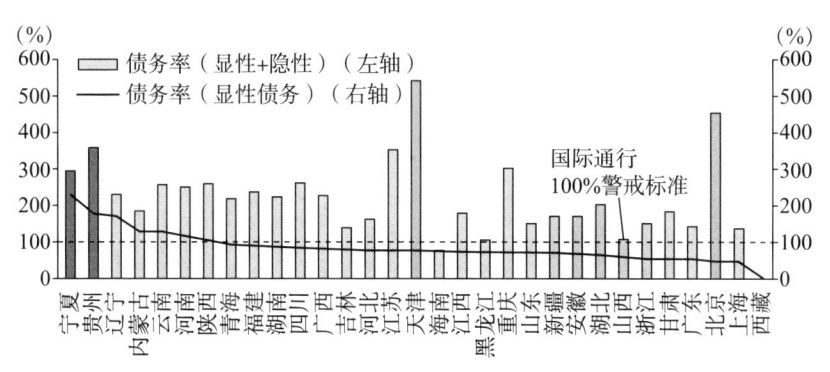

图4　各省份债务率（分别在显性债务及隐性债务口径下）

资料来源：中诚信国际区域风险数据库。

三、地方政府隐性债务重要载体——融资平台面临较大转型压力与挑战

地方政府依托融资平台所形成的地方政府隐性债务是我国特有财税体制及经济发展模式的产物，快速扩张的隐性债务背后实际上是地方政府债务-投资驱动模式的不断强化，既源于地方政府在不正确的政绩观下超出财力搞建设，也源于金融机构以政府兜底幻觉代替市场化风控要求的推波助澜。现阶段推进融资平台转型与防范地方政府隐性债务风险已是一体两面，只有切实剥离平台企业政府融资职能、推进其市场化规范化转型，方能从源头处防范融资平台成为地方政府债务隐性化载体，并有效防范存量隐性债务风险的深化与蔓延。在现阶段宏观经济下行压力加大、强监管持续加码的严峻背景下，融资平台转型之切、转型之难进一步凸显。

（一）在发展环境变革下，融资平台面临迫切的转型压力

融资平台在前期债务快速扩张的同时并未培育与其负债水平相适应的资产经营能力与盈利能力，使其对外部融资极为依赖且敏感。伴随中国经济发展进入新常态，经济运行的深刻变化使得地方融资平台的发展环境面临深刻变革，前期债务扩张模式已难以持续，"成也融资，败也融资"的发展困境迫使现阶段的平台企业不得不谋求转型。

第一，货币收紧利率中枢上移，融资平台再融资承压。伴随美国与欧洲启动加息和缩表进程，中国稳健偏中性的货币政策呈现边际收紧态势，利率中枢持续上移。2017年11月10年期国债收益率突破4%，为三年来新高。资金成本的持续上升，一方面直接加剧了融资平台"借新还旧"的成本，另一方面使其财务状况恶化、信用水平下降，加大了平台企业在资本市场的再融资难度。尤其对于财政实力较弱、债务率整体偏高的省份，地方政府对于融资平台的补贴资源有限，平台企业对于外部融资成本变化更为敏感。

第二，金融整顿持续深入，融资平台融资暗道受阻。2017年中国人民银行对于商业银行的宏观审慎监管（MPA）加强，将表外理财和同业存单相继纳入MPA考核，一方面影响了平台企业的可贷资金，另一方面有效控制了影子银行的资金来源。同时，中国人民银行等出台了《关于规范金融机构资产管理业务的指导意见（征求意见稿）》，对各类资管机构在打破刚性兑付、规范资金池、消除多层嵌套和通道、精致化管理方面进行明

确规范。伴随金融整顿和金融改革的持续深入，地方融资平台此前借助影子银行规避监管的融资暗道已难以为继。

第三，监管实行多方面约束，加快融资平台与政府信用剥离。伴随国家宏观调控重心由稳增长向防风险转变，2017年关于规范地方政府融资机制的监管政策密集出台，进一步加快了地方融资平台与政府的剥离。一方面，加快剥离地方融资平台与地方政府的信用、债务，通过《关于进一步规范地方政府举债融资行为的通知》（财预〔2017〕50号）、《关于坚决制止地方以政府购买服务名义违法违规融资的通知》（财预〔2017〕87号）和《关于进一步增强企业债券服务实体经济能力 严格防范地方债务风险的通知》（发改办财金〔2018〕194号）等进一步明晰地方融资平台与地方政府的界线；另一方面，剥离平台企业的政府"债务-投资"代理人角色，由政府主导向市场主导转变。2014年以来，在防范地方债务风险的同时，国家调控政策更加强调优化政府投融资机制，调动社会资本参与力度，通过引入市场化力量，倒逼地方融资平台转变职能。

第四，土地出让收入下滑，融资平台偿债来源受到削弱。地方融资平台的典型融资模式即政府赋予平台土地使用权，融资平台利用土地使用证融资以进行基础设施建设，此后通过土地出让收入偿还前期借款。在此模式中土地收益是外部融资的重要担保与还款来源。但伴随经济进入新常态，土地供给逐步减少、房地产市场深度调整，土地收益作为偿债来源已难以持续。2015年全国土地出让收入为3.37万亿元，同比增速由2010年的106.25%下降至21.62%，呈现显著下滑态势。2016年"营改增"后，地方税收收入进一步下降、财政收支矛盾加大，地方财政对于融资平台的偿债支持逐步削弱。

（二）融资平台市场化转型所面临的挑战

第一，地方政府融资渠道受限，对融资平台的依赖与干预仍较高。如前文所述，2014年新《预算法》与《国务院关于加强地方政府性债务管理的意见》（国发〔2014〕43号）出台后，地方政府尽管获得独立举债权，但在发债限额约束与地方财权事权不匹配的背景下，一般债券与专项债券资金仍难以满足地方较大的融资缺口。例如2017年地方政府债券发行上限为1.63万亿元，该金额与地方融资平台年均负债规模难以匹配。同时，地方政府债券仅由省级政府发行，融资需求更高的地市级政府仅能通过省级政府实现债券融资，融资效率及灵活性均较低。在地方各级政府财权事权不匹配、融资渠道未真正打开的背景下，平台企业的政府融资职能难以真正剥离，政府与平台之间的双向依赖仍在持续深化，为融资平台向独立市场化主体转型带来了更大阻力。

第二，平台企业投资结构单一，造血功能较差。融资平台承担的项目主要集中于资金投入大、投资收益少、回收期长的基础设施项目，投资结构十分单一，缺少足以支撑公益性项目的经营性项目收益来源，依靠融资平台自身经营难以实现盈利和现金流的平衡，需要通过政府补助等方式实现盈亏平衡。在当前强监管压力下，融资平台面临严峻的融资环境和业务转型压力，融资平台的经营性活动尚不稳定，利润增长依然较弱，在累积效应的作用下，盈亏平衡的缺口成倍增大，资金需求结构严重失衡，在很多融资平台的资金需求中，用于资金周转的额度已远高于用于新建项目的额度。

第三，平台企业市场化意识弱，运作效率较低。从外部看，融资平台承担的公益性项目往往不存在市场竞争问题，相对于纯粹的市场竞争主体，缺少来自外部的竞争压力，不利于运作效率的提升；从内部看，融资平台的运作机制相对于完全市场化的企业还不够完善，内部提质增效的动力不强，由此造成融资平台的运作效率总体上较低。总体上讲，由于融资平台的政府属性，始终把政治效益放在首位，在经营管理、项目运作过程中首先关注的是实现政府要求，而不是满足市场需要，从而导致经营运行效率较低。

四、新常态与多重政策约束下融资平台的转型路径及关注点分析

随着监管的趋严，融资平台逐步剥离政府融资功能，传统的土地整理和基础设施建设业务模式已经难以满足新的监管形势下融资平台发展的需要，一些实力较强的融资平台已经开始探索多元化产业发展模式并取得了一定成效，为后续融资平台转型提供了借鉴。在未来进一步推进融资平台转型过程中，应根据融资平台资产的不同性质实施分类转型，按照市场化原则处理好政府与企业的关系，同时应坚持循序渐进，避免"一刀切"引致新的风险。

(一) 当前融资平台典型业务及转型经验：从单一到多元

目前地方融资平台的核心业务依然是土地整理和基础设施建设，部分企业开始突破上述传统的业务模式，如从传统业务转向城市公用事业业

务、从传统业务转向多元化业务以及从传统业务转向投资控股平台，但需要注意的是，公用事业业务盈利性较弱，而多元化业务中的实业部分、房地产部分受政府宏观调控的影响较大，均具有一定的不确定性。

当前融资平台以土地整理和基础设施代建为主要业务模式。以土地整理或基础设施建设为主的单一业务模式是众多融资平台发展的源头，也是当前中西部许多融资平台的主要业务模式。在土地整理业务方面，由于2016年财政部等部门联合发布了《关于规范土地储备和资金管理等相关问题的通知》(财综〔2016〕4号)，融资平台的土地整理业务得以进一步规范，普遍模式为平台受地方土地储备中心（或相应政府机构）的委托进行土地一级开发，平台通过与政府机构签订合约获得土地开发成本的返还以及一定的利润。在基础设施建设业务方面，平台与政府针对不同项目单独签订合同或者签订打包合同，按照约定的收益承担基础设施代建任务。基础设施的融资方式有如下类别：政府拨款、银行贷款、发行债券、抵质押借款或者金融机构将平台的应收账款做成非标产品进行融资。

基于传统业务模式，融资平台已逐步探索多元化的业务方向。第一，由单一业务向城市公用事业或其他国有资产的管理与运营拓展。城市公用事业前期投入和维护的成本较高，但未来可以带来较为稳定的收入。第二，由单一业务向房地产开发以及物业管理拓展。房地产开发不仅包括安置房建设，也涵盖普通房地产以及商业房地产的开发。但房地产开发业务前期投入较大，而且较易受到政策的影响，不同区域房地产的收入情况有明显差异，这类模式适用于经济和财力较好、人口聚集性较强的区域。第三，由单一业务向多元化的运营或投资控股拓展。一般而言，承担多元化业务的平台资质较好，主体评级以AA+或AAA为多。融资平台在向多元化业务拓展的同时，也多具有其核心业务支撑。

（二）在经济新常态与政策约束下，未来融资平台转型路径及关注点

在考虑融资平台转型时，需将地方融资平台转型与化解地方债务风险、政府职能转变、国有企业改革等方面统筹考虑，避免"就转型而谈转型"。同时，地方融资平台的成功转型有赖于地方政府从政策设计、资源统筹、人员安排等多方面予以配合支持，为平台企业存量债务风险有序缓释、在建项目平稳过渡创造良好的外部环境，具体转型路径可借鉴以下方面。

1. 结合国有企业改革分类转型

融资平台依据公益性强弱，盈利能力有所不同。明确平台企业及资产定位，是推进平台转型、实现资产有效整合重组的重要基础。借鉴《关于深化国有企业改革的指导意见》对国有企业的分类思路，融资平台可根据业务内涵分为三类：第一，公益类平台，即主要承担纯公益型政府投资项目如路桥、扶贫等的平台；第二，运营类平台，即业务有一定收入但尚无法覆盖成本，或涉及关系民生的重要领域，如水务、学校等的平台；第三，商业类平台，即处于充分市场竞争领域且从事自负盈亏的项目，如房地产、旅游等的平台。针对上述三类平台，可分类进行考核与转型。

第一，对于业务重合平台，推进资产整合重组。对于辖区内有多家平台、平台定位相似、平台业务有重叠的区域，可以通过股权划拨的方式，将业务相似或者互补性较强的板块重组整合，成立新平台。由此发挥规模效应，降低外部融资成本与无效竞争，提升管理的有效性及针对性，优化区域资源布局结构。

第二，对于商业类平台，提升市场化竞争力。在市场化转型过程中，融资平台还需根据既有资源禀赋，拓展多元化业务，提升市场化经营水平，并可适度推进股权多元，引入先进的人才与技术，建立现代化的公司治理体系，提升企业综合竞争力。

第三，对于"空壳类"平台，坚决退出。"空壳类"平台，指主要负责资金筹集，然后拆借给辖区内其他公益性项目用款主体，还款来源主要依靠地方政府的平台。由于不从事具体业务，只是地方财政举债融资的通道，该类平台并无存续的必要，可通过撤销退出历史舞台。

近年来，重庆市的融资平台转型过程和规划，较为明显地体现了分类转型的特点：如将重庆地产集团和重庆渝富集团组建成投控集团；将建投集团与煤炭燃气集团整合，更名为能源集团，转型为能源产业类集团，不再承担基础设施建设营运的职责，而转型为专注煤炭、电力、燃气等领域的工商企业，完全市场化发展；而重庆交旅（原重庆市高等级公路投资有限公司）在费改税高速公路收费取消后，便不再从事高等级公路建设工作，而是被划拨给重庆旅游投资集团，在某种意义上来说算是实现了平台的退出。

2. 在转型过程中妥善处理融资平台与政府之间的关系

在融资平台转型过程中，需妥善处理好政府与融资平台之间的关系。由于地方政府既是融资平台的股东、又是融资平台转型后承担公益性项目的核心客户，融资平台既要重点理顺与政府的管理和业务关系，又要获得政府对企业转型过程的有力支持。在理顺与政府的管理和业务关系上，重在落实政企分开，建立政府对融资平台的有效考核机制，从而促使地方政府从"管理职能"向"监督职能"转变，利用市场手段而非行政手段引导融资平台发展。融资平台长期从事基础设施建设和公用事业服务，在转型过程中仍离不开地方政府的有效支持，地方政府应当在推进优质国资整合、妥善处理存量债务、支持推进资本运作、授予特许经营权、推动混合所有制改革等方面给予更多转型支持。

3. 循序渐进推进平台转型，避免一刀切激化与衍生风险

地方融资平台转型实则是地方政府投融资机制的变革，"如何转、转向哪、转多久"均与当地基础设施发展阶段、投融资结构等密切相关，难以一概而论，需因地制宜。对于地方基础设施发展水平较高、基建类项目大多进入运营盈利阶段且社会资本较为活跃、政府财政实力较强的区域，地方融资平台转型的外部条件较好，转型路径较为多元。对于地方基础设施欠账较多、民间投资等社会资本发展不足、地方政府财政水平也较弱的区域，地方融资平台转型的阻力较大，盲目的一刀切式转型不仅无助于缓释风险，反而易激化乃至衍生更多风险。在推动地方融资平台转型的过程中，需结合所在区域的整体情况采取差别化转型路径，循序渐进妥善推进。

五、防范地方政府债务风险与促进融资平台转型的建议

2014年以来，在持续的监管趋严条件下地方政府显性债务风险总体可控，但是在地方政府财权与事权不匹配的问题并未得到根本解决的大背景下，地方政府隐性债务快速增长，蕴藏了巨大的风险。未来，仍需进一步加强顶层制度设计，健全财权与事权合理匹配的财税体制，完善并贯彻落实各项监管制度，从多个角度防范地方政府债务风险。同时，考虑到城投平台是地方政府隐性债务的主要载体，防范地方政府债务风险必须与城投平台转型有机结合，同步推进。此外，还需进一步规范PPP、产业投资基金等新兴地方政府融资方式，避免地方政府违规使用这些融资方式增加隐性债务。

（一）多方举措防范地方政府债务风险

1. 财权与事权合理匹配的财税体制是地方债务风险管理的基础

1994年实行的分税制改革，彻底扭转了中央和地方的收入格局，解决了当年中央财政紧缺的情况，但是中央与地方财政事权和支出责任划

分不尽合理，地方政府财政收入占全国财政收入的比重约为50%，但地方财政支出占全国财政支出的比例却超过80%。因此，要真正解决地方政府债务风险，必须真正建立财权与事权合理匹配的财税体制。2018年2月，国务院印发《基本公共服务领域中央与地方共同财政事权和支出责任划分改革方案》（下称《方案》），新时期财政事权与支出责任划分改革取得突破，后续仍需进一步出台其他细分领域的中央与地方财政事权和支出责任划分方案，形成全方位的权责明确的中央、地方财政事权和责任划分体系。与此同时，税收体系仍需进一步完善，形成"以共享税为主、专享税为辅"的中央和地方收入划分体系，适当提高地方的共享税分享比例，增加地方主体税收来源。值得一提的是，中央与地方对共享税的分享比例一旦确定，就应在较长时期内保持稳定比例，以保证体制激励效果。

2. 加快推进地方政府债务信息公开，提高债务管理的透明度

2017年以来，在加快地方政府债务信息公开方面取得了重要进展：2017年6月，《全国和地方资产负债表编制工作方案》经中央全面深化改革领导小组审议通过，2018年3月财政部发布《政府综合财务报告编制操作指南（试行）》（财库〔2018〕30号）；从2017年末开始，财政部逐月公布地方政府债券发行和债务余额情况。但从当前来看，我国地方政府债务信息公开仍有诸多不完善之处。一方面，财政部公布的地方政府债券发行和债务余额情况，仅是地方政府直接债务，但地方政府债务结构复杂，相当大一部分债务以城投平台债务、国有企业债务、PPP等隐性债务存在，信息高度不透明，隐藏着巨大的风险。另一方面，当前我国地方政府债务口径不统一问题依然存在。从横向来看，财政部、发改委、审计署以及各地方政府的统计口径并不完全统一；从纵向来看，地方政府不同时期披露的债务数据具有较大的随意性，没有统一的方式。在制度不完善的情况下，我国地方政府债务的信息涵盖与披露方式需要做出特别的设计，应根据我国地方政府债务的实际情况，对隐性债务予以充分考虑，以更为准确地评估地方政府的实际债务水平。与此同时，债务信息的公开应形成完整的制度，有关部门及地方政府应按一定的时间频次、可比的统计口径持续进行债务信息公开，以合理引导和稳定各方预期。

3. 完善债务风险预警机制，加大对高风险地区的约束和惩罚力度

国务院办公厅于2016年10月印发的《地方政府性债务风险应急处置

预案》(国办函〔2016〕88号)对地方政府债务信息报送及债务风险事件处置进行了详细规定,指出市县政府年度一般债务付息支出超过当年一般公共预算支出10%的,或者专项债务付息支出超过当年政府性基金预算支出10%的,债务管理领导小组或债务应急领导小组必须启动财政重整计划,并明确财政重整计划包括但不限于暂停除法律、行政法规和国务院规定的财税优惠政策之外的其他财税优惠政策,压缩基本建设经费、政府公用经费等各项支出,控制人员福利等多项内容,并提出依法追究有关人员责任等。2018年2月,财政部发布《关于做好2018年地方政府债务管理工作的通知》(财预〔2018〕34号),再次强调加大高风险地区债务风险防范力度,首次提出研究制定对高风险地区政府投融资行为的约束性措施。值得一提的是,当前我国地方政府显性债务风险总体可控,而隐性债务风险较大且由于信息不透明,可控性依然不足,但隐性债务风险的爆发同样可能对地方政府信用和经济发展产生极为负面的影响。因此,在债务风险预警和防控体系中,尤其需要关注隐性债务风险,做好隐性债务摸底是进一步完善地方政府债务风险的前提,同时,对隐性债务风险较大地区的相关人员的追责也需进一步加强。

4. 切实贯彻落实好已出台的系列政策,妥善解决存量债务风险,规范新增债务管理

这一系列政策如果能切实贯彻执行,实际上是可以妥善解决地方政府的债务风险、规范投融资平台举债的。但在实际操作中,在中央和地方财税关系没有根本改变的前提下,融资平台依然发挥着重要的基础设施建设职能,导致违规举债行为难以解决;同时,在隐性债务摸底尚未完成的情况下,存量债务风险处置难以有的放矢;此外,市场依然存在一定的"兜底"幻觉。因此,要保证已出台的系列政策贯彻落实,一方面需持续推进央地财税体制改革,另一方面地方政府债务统计与信息披露工作仍需加大力度,同时加大督查问责力度确保新增债务严格遵守现有政策规范。此外,在当前地方财权与事权并未得到根本解决的情况下,地方政府也需充分发挥主观能动性以规范税源监控,加强税源管理,多方面拓展税源,提升自身财税实力,减少对举债发展的依赖。

5. 提高地方政府发行债券及其二级市场交易市场化水平,有效发挥其融资功能

自2014年《预算法》修正案规定地方政府可以直接发债以来,近年来为提高地方政府发债及其债券交易的市场化水平,在政策方面做了不少努

力。如财政部于 2017 年 2 月 20 日发布的《关于做好 2017 年地方政府债券发行工作的通知》（财库〔2017〕59 号）就特别强调提高地方债发行市场化水平，积极探索建立续发行机制，进一步促进投资主体多元化，改善二级市场流动性，等等。但是，在当前我国地方政府缺乏完备清晰的资产负债表和财政收入支出表、债务信息并不完全透明的情况下，地方政府信用评级差异并不显著，地方政府债券发行市场化定价依然缺乏足够基础。要提高地方政府债券发行市场化水平，仍需做好顶层制度设计，加大政府财务信息公开是实现地方政府发债市场化的重要前置条件。与此同时，建议统一地方政府发债主体与资金使用主体，对于具备条件的地市或县，可以允许它们作为发债主体直接发债。此外，还应提高地方政府债券二级市场的流动性，完善做市商制度，打通银行间和交易所市场，鼓励更多投资者进行二级市场交易。

（二）化解存量债务风险，促进融资平台转型

1. 妥善处置融资平台存量债务

当前融资平台部分债务存在一定偿还风险，对于该类存量债务的妥善处置，是妥善化解地方政府隐性债务风险与推进融资平台顺利实现转型的关键。对存量债务的妥善处理，需要厘清负债来源的项目性质，对于经营性项目所负债务，应主要依靠经营性收入保障偿还；对于公益性项目所负债务，可在政府的统筹协调支持下妥善处理，处置方式包括：第一，资产盘活，通过出售、转让、拍卖、租赁、资产证券化等方式将存量资产盘活，提升流动性，减轻债务负担，提高公司运营效率；第二，政府协调辖区内资源，将能够产生现金流的优质资产、特许经营权等注入平台，增强融资平台实力，推进融资平台重组整合为国有资本运营公司，用市场化收入补贴其实施的公益性、准公益性项目，逐步化解政府债务和风险；第三，引入社会资本进行债务重组，通过债权投资或债转股等形式为困难企业债务风险缓释赢得更多时间，并帮助融资平台利用债务压力缓解的喘息机会提质增效、加快转型。

2. 完善公司治理，提升市场化竞争能力

一方面，优化企业资本结构。适度调整融资平台的国有股权比例，并推进债转股，允许部分国有资本转化为优先股，推进股权结构多元化。同时，伴随平台企业转型发展，需根据企业所处阶段对其负债资本与权益资本比例进行动态调整，通过优化资本结构降低融资成本，激发企业经营活力，实现可持续发展。另一方面，实施融资平台政企分开，推动平台企业由行政管理向企业管理转变,提高其市场化经营意识,加大公司制改革力度,持续完善决策机制、用人机制、监督机制,健全公司法人治理结构,完善现代企业制度。

3. 运用多元化市场工具,创新投融资模式

对于已剥离政府信用、建立现代企业制度的平台企业,可作为社会资本方或与其他社会资本方合作积极参与 PPP 项目建设运营,与地方政府形成新的良性循环合作模式。同时,对于进入运营期且有稳定现金流的资产,如高速公路、公交公司、污水处理等项目均可通过发行资产支持证券或资产支持票据的形式盘活存量,补充融资缺口,形成资产与资金的良性循环。同时,地方融资平台可积极探索境外债券、保险资金债权投资计划等创新工具来拓宽融资渠道。

(三) 规范运用产业引导基金、PPP 等融资渠道,减少隐性债务形成

虽然当前各方对我国地方政府存在巨量隐性债务存在共识,但对于隐性债务规模到底有多大、其中蕴藏多大风险则是众说纷纭,有关部门统计口径也不统一。当前亟须对已经形成的隐性债务进行摸底排查,以此为基础,有的放矢地做好存量隐性债务的化解工作。与此同时,必须坚决遏制隐性债务快速增长的势头。自 2017 年以来,有关部门持续出台文件对产业引导基金、PPP 等融资方式进行规范,如果这些规范能得到贯彻落实,将对地方政府通过产业引导基金、PPP 等融资渠道违法违规举债产生较好的制约作用。但是,监管部门仍需持续关注,与时俱进地改进监管方式,防范地方政府在融资压力下通过金融创新规避监管、拓展其他融资渠道形成新增隐性债务。

参考文献

[1] 刘尚希,赵全厚,孟艳,封北麟,李成威. 十二五时期我国地方政府性债务压力测试研究 [J]. 经济研究参考, 2012 (8): 3-11.
[2] 王杰. 地方政府融资平台公司近年发展与监管政策变化回顾 [J]. 纳税, 2017 (8): 68-69.
[3] 魏兴扬. PPP 模式下的地方政府融资平台转型发展思考 [J]. 科技风, 2017 (6): 226-231.
[4] 闫衍,袁海霞,余璐,等. 我国地方政府债务风险分析与债务危机防范. 工作论文, 2018.
[5] 袁海霞. 多举并进防范和化解地方债务风险. 金融世界, 2018 (6):

76-78.

原载《财政科学》2018年第5期,与袁海霞、刘心荷、王秋凤、汪苑晖合作。收入本书时图表有删减。作者单位:中诚信国际信用评级有限责任公司。

改革开放的受益者和推动者

(二〇一八年九月)

从 1978 年开始的改革开放开启了中国一个伟大的时代，党和国家提出要以经济建设为中心。经过反复的摸索和思考，1992 年社会主义市场经济体制正式确立，从此中国的经济制度与人类社会最伟大的文明成果结合在一起。对外开放政策的实施，还使得中国迅速纳入国际分工体系，成为全球化的最大受益者。40 年来经济的快速发展创造了一个"中国奇迹"，中国成为全球经济增长的最大赢家。

1979 年，我从洞庭湖畔的湖北石首农村考入武汉大学政治经济学系学习，这是我人生新的起点，这个起点基本与改革开放同步。我们这一代人有幸经历了中华民族历史上的一个高峰。我于 1992 年参与创办了首家全国性信用评级机构——中国诚信证券评估有限公司（以下简称"中诚信"），20 多年来公司取得了长足的发展。可以说，中诚信和整个信用评级行业是改革开放的推动者、贡献者，更是受益者。

一、40 年来中国债券市场取得快速发展

中诚信所从事的资本市场信用评级，主要是对债券发行人的偿债能力和偿债意愿进行评价。信用评级伴随中国债券市场的诞生，特别是信用债的发行而产生。1992 年在我创业的初期，我怀揣打造"中国版穆迪"的梦想，希望在国内开创一个新的行业，但那个时候，中国债券市场刚刚起步，债券品种单一、融资规模微不足道，根本不需要信用评级。而如今，从债券市场存量来看，中国已成为全球第三大债券市场。债券市场融资规模从 2015 年起已超过股市，债券已成为中国金融市场非常重要的直接融资工具。

40 年来，中国债券市场伴随着改革开放的脚步不断发展。改革开放以来，中国债券市场的发展经历了从无到有、逐渐完善、稳步发展的过程。从改革开放初期到 1991 年，中国的债券市场基本上以场外柜台交易为主，交易的债券品种也只有国债，交易品种单一、交易规模偏小。1991 年，随着交易所的成立，中国债券市场交易中心逐渐向交易所转移，债券交易品

种打破了以单一国债为主的格局,交易规模明显增长。上海证券交易所和深圳证券交易所先后开办了国债现券交易、国债期货交易,并推出了公司债现货交易,极大地丰富了我国债券市场的交易品种和交易方式。在监管上,我国成立了中国证券监督管理委员会、中国国债协会及中国证券业协会等监管部门和行业自律组织,建立了全国性的国债登记托管机构和交易所电子交易系统。

1997年6月,中国人民银行要求各商业银行在全国同业拆借中心进行债券交易,标志着银行间债券市场的形成,中国债券市场开始进入发展的黄金阶段。2005年随着银行间市场短期融资券的推出,中国债券市场更是迎来了爆发式增长。银行间债券市场交易品种不断创新,出现了企业债券、中期票据、短期融资券、绿色债券、熊猫债等新的融资工具,交易规模也呈现快速增长。中国债券市场的投资者类型也进一步丰富,持有结构不断优化。

经过十多年的高速增长,中国债券市场发行量和存量规模都取得了飞跃式发展。2017年中国债券市场总发行量超过40万亿元。截至2017年末,存量债券的规模达到74.7万亿元,债券市场存量占GDP的比重达到90%。目前国内债券市场规模已经接近世界第二大债券市场日本。债券市场交易的品种除国债外,还包括金融债、公司债、企业债、中期票据、短期融资券、超短期融资券、绿色债券、熊猫债、结构性金融产品等类型,基本包括了当前世界金融市场的主流债券品种。银行间债券市场的投资者超过1.5万家,涵盖了境内私募投资基金、期货公司、资产管理机构、住房公积金管理机构、养老金资金管理机构等以及其他广大的非金融机构,已有包括境外央行、国际金融机构、主权财富基金、港澳清算行等超过400家机构获准进入银行间市场。中国债券市场已经成为世界最重要的债券发行和交易市场之一。

随着"一带一路"倡议的提出以及人民币国际化进程的加快,债券市场的对外开放也大大提速。2002年中国证监会和中国人民银行试点推出QFII(合格境外机构投资者)制度,首次允许境外合格投资者通过交易所市场投资境内债券。2010年境外央行或货币当局、境外人民币清算行和参加行获准进入银行间债券市场投资,2013年央行允许QFII申请进入银行间市场、允许RQFII(人民币合格境外机构投资者)申请进入交易所市场和银行间市场。此后,监管部门不断放宽境外投资主体和限额的限制。2017年下半年"债券通"北向通正式开通,内地与香港债券市场互联互通取得重大进展,为境外机构参与境内债券市场的投资再添新的渠道。

二、信用评级机构伴随着债市的发展快速成长

中国的信用评级行业伴随着改革开放之后中国债券市场的发展而成长壮大。1988年,国务院开始对金融性公司进行清理整顿,将原有由中国人民银行和各专业银行设立的评级公司一律撤销,业务归信誉评级委员会办理。1992年,全国信誉评级委员会成立;同年,中国诚信证券评估有限公司成立,并成为中国人民银行总行批准的第一家全国性信用评级公司。

经过20多年的发展,评级行业已发展成为中国资本市场的重要组成部分之一,为中国债券市场的健康发展做出了贡献。截至2017年,国内从事债券市场评级业务的主要评级机构共13家,其中交易所市场评级机构8家,银行间债券市场评级机构5家。2017年评级机构合计所评新发行债券超过5 500只,所评企业家数近4 000家,评级业务总收入接近20亿元,信用评级行业有从业人员超过3 000人。

作为金融市场的重要组成部分,信用评级机构通过对信息的搜集、整合来对风险进行度量,减少金融市场中的信息不对称,通过揭示信用风险影响金融产品的定价。近年来,中国债券市场在快速发展的同时,企业负债率高企、风险事件数量有所上扬,2014年中国进入债券市场违约元年。在此背景下,债券市场成为中国金融风险的重要来源,识别风险并准确地为风险定价,成为信用评级机构的重要职责和使命,信用评级机构成为投资者和资本市场日益重要的守护者。

三、中诚信是改革开放的受益者

中诚信是改革开放的见证者和受益者。1992年,中诚信成为第一家全国性信用评级机构。中诚信开创性地建立了国内第一套信用评级体系,并不断引入国外先进评级理念和评级技术,成为中国信用评级行业的奠基者和引领者。中诚信在中国债券市场发展的各个阶段和关键节点做出了开创性工作,并对中国债券市场的健康、快速发展做出了自己的独特贡献。

一路走来,中诚信在国内信用评级市场建立和发展了真正意义上的、规范的独立第三方评级机构,开发评级方法、建立评级体系、创新评级产品,从而引领评级行业的发展。

中诚信见证了改革开放以来中国债券市场产品创新突破、发展壮大的过程。伴随中国债券市场的发展，中诚信开拓了数十项信用评级业务。从银行信贷评级到债券市场十余种债券评级，从普通企业、金融机构评级到融资平台、地方政府评级，从可转债、永续债等混合资本工具评级到各类资产支持证券等结构性金融产品的评级，中诚信在中国信用评级市场包揽了几乎所有开创性评级技术和评级产品，极大地推动了中国评级市场的发展，提高了中国信用评级业的整体技术水平。中诚信一直走在中国金融债券市场创新发展的最前沿，不断提高自身的专业化程度并为改革开放以来的中国债券市场和信用评级行业创新型发展做出了独特的贡献。

中诚信基于对先进的国际评级机构的评级理念的借鉴，走出了自己的评级专业化发展之路。信用评级行业是一个"舶来品"，中诚信在学习国际先进的评级理念和方法的基础上，结合中国实际不断拓展创新。1999年，中诚信与惠誉国际签署合资协议，成立了中诚信国际信用评级有限责任公司。2006年，美国穆迪投资者服务公司入股中诚信国际。与穆迪的合作，是中诚信在中国评级业的开放与发展中重要而关键的一步，再次提升了中国评级业的专业水平，增强了资本市场投资者对债券投资和信用评级的接受度。20多年来，中诚信从最初对国际评级机构的"跟跑"发展到"领跑"国内评级行业，并逐步实现与国际知名评级机构的"并跑"。

随着经济的高速增长，中国在全球市场的地位越来越重要，谋求在国际资本市场的评级话语权是中国评级业发展和中国金融市场发展的必然要求。2011年，中诚信在香港设立中诚信亚太评级公司，并于2012年获得香港证券监管机构批准的开展评级业务的许可。中诚信亚太评级公司的设立将中国的评级话语权扩展到了境外资本市场，有助于中国评级业进一步走向国际资本市场。

作为中国债券市场发展的见证者和参与者，中诚信坚持以"客观、中立、公正"为企业精神，树立了信用评级行业的第一品牌。近年来，中诚信承做的评级业务，在违约笔数、金额、比例等方面均处于同行业内的最低水平。中诚信保持了市场份额第一的地位，得到了投资者的广泛认可。

目前，中诚信已经拥有全牌照评级资质，成为国内规模最大、业务范围最广、资质最完备的评级机构。2016年，中诚信的评级业务收入超过7亿元；从收入规模看，中诚信已经发展成"中国第一，世界第四"的评级机构。

改革开放40年以来，中国债券市场和评级行业不断发展、规范和创新。作为信用评级行业中的一员,中诚信既是时代的推动者、贡献者,也是最大的受益者之一。回首改革开放 40 年,我对这个伟大的时代充满敬畏和感恩。展望未来,作为评级行业的引领者,我们将继续以推动中国评级行业和债券市场的健康发展为己任,更好地响应"一带一路"倡议,不断提高中国信用评级机构的话语权,助力境内企业"走出去"、推进人民币国际化的进程。我们期待,中诚信在新时代中国经济社会的发展中继续贡献自己的力量!

原载《中国金融》2018 年第 18 期。作者单位:中诚信集团,中诚信国际信用评级有限责任公司。

经济改革中"人"的作用

（二〇一九年二月）

一、"人"在西方经济学中从被忽略到受重视

西方主流经济学在发展过程中将"人"逐步抽象，对人本身的研究有所欠缺。从古典经济学的劳动价值论开始，人的作用开始被抽象为劳动要素，但亚当·斯密没能解释使用价值和交易价值之间的背离，并由此引发了"水与钻石"谁更有价值的悖论。其后经济学理论中出现了边际革命，奠定了现代微观经济学的基础，并将使用价值和交易价值统一，但人本身被"边际效用"的概念取代。同时代的马克思写出经济学巨著《资本论》，在经济分析当中将人的投入抽象为社会劳动时间，将人与人之间的关系抽象为阶级关系，也未在微观个体层面对人展开研究。古典经济学的集大成者马歇尔，以及此后以萨缪尔森为代表的新古典综合派，将人的作用以供需曲线和效用函数取代。不只微观经济学对人本身的研究有所欠缺，主流宏观经济学的发展更是逐步将对人本身的研究排除在视角之外。现代宏观经济学的开山学者凯恩斯，尚且将研究构建在投资者的"动物性冲动"心理之上，而其后的宏观经济理论则主要转向了熨平经济周期、调节宏观经济结构的方向，财政和货币政策、通胀、就业水平成了宏观经济的研究中心。

在主流经济学之外，作为微观个体的人被纳入了新制度经济学和创新理论的研究视角，并逐渐受到重视。以新制度经济学的开创性人物科斯为例，他认为古典及新古典经济学的缺陷在于没有专门研究制度，包括货币、法律、习俗、政治、产权等制度形式被主流经济学抽象掉了。而要研究这些制度，就要研究人与人的互动，研究人的组织和人的行为，比如产权安排如何影响人的行为等。再比如熊彼特提出的"创造性毁灭"概念，就将企业家的作用纳入了经济分析当中。

二、承包制及按劳分配调动生产积极性，改变了短缺经济

长期执行计划经济体制对人的生产积极性产生了负面激励，也是造成

经济短缺的原因之一。1958年开始的人民公社化运动和"大跃进"并没有带来增长率的上升，中国经济的增长率下降很大。正是由于人的生产积极性不足，从而出现了生产短缺的现象。

中国的改革开放是从调动每个劳动者的生产积极性开始的，承包制及按劳分配满足了微观个体吃饱和穿暖的需求，在较短的时间内改善了物资短缺的状况。1978年党的十一届三中全会后，家庭联产承包责任制在全国逐步推广，提高了农民的生产积极性，解决了温饱问题。1984年党的十二届三中全会将农村的改革经验向城市推广，通过全员责任制、管理层承包、允许效益提成等方式增强企业活力。这些措施使得城市工人也部分实现了按劳分配。承包制以及按劳分配激励了普通人的生产积极性，1978年和1984年中国经济增长率、中国人均收入增长率两度达到短期经济周期的顶峰。在短缺经济条件下提高生产是相对简单的，只要没有外在体制的约束，吃饱和穿暖的需求自动激励着人们提高生产，而只要能够提高产量，就能直接提高人民的生活水平。1978年开始的中国改革开放取得了显著的效果，原因就在于它激励了每个微观主体，满足了个体生活的基本需求。

三、产权改革再造微观基础，带来了供需基本平衡

单方面激励劳动者的积极性尚不足以完全克服经济短缺，原因在于市场的微观基础还缺少企业和企业家的出现。虽然有承包制、效益提成的激励，企业的领导层和管理人员仍然受制于计划的约束，无法完全释放市场主体的活力，经济产出仍然不能满足有效需求，因此才出现了1988年价格闯关时的严重通胀。在这样的背景下，我国在20世纪90年代采取了一系列旨在推进产权改革的措施。1992年邓小平南方谈话是产权改革的起点，党的十四大报告正式提出了建立社会主义市场经济体制的目标。除了党的十四大报告之外，1992年还发布了《国务院批转国家体改委关于一九九二年经济体制改革要点的通知》，全面落实企业自主权、转换企业经营机制。1993年全国人大常委会通过《中华人民共和国公司法》，党的十四届三中全会把建立产权清晰的现代企业制度作为建立社会主义市场经济体制的重要内容之一。1997年出台《关于以高新技术成果出资入股若干问题的规定》，允许技术入股。《中华人民共和国证券法》的颁布使我国企业上市从此有法可依。通过明晰产权在企业家层面构建市场经济的微观基础，将激励的主体从普通大众转向了企业家。中国也正是在这个阶段涌现出了一大

批企业家,后来这批企业家被称作"92派"。这批企业家所从事的主要工作是"补课",引进、吸收并模仿发达国家的先进技术和先进商业模式,也快速拉近了中国与西方的技术差距和商业差距。

建立社会主义市场经济体制离不开大量企业的建立和企业家群体的产生,不同资源所有者之间的价格交换才是市场运行的基本机制。按照熊彼特创新理论的观点,经济可区分为增长和发展两个层面,增长主要依靠投入的增加就能实现,而发展则需要企业家的创新精神。对企业家的激励与对普通大众的激励是不同的,企业家所从事的主要工作是创新,就要用创新的成果来激励企业家。新制度经济学中的产权学派认为,对企业家的恰当激励就是赋予他们"剩余索取权"。所谓剩余索取权,就是在支付了利息、工资、折旧等固定支出后,剩余的产出由企业家占有。而为了明确剩余索取权,就需要有明确的产权制度安排。

只有明确企业家的产权,才能为各种资源及其产出定价,最终带来供需生产的平衡。财产权利得到了保障,企业家就有了动力通过各种形式的创新满足市场的需求并获得相应回报。中国经济20世纪90年代的快速发展与对企业家的产权激励、对国有企业的产权改革是密不可分的。正是在企业家的生产和创新激励下,中国经济在90年代末期基本实现了供需平衡。

四、企业家创新创造需求,克服供需结构失衡

随着市场经济转型释放制度红利,以及在2001年加入世界经济大循环,中国经济保持了高速增长,且由于经济结构的不平衡,中国经济逐步走向了产能过剩的阶段。在21世纪初,除了石油和食油原料外,中国经济当中没有供不应求的产品,在这个基础上继续扩大生产、提高产能就会带来有效需求不足的问题。2008年由于受到外部经济危机的冲击,中国被迫采取了经济扩张政策,这些政策激励了投资的过度增长,延缓了经济结构转型,由此中国经济转向了产能过剩的阶段,表现为产能利用率在2008年之后开始出现明显下降的情况。此外,居民消费增速出现了阶梯式下滑,消费升级也出现了瓶颈。

为了应对产能过剩带来的供需失衡,一方面需要在供给侧通过资产重组的方式减少过剩产能,另一方面要继续发挥企业家精神再造有效需求。萨伊定律在短缺经济情形下是适用的,简单的产出增加会自动被需求有效

吸收，也就是供给自动创造需求。但是简单的扩大再生产以及经济结构的扭曲则会带来过多的无效供给，比如过度投资、重复建设带来的无效供给，上游国有部门对市场反应滞后带来的无效供给等。产能过剩本身意味着生产的僵化，按照熊彼特的观点，需要"创造性毁灭"发挥作用，通过企业家更多的创新来创造有效需求。从这个意义上说，化解过剩产能实际上意味着资源的重新分配，将社会和经济资源重新配置到能够进行继续创新的企业家手中。如果不能做到这一点，反而会积累更多的过剩性问题。在移动互联技术基础上产生的新一代企业家，已经对传统的产业产生了一定的颠覆和替代，并激发了普通大众的高层次需求，比如 Web 2.0、社交经济、共享经济等。如何进一步对"人"进行激励正是未来中国经济和中国改革面临的问题。

五、迈向高质量发展仍需加强对"人"的研究

回顾上述中国改革的历史，梳理中国经济学的主线，对"人"的研究是核心。如何满足人的更高层次的需求，不仅是化解过剩产能的需要，也是经济发展的根本目的。

展望中国经济向高质量发展的转型，仍需加强对"人"的研究，包括如何在微观层面保障人的权利、满足人的需求。在经济制度设计方面，一方面要通过去产能、去库存等措施逐步缩小国有部门的过度投资，避免经济资源无效或低效再配置；另一方面要继续研究如何进一步激励企业家的创新精神。只有企业家在经济社会各个领域展开创新，才能将资源合理配置给更能促进经济增长的领域。在商业形态和商业模式方面，要研究如何支持大消费、大健康等代表着消费升级和消费再造的商业领域，这些领域为满足人的全面发展而提供服务，对于拉动消费及相关产业投资具有重要的作用。在经济学研究领域，要加强对"人"的研究，深入研究人的需求与经济增长之间的关系，深入研究对大众群体、企业家群体能够形成良性激励的制度安排。

原载《中国金融》2019 年第 4 期。作者单位：中诚信集团，中诚信国际信用评级有限责任公司。

提高股本率是民营企业发展的必然选择

(二〇一九年十一月)

一、融资能力关系到企业的竞争力和扩张能力

资金是现代工业的血液,只有血液适时适量地供给,企业才能不断发展壮大。对于现代化企业来说,完全依靠自有资金是根本行不通的,是否具备通过债务类和权益类融资工具进行融资和再融资的能力,直接影响着企业成长和扩张的速度和水平。因此,融资能力的强与弱、融资渠道的多与少是衡量一个企业实力的重要内容。

(一)融资能力是企业能力系统的重要组成部分

融资能力是企业为了维系资金循环运动以达到企业持续生存发展的目的,在资金资源有限的条件下,一个企业所具有的能够持续地、及时地以较高的融资效率融通资金的能力。企业融资能力的影响因素包括资本结构、收益波动率、盈利能力、公司规模以及公司成长机会等。王核成和孟艳芬(2004)从企业竞争优势的角度论证了融资能力在企业能力系统中的重要性。他们以竞争优势为基础,根据竞争优势和竞争力之间的关系构筑企业竞争力结构与层次模型,进而从与顾客购买行为影响因素的关系出发,将企业竞争优势划分为直接竞争优势和间接竞争优势。其中,间接竞争优势就是由那些虽不直接影响顾客的购买行为,但却会对直接竞争优势产生影响的因素(如资本实力、技术平台、企业文化等)单独或联合发挥作用所形成的优势。这一类因素常常隐含在企业的各种活动之中,其中资本实力所隐含的融资能力是构成企业竞争优势的一个重要方面,是企业能力系统的重要组成部分,在一定程度上决定了企业的生存与发展。

(二)融资能力是企业竞争力的重要内在要素

马克思政治经济学理论指出,企业资金的循环运动要经过购买、生产、销售三个阶段,相应地采取货币资金、生产资金、商品资金三种职能形式。现实的企业资金循环是连续不断地进行的,而要保证做到这一点必须满足两个条件,即企业资金的三种职能资金形式在空间上要并列存在和在时间上要相继进行转化。因此,一个有效率、有效益的企业必须是能够

合理分配货币资金、生产资金、商品资金的比例，并促使其相继地进行转化的企业。企业竞争力的内容应包括企业能更敏捷地向顾客提供满意且愿意购买的产品和服务，这是为了使企业的商品资金顺利地向货币资金转化；企业持续拥有有价值的、稀缺的、超群的和独特的资产，这是为了使企业的生产资金顺利地向商品资金转化。而企业要拥有有价值的、稀缺的、超群的和独特的资产，首先必须拥有足够的货币资金，使货币资金向这些生产资金转化。同时，企业的资金运动并不是一个存量的运动，资金在运动的过程中还要实现增值，这是保证企业不断发展壮大的源泉。因此，如何融通资金、运用资金、促使资金运动和增值是企业存在的根本。研究企业的竞争力是为了研究企业保持长盛不衰的原因，即企业的资金运动。企业的资金运动是从货币资金开始又回到货币资金的，因此货币资金对于企业的发展更具有决定意义。这就需要企业有较强的融资能力来维持企业的资金运动。从这一点来看，企业的融资能力具有维持企业长期存在的重要作用，是企业竞争力的重要决定因素。

（三）融资边界是企业扩张边界的重要影响因子

企业扩张的边界受企业内外部因素影响。从企业内部看，在除资本外的其他生产要素比如技术、人力资本、管理能力等对企业扩张不构成约束的情况下，融资边界就是企业扩张的边界。企业所能合理筹集到的资金的规模决定着企业扩张的规模和程度，相应地，根据自身融资所处的状态，一个理性的企业经营管理者应清醒地认识到自己的扩张应该到哪里为止。这里的"合理"是指企业应在融资成本、收益、风险这三个相互关联、相互影响的因素之间保持基本平衡，其中风险既包括和筹集资本相关的风险，也包括融资后经营资本所带来的风险。融资成本长期低于融资收益意味着企业扩张不足，没有充分利用现有投资机会去实现股东权益的最大化，这可能会导致股东在企业内部"用手投票"要求更换企业经理人，或者在资本市场上"用脚投票"卖出企业股票，两种做法至少在短期内都会妨碍企业生产经营的持续性，给企业造成不利影响。反过来，融资成本长期高于融资收益一方面意味着企业扩张过度[1]，可能面临较高的经营风险，另一方面也会削弱企业的盈利能力和债务偿还能力，增大企业的融资风险，非但无法实现资本的盈利性要求，甚至可能导

---

[1] 本文所说的扩张过度既包括企业规模扩张超过合理水平，也包括企业扩张到自身不适合的领域所带来的效率的下降。关于企业扩张的更多分析，参见毛振华. 企业扩张与融资[M]. 北京：中国人民大学出版社，2017。

致企业这个"气球"被吹炸。因此，如果将企业看作由资本及其契约构成的联合体[①]，在不考虑外部环境影响的前提下，企业扩张的约束主要来自企业自身的融资能力，边际收益和边际成本相等时的资本规模决定着企业扩张的边界。在追求这一目标的过程中，企业还必须关注筹集和经营资本带来的风险，建立良好的风险控制和管理系统，提高风险应对能力。只有这样，才能既将企业所筹集和运营的资本增加到最多，同时又将规模扩张到最佳。

二、融资工具的选择应和企业所处扩张阶段相匹配

市场中存在着众多的融资工具，比如天使投资、风险投资、股票融资、债券融资、银行贷款以及民间借贷等等。面对如此多的融资工具该如何选择，这涉及具体的融资工具与企业不同扩张阶段的匹配问题。

（一）不同的融资工具体现了资金提供方不同的投资理念

从融资过程是资金供需双方之间的交易这一角度看，融资过程涉及资金需求方、资金供给方及提供交易的市场，因此，我们将影响企业融资的因素归纳为三种：其一，企业自身因素，即资金需求方因素，如资金需求特点、资产规模、财务状况、创新能力、团队管理能力等；其二，资金供给方因素，如资金来源、组织形式、风险偏好等；其三，市场因素，即连接资金供需双方的各种介质因素，如经济发展程度、制度政策环境、为供需双方提供服务的中介机构等。

在一定时期，市场因素的变化是有限度的，企业的融资能力就取决于企业自身与资金供给方两方面的因素。在市场信息不对称、投融资双方地位不均衡等背景下，掌握资金资源的投资方在融资过程中处于主导地位。因此，在融资过程中，融资方只有准确理解投资方的投资原则及理念，并选择代表这些理念和工具的融资工具，才能达到融资的目的。从这个角度来说，融资工具是风险和收益合理分担和平衡的结果。比如，从大的方面看，风险投资蕴含的是高风险收益理念，因此它主要投资于企业发展初期，此时企业运营风险较高，一旦成功收益将非常丰厚；银行贷款则由于银行对资金安全性和收益稳定性的考虑，更偏重低风险的借贷，因此它主要投资于发展至成熟阶段的企业。

[①] 关于这方面的更多内容，参见毛振华. 资本化企业制度论［M］. 北京：商务印书馆，2001。

(二) 不同发展阶段的企业具有不同的融资需求和融资偏好

企业在不同发展阶段具有不同的特点,处于不同生命周期阶段的企业及其产品有不同的资金需求特点与风险状况,需要选择不同的融资结构,采取不同的投融资方式与政策支持,因此,企业金融成长周期理论认为,根据企业成长阶段来选择适宜的融资方式、形成有利的资本结构具有重要意义。

企业金融成长周期是指对应于企业发展的不同阶段,企业在融资环境、需求、能力等方面具有不同的特征,因此需区别对待以促进企业的成长。企业金融成长周期理论由温斯顿和布莱汉姆(Weston and Brigham)根据企业不同成长阶段融资来源的变化提出,该理论把企业的资本结构、销售额和利润等作为影响企业融资结构的主要因素,将企业金融成长周期划分为三个阶段,即初期、成熟期和衰退期。随后,根据实际情况的变化,温斯顿和布莱汉姆对该理论进行了扩展,把企业的金融成长周期划分为六个阶段:创立期、成长阶段Ⅰ、成长阶段Ⅱ、成长阶段Ⅲ、成熟期和衰退期。该理论提出企业各个阶段的融资来源为:(1)在创立期,融资来源主要是创业者的自有资金,资本化程度较低;(2)在成长阶段Ⅰ,融资来源主要是自有资金、留存利润、商业信贷、银行短期贷款及透支、租赁,但存在存货过多、流动性风险问题;(3)在成长阶段Ⅱ,除了有成长阶段Ⅰ的融资来源外,还有来自金融机构的长期融资,但存在一定的金融缺口;(4)在成长阶段Ⅲ,除了有成长阶段Ⅱ的融资来源外,还在证券市场上融资,但存在控制权分散问题;(5)在成熟期,则包括了以上全部融资来源,但投资回报趋于保守;(6)在衰退期,则是金融资源撤出,企业进行并购、股票回购及清盘等,投资回报开始下降。

美国经济学家博格和尤戴尔(Berger and Udell)发展了企业金融成长周期理论,把信息约束、企业规模和资金需求量等作为影响企业融资结构的基本因素来构建企业的融资模型,得出了企业融资结构的一般变化规律,即在企业成长的不同阶段,随着信息约束、企业规模和资金需求量等约束条件的变化,企业的融资结构也相应发生变化。处于早期成长阶段的企业,其外源融资的约束紧,融资渠道窄,企业主要依赖内源融资,在此阶段,"天使融资"等私人资本市场对企业的外部融资发挥着重要作用。因为相对于公开市场上的标准化合约,私人市场上具有较大灵活性和关系型特征的契约具备更强的解决非对称信息问题的机制,因而更能够降低融资壁垒,较好地满足那些具有高成长潜力的中小企业的融资需求。而随着企业规模的扩大、可抵押资产的增加、资信程度的提高，企业的融资渠道不断扩大，获得的外源融资尤其是股权融资逐步增加。

按照企业金融成长周期理论的分析，企业在其发展过程中普遍存在一个金融成长周期，在这个周期内，随着企业的发展、经营记录和业绩的积累，融资选择也会相应改变。也就是说，企业在金融成长周期的不同阶段由于所处的经营环境和金融环境不同，融资的手段和规模是有所区别的，或者说各个金融市场在企业金融成长周期的不同阶段发挥着不同的作用，企业应该深入了解各个金融市场的特点和运行机制，利用积极因素，避免不利因素的影响。另外，企业融资应该以自身的综合实力为基础，量力而行，即处于金融成长周期不同阶段的企业必须遵循企业发展的内在规律，探求有差别的融资渠道和融资力度，将融资风险限定在融资主体所能承受的范围内，同时最大限度地配合企业发展，在市场竞争机制的作用下努力做到自我完善、自我积累，最终实现企业规模由小到大的过渡。

（三）融资的成功实现需要投融资双方的匹配

投融资就像是同一硬币的两面，作为资金供给方的投资者和作为资金需求方的融资者通过融资工具连接在一起，只有前者的投资理念和后者的融资偏好相匹配时，融资活动才能成功实现。参照企业生命周期的相关研究，本节将企业生命周期分为初创期、扩展期和成熟期三个阶段，并根据不同阶段的特点简要分析与之匹配的融资工具。

1. 初创期：高风险和高不确定性，高息借钱、低价卖股

一般而言，处于初创期的企业在经营方面的特征包括：产品新颖、市场潜力大但尚未稳定、公司尚未建立完善的管理体制、缺乏有效的信用记录等。从财务方面看，此时企业资金匮乏、财务制度不完善、未能实现盈利，在未来潜在收益转化为现实收益方面存在很大风险。在融资需求方面，处于初创期的企业对资金非常渴求，但因企业未来盈利情况存在不确定性造成资金提供方的资金要么要求更高的回报，要么要求更多的管理权以保证投入资金的安全性。从资金提供方的角度看，处于初创期的企业经营风险和财务风险很大，如银行贷款这类稳健型资本一般不会深入参与此阶段企业的经营，而愿意为企业提供资金的投资者都希望直接介入公司经营管理从而降低自身风险。也正是出于企业和资金提供者双方的需求，处于初创期的企业管理者更可能通过出让一部分对企业的所有权从而获得双方都合意的资金。

另外，在企业发展的早期阶段，非正规资本市场如民间资本市场往往

扮演着资金提供方的角色。民间资本市场具有较大灵活性和关系型特征的合约具备更强的解决非对称信息问题的机制。在这一阶段的企业融资方式主要以直接融资为主、以间接融资为辅，其中直接融资方式又以风险投资和民间融资为较好的选择。风险投资是以权益资本的形式，把资金投向极具发展潜力的创业企业或创业项目，以期企业成长到相对成熟阶段后再退出投资，取得高额回报的一种资本运作方式。而民间融资可以以民间股权募集和民间借贷两种形式存在。

总体来说，企业在初创期的经营特点主要是面临较高风险，现金流具有很强的不确定性。此阶段融资的主要特点则可概括为高息借钱、低价卖股。可供选择的融资方式主要有民间股权募集、风险投资、创业板上市、民间借贷和发行垃圾债券。

2. 扩展期：快速成长、高现金流，引入战略投资者

在扩展期，由于企业逐步为市场所熟知，企业的市场急剧扩张，规模迅速扩大，生产能力急需快速提高，处于这一阶段的企业需要大量的资金投入。与初创期相比，处于扩展期的企业有较为稳定的顾客和供应商以及较好的信用记录，影响企业发展的各种不确定因素也大为减少，财务风险大大降低，此时取得银行贷款和利用信用融资相对来说比较容易。同时，在企业快速扩张的过程中，企业管理中遇到的问题也越来越多，创业者可能会每天陷于各种繁杂的事务中根本无暇顾及企业的长远发展，企业的发展战略可能也不够清晰，更谈不上调整企业的组织结构以适应企业发展的要求，因此企业可以通过引入战略投资者来满足资金的需求，同时也可以规划企业的发展战略，使企业保持长期的发展。

总体来看，这一阶段企业的主要融资方式有三种：引进战略投资者、引进财务投资者和寻求银行贷款。这些融资方式的表现形式既可以是债权方式，也可以是股权方式，具体需依据投资方和融资方各自的需求决定。在此阶段企业通过出让股权方式获取资金与初创期面临的局面有所不同。首先，处于扩展期的企业的发展前景逐渐明晰，不确定性较初创期明显减少；其次，为继续保持增长仍需大量资金不断投入，企业对资金的需求仍旧旺盛；最后，面对这样的企业，资金供给方可能更偏好未来相对确定的收益，所以入股时希望长期持有，借贷时则希望收益稳定。

3. 成熟期：低息借钱、高价卖股，防止气球被吹炸

在进入成熟期后，企业获得了普遍的信用认可，建立了良好的业绩记录，风险降到了最低水平，积累起丰厚的自有资金，业务记录和财务状况

趋于完备，逐渐具备了进入资本市场发行有价证券的条件。这一阶段是企业融资最容易的阶段，企业应该在考虑各种融资方式的融资效率的前提下力争达到最佳资本结构。这一阶段企业可选择的主要融资方式为上市融资（IPO）、银行贷款和发行企业债券。该阶段的融资特点是：高价卖股，低息借钱。

另外，企业在成熟阶段的融资模式相对固定，也相对规范。结合前面的企业发展阶段和融资方式相匹配的理论，此阶段企业的风险可能不是来自扩张不足，而是来自扩张过度。从融资方面考虑就是企业在此阶段很有可能高估自身的价值，过度负债；在经营方面则表现为盲目扩张业务范围，把企业这个"气球"越吹越大，从而产生不必要的经营风险和财务风险。尽管在此阶段企业的内部风险可控，但外部风险仍旧存在。如果企业扩张的经营战略和财务战略遇到外部风险，在某种因素的触发下，"气球"很有可能被"吹炸"。所以，成熟阶段的企业在保持持续经营方面应该更多地考虑过度融资的风险，避免逐渐增强的融资能力被滥用。

三、从匹配视角看我国民营企业融资难题的成因与解决

（一）融资是制约我国民营企业发展的重要瓶颈

根据全国工商联的统计数据，截至 2017 年底，我国共有民营企业 2 726.3 万家，个体工商户 6 579.3 万户，注册资本超过 165 万亿元。这些民营企业在进行科技创新、推动经济增长、创造税收、解决就业、改善民生等方面发挥了重要作用，已成为我国国民经济的重要组成部分，但民营企业在日常生产经营中依然面临很多有形或无形的障碍，融资难、融资贵就是制约民营企业投资、发展的重要瓶颈之一。

2018 年全国工商联针对上海市民营企业的调查显示①，31.7%的被调查企业认为融资难是自身发展中面临的三大难题之一，40.2%的民营非制造业企业存在资金紧张问题。华昱和刘厚俊（2018）认为，和国有企业、集体企业、外资企业相比，民营企业在信用获得方面存在相对劣势；朱太辉（2019）发现，我国国有企业贷款余额在大中小型企业贷款余额中的占比分别为 70%、44.26%和 32.57%，考虑到民营企业特别是中小微民营企

---

① 参见全国工商联民营企业调查系统，2018 年上半年上海市民营经济运行分析报告，http://www.acficnet.com/f/dcwj/xxgl/sjzl/newsDetails?id=7097515d011948d0a6166b8401308776。最后访问时间是 2019 年 5 月 31 日。

业的庞大数量，这一比例佐证了民营企业融资难和融资贵的困境。

民营企业融资问题受到党中央、国务院的高度重视。2018年2月以来，国务院、财政部、人民银行、银保监会、税务总局等部门多次开会讨论或以政策文件形式部署解决民营企业特别是中小微企业融资难题，并推出包括定向降准、放宽普惠型小微企业贷款不良率容忍度、在对商业银行的宏观审慎评估（MPA）中新增小微企业专项指标、设立民营企业债权融资支持工具和股权支持工具、营造对民营企业"能贷、敢贷、愿贷"的信贷文化等在内的一系列支持措施。随着政策逐步落地，民营企业融资环境出现一定改善，民营企业融资困境得到初步缓解。2018年第四季度末，银行业用于小微企业的贷款①余额为33.5万亿元，其中单户授信总额在1 000万元及以下的普惠型小微企业贷款余额为9.4万亿元，同比增长21.8%；民营企业债务融资规模在2018年第四季度也明显回暖，实现约226亿元的净融资。但是，民营企业贷款占银行业贷款总额的比重仍只有25%，民营企业债券发行量在信用债发行总额中所占的比重近期始终停留在5%和7%之间，与民营经济在国民经济中超过60%的占比远不相匹配、不相适应。辜胜阻和韩龙艳（2017）则认为，融资渠道不畅、融资成本上涨导致民营企业无钱可投是民间投资下滑的重要原因之一。

（二）民营企业融资困境有符合经济规律的一面

关于我国民营企业融资难、融资贵的原因，如果以前文提到的影响企业融资能力的三种因素——融资企业自身因素、资金供给方因素、市场因素——为依据，则可以从以下三个角度加以解释。

第一，从融资企业自身来看，我国大部分民营企业处于初创期，通常资产规模小、会计制度不健全且实施时随机性强、财务透明度差、缺乏合格抵押品、企业抗风险能力较差、未来生产经营活动的不确定性很强。在高度的信息不对称和风险不对称下，不管是在我国还是在其他国家，这样的企业都很难符合作为传统融资来源的银行的放贷标准，因此小微企业贷款难不仅存在于中国，也是一个世界性的难题。这一点在经济下行期会表现得更加明显，因为当经济增速下滑时，和大型企业相比，小微企业的投资回报率、回款率会以更快的速度下降，现金流急速恶化，因此银行信贷会更偏好投向大中型企业。一些规模较大、经营历史较长的民营企业虽然

---

① 包括小微型企业贷款、个体工商户贷款和小微企业主贷款，数据参见银保监会网站http://www.cbrc.gov.cn/chinese/newShouDoc/CDF5FDDEDAE14EFEB351CD93140E6554.html。最后访问时间是2019年5月31日。

能够达到银行的放贷标准或在债券市场融资的条件,但是大型国有企业在经营困难时往往能得到民营企业无法获得的政府或隐性或显性的担保、补贴、救助,可以降低银行和债券投资者的风险,从而使得民营企业在信贷市场和债券市场处于比较劣势。

第二,从资金供给方角度看,我国金融机构呈现以商业银行为主导的单一融资格局。自负盈亏的商业银行固然追求利润最大化的目标,但是与包括风险投资、私募基金在内的其他投资工具不同,银行业态的内在特点以及金融监管的外在要求决定了商业银行必须规避、控制不良贷款规模和比率,它们不会为了追求更高的风险溢价而提供高风险信贷。同时,商业银行为民营企业提供信贷服务的成本为大型国有企业的 6~8 倍[1]。在收益-成本不对称的条件下,为民营企业提供信贷与商业银行的经营目标是激励不相容的。特别是在我国经济下行压力持续较大的情况下,银行不良贷款率近两年已经有所提升,一些商业银行的风险偏好明显降低,对于民营企业、小微企业的贷款能力和贷款意愿不断下降。

第三,林毅夫和李永军(2001)、姚耀军和董钢锋(2015)、刘畅等(2017)、朱太辉(2019)等从金融机构体系、融资基础设施、体制机制等市场因素出发解释我国民营企业融资面临的瓶颈。

以上分析表明,我国民营企业融资困境的形成有不合理的一面,这主要是由金融体系结构不合理、不同所有制企业融资地位不平等、政府和市场关系处理不当等造成的,要通过完善投融资体制机制、加快和深化金融市场化改革、理顺有效市场和有为政府的关系加以解决。与此同时,我国民营企业面临的融资困境也有其合理、符合经济规律的一面,主要表现为除了正规的民间融资外,民营企业高度依赖银行贷款和债券发行进行融资,但是民营企业所处发展阶段及特征与这两类融资工具的内在要求不相匹配。顺应我国经济转型和产业结构升级的趋势,民营企业也逐渐从高度集中于劳动密集型产业向新兴产业、服务型产业、高科技产业等综合产业形态转型。和向银行贷款或者发行债券相比,以天使投资、风险投资、私募股权、中小板、创业板等为代表的股权直接融资方式更加符合我国民营企业大部分处于初创期、扩展期、轻资产、高风险和高不确定性的特点。支持和鼓励发展多层次的股权直接融资、提高企业股本率,既有助于在不违背"控风险"这一政策目标的前提下缓解我国民营企业的融资难题,也

---

[1] 沈坤荣,赵亮. 中国民营企业融资困境及其应对 [J]. 江海学刊,2019 (1):92-98.

符合让市场在资源配置中起决定性作用的改革理念。

四、鼓励发展股权融资、提高企业股本率的制度安排

采用行政手段或者是将对中小微企业和民营企业的贷款作为银行的政策性责任往往缺乏经济基本面支持,不仅很容易导致资源的错配和低效配置,而且可能会增大银行不良贷款率上升的风险,甚至诱发局部金融风险。鼓励发展股权融资、提高企业股本率是解决我国民营企业融资难题的更加市场化的方式。为此,重点要从以下三大体系着手建设或完善相关制度安排:

第一,打造鼓励企业善用股权融资、有利于激发投资方积极性的税收体系。企业融资结构的权衡理论认为,和股权融资相比,债权融资可以减轻企业的税负,即债权融资的税盾效应。因此,对于更偏好股权融资的企业,可适当降低税率或者给予部分税收返还,抵补企业以股权融资代替债权融资而多承担的税负。从资金供给方的角度看,应在2018年5月印发的《关于创业投资企业和天使投资个人有关税收政策的通知》的基础上,进一步扩大针对以股权方式投向中小微、初创期和扩展期企业的天使投资、风险投资基金及个人的税收激励政策,当前政策只涉及投资额的税收减免,即只针对投资这一环节,可以通过资本利得税减免、投资损失税收抵减以及投资损失顺延抵减等形式进一步扩大到股权转让、再投资、破产清算等更多环节;在投资额的统计方面,当前政策仅包括以直接支付现金方式进行的投资,未来可将以服务、技术折算甚至是流量导入等所有减轻了企业现金压力的非典型投资方式均覆盖在内。已有研究表明,这类税收激励政策不仅会增大资金供给方的投资额,同时也会使接受投资的公司受益。[1]

第二,完善多元化、多层次的股权融资体系,特别是要打通股权资本退出通道。不管是从大量民营企业所处生命周期看还是从降杠杆的现实需要看,在长期中仍要推动我国的金融结构不断向股权融资转型。一是要借鉴国际资本市场成熟有效的制度与方法,加快改革股票发行上市制度,以市场的自我调节取代行政化的"选美"。二是要建立健全转板制度,真正打开垃圾股退市通道,实现股票"能上能下",促进股票市场优胜劣汰。

---

[1] BOYNS N, et al. Research into the Enterprise Investment Scheme and Venture Capital Trusts: A Report Prepared for Inland Revenue, University of Cambridge, 2003.

三是要完善产权交易制度和产权交易所建设，为股权资本以企业并购方式退出提供制度支持。

第三，加快金融基础设施建设，培育股权融资文化。信用是维系投融资双方的纽带，加快征信体系建设，健全全国统一的社会征信系统，有助于降低征信成本，营造有利于股权融资发展的诚信环境。中介机构是否健全是衡量一国风险投资事业是否发达的标志之一，要建立健全中介服务体系，通过立法保障、政策优惠等推动为投融资双方提供投融资、科技、法律咨询等服务的专业中介机构的发展。推进能够实现征信查询、投融资需求对接、中介机构聚合等功能的综合金融服务平台建设，并将其作为政府公共服务免费提供给有融资需求的民营企业特别是中小民营企业以及资金供给方使用，逐渐培育股权融资文化。

参考文献

[1] 辜胜阻，韩龙艳. 当前民间投资存在的问题及对策思考 [J]. 新疆师范大学学报（哲学社会科学版），2017，38（5）：93-100.

[2] 华昱，刘厚俊. 微观投资行为影响因素探析：真实摩擦与金融摩擦的作用 [J]. 南京社会科学，2018（10）：52-58.

[3] 林毅夫，李永军. 中小金融机构发展与中小企业融资 [J]. 经济研究，2001（1）：10-18.

[4] 刘畅，刘冲，马光荣. 中小金融机构与中小企业贷款 [J]. 经济研究，2017（8）：65-77.

[5] 王核成，孟艳芬. 基于能力的企业竞争力研究 [J]. 科研管理，2004，25（6）：103-114.

[6] 姚耀军，董钢锋. 中小企业融资约束缓解：金融发展水平重要抑或金融结构重要？[J]. 金融研究，2015（4）：148-161.

[7] 朱太辉. 企业融资难融资贵问题的根源和应对研究——一个系统分析框架 [J]. 金融经济，2019（1）：4-11.

原载厉以宁主编《中国道路与民营企业发展》一书，商务印书馆2019年出版，与陈静合作。

加快发展中国特色的健康经济学

(二〇二〇年二月)

党的十八大以来,"将健康融入所有政策"的"健康中国"战略,提出了以"大健康"理念构建中国特色健康经济学理论体系和分析框架的学科建设任务。中国特色健康经济学必须在中国特色社会主义制度体系下进行学科探索,学科建设的核心要义是与时代发展相契合。从部门卫生经济学过渡到"大健康"理念下的健康经济学,其研究范畴更加宏大与全面,兼有突出重点、弥补短板的实践性特点,助力建成与中国特色社会主义相适应的健康中国战略。抗击新型冠状病毒性肺炎疫情的行为策略和资源配置,蕴含有深刻的健康经济学原理与实践需求。这更加表明了建设和发展中国健康经济学的紧迫性和必要性,中国的很多重大健康经济问题比如重大疫情防控中的经济问题都需要健康经济学构建多主体、全程化、分层次的解释体系。

一、国内外健康经济学研究回顾:沿革、演变与现状

(一)发展历程:三大理论基石奠定欧美健康经济学的研究基础

健康经济学始于 20 世纪初的美国,现已成为发达国家主流经济学的一个重要应用分支,中国对健康经济领域的研究起源于 20 世纪七八十年代,兴起时间相对较晚,研究深度与广度也弱于欧美国家。尽管如此,中国和欧美国家健康经济学兴起的原因却有共通之处。在中国,健康经济学同样围绕医疗费用的支出、公平与效率、医疗制度改革、医疗保险与保障以及健康产业等方面,致力于解决国家与社会关心的健康问题,并日益成为一个独立而重要的研究领域。欧美健康经济学研究大致分为医疗政策、不平等、微观个体的经济行为分析和医疗服务供给等几个角度,中国健康经济学是在借鉴欧美等发达国家研究经验的基础上,结合不同经济发展阶段的特点,以解决实际问题为导向开展的科学研究。任何一门学科领域都离不开基本概念和基本理论支撑,在健康经济学巨擘对学科的探索与发展历程中产生了丰硕的理论成果,其中一些经典理论是健康经济学赖以形成、发展的理论基石和动力源泉,被认为是"引发了新一轮经济学革命的富有致

知性、创新性和创造性的研究成果"(Arrow et al., 2011)。这其中，首推阿罗于1963年在《美国经济评论》中发表的《不确定性与医疗保健的福利经济学》(Arrow, 1963)，它开创性地将经济学思想方法运用于健康医疗市场研究，指出医疗服务的提供方和需求方都存在的不确定性是健康行业的显著特征。这篇文章在学术、决策、健康产业界都产生了巨大影响，被世人奉为健康经济学起源和发展的开山之作，标志着健康经济学作为一门独立学科的诞生。其次，格罗斯曼的《一个关于健康资本和健康需求的观念》(Grossman, 1972)标志着健康经济学分析框架的确立。从人力资本理论(Becker, 1986)出发，格罗斯曼将健康视为能提高消费者满足程度的耐耗资本品，提出医疗保健需求是一种派生需求，并将贝克尔[①]提出的家庭生产函数成功引入健康的效用函数分析之中，首创性地建立了健康资本需求模型。最后，马什金(Mushkin, 1962)从经济学角度对健康的概念做了界定。他在《健康作为一项投资》中，首次将教育和健康并列为人力资本框架下的孪生概念，还归纳出对人力资本和劳动生产率造成损失的三个方面，即死亡(death)、残疾(disability)和衰弱(debility)，正式将健康定义为"人力资本的构成部分"，开启了以经济学的理念、思维和方法研究健康问题的大门。健康问题被纳入"需求-供给-市场结构-均衡"的经济学分析框架后，寡占市场理论(寡头、定价、市场细分)、博弈论(纯策略均衡、混合博弈、广延型博弈)、公共产品理论(公共产品、税收制度设计、投票、外部效应)、不确定性经济学(风险、保险、投资)、信息经济学(不对称信息、逆向选择、信号)、激励理论(委托-代理理论、契约理论)、法和经济学(制度经济学、企业性质分析、法律)等都可被用来研究人的健康问题，对健康经济学的缘起和发展意义非凡。

(二)学科演变：从卫生经济学到健康经济学

在我国，健康经济学(health economics)多被译为卫生经济学，它是一门充满活力的学科，同时也极具争议性(孟庆跃等，1997)。维克托·富克斯(Victor Fuchs)曾对健康经济学与卫生经济学的概念进行区分(Fuchs, 2000)。他认为，健康经济学包括两个部分：健康经济学本身(economics of health per se)和医疗经济学(economics of medical care)，并认为后者比前者受到了经济学者更多的关注。从20世纪80年代卫生经

[①] 加里·贝克尔(Gary S. Becker)及其合作者于1965年在《时间分配理论》(A Theory of the Allocation of Time)一文中提出了家庭生产函数，其初衷是试图为分析工作之外的其他所有活动的时间配置问题建立一个统一的分析框架。

济学开始发展到21世纪初期，随着我国医药卫生体制改革的深化和健康中国建设的逐步推进，我国卫生经济学的研究重点也从过去的医疗卫生财务管理这一狭窄领域逐步向医疗体制改革和健康事业发展的重大理论实践问题转变。① 纵观其发展历程，我国卫生经济学可简要归纳为以下两点：一方面，传统卫生经济学逐渐褪去部门经济学色彩，向内涵更丰富、范围更广阔的健康领域拓展；另一方面，我国卫生经济学也逐步融合健康经济学本身，进而与欧美已成熟的健康经济学接轨。

由于都是以经济学的方法来研究健康问题，健康经济学与卫生经济学有着密切联系。然而，健康经济学的研究范畴比卫生经济学更加广泛，其与卫生经济学主要有如下几个区别：一是健康经济学的研究不仅追求实现有限医疗卫生资源的效益最大化，而且追求提高群体人力资本，特别是实现群体人口健康状况从异质性向同质性的转化（温煦等，2017）；二是健康经济学的服务人群覆盖面广，包括了非健康人口群体和健康人口群体，研究领域也扩展到个人锻炼等预防保健和健康促进的行为。对个人健康行为以及医生诱导需求的理论和实证研究也逐渐深入到对其开展路径与机理的分析（徐程等，2012）；三是健康经济学除传统研究内容以外还包括基于不平等框架的健康经济学研究和微观个体的经济行为分析。目前，中国有关健康与健康不平等的研究大体有两个方向：一个是评价社会经济状况和指标的不平等对健康的影响；另一个是对健康状况不平等的度量（郭晓杰，2010）。随着我国健康经济学的发展，健康经济学研究所涉及的内涵和外延将更为翔实，更加充分地融合丰富的社会科学内容。

温煦等（2017）基于经济学的人力资本理论，结合前人观点对健康经济学做如下定义：健康经济学是在社会变动过程中，通过对社会健康资源的最优配置实现人群人力资本最大化的学科。这为推进卫生经济学向健康经济学的升级奠定了良好的理论基础。健康经济学从创立伊始就与微观个体的经济行为息息相关，其中最为突出的观点就是将健康视为人力资本的组成部分，认为它既是一种投入品，也是一种产出品，并在劳动力市场行为中发挥着重要作用。健康的这种特征决定了健康经济学的研究角度的多样性。广义地说，健康与经济发展、医药产业、老龄化、劳动力市场影响的研究，健康与教育关系的研究，以及生活方式、环境对健康影响的研究，都可被纳入健康经济学的研究范畴，即广义的健康经济学还涵盖健康

---

① 王庸晋，王瑞珍. 卫生经济学 [M]. 北京：人民军医出版社，2001.

的精神、心理、生理、营养、社会、环境、道德等诸多方面。

（三）研究回顾：成果、方法与学科建设

近几十年来，健康经济学蓬勃发展，不论是研究范围还是研究方法都有很大突破。如英国早在1971年即提出了健康经济学的分类体系（Cooper and Culyer，1971）；福克斯（Fuchs，2000）、纽豪斯（Newhouse，1972）以及保利（Pauly，1987）等几位杰出的健康经济学家从健康、医疗保险、家庭及社会等多个角度开展了理论性、经验性和政策性的问题研究；众多学者基于格罗斯曼健康需求理论模型和计量模型等，在医疗政策（Jones，2002）、不平等框架（Deaton，2010）、微观个体（Bolin et al.，2001）的经济行为分析等研究领域取得了一系列研究成果。

我国健康经济学者从健康、医疗保险、家庭及社会等角度在该领域的各个方面开展了理论性、经验性和政策性的问题研究，涉及健康及其价值、健康与疾病的决定因素、公共卫生、健康与经济、医疗卫生与健康的需求、医疗保险、医疗卫生服务的供给、人力资源、医疗卫生服务市场经济机制和经济学评价等重大命题（江启成、李绍华，2002），这些研究成果对于医疗体系的改革有很大影响，对民众健康福利水平的提高大有裨益。根据研究者的学科背景，健康经济学研究方法一般可分为三类：一是经济与管理学背景的学者，他们更加侧重于利用计量经济学的模型和方法研究健康问题；二是公共卫生（健康学院）背景的学者，他们更加侧重使用流行病学、卫生统计以及社会医学与卫生事业管理的研究方法，将理论运用于实践中，并强调对健康政策的影响；三是药物经济学（卫生技术评估）背景的学者，他们主要使用成本-效果分析、成本-效益分析和成本-效用分析等卫生经济学评价方法，为决策部门分配资源、选择治疗方案提供依据。当然，第二类和第三类研究方法有着一定的交叉。事实上，健康经济学具有双重学科性质，跨学科和交叉学科的特征非常明显：它既可被视为研究医疗政策投入要素的经济学，又可被视为研究健康行为医疗服务的经济学。然而，健康经济学作为一个具有重要现实意义的新兴学科，其学科体系建设尚不完善。

在学科设置方面，国内还没有高校将健康经济学作为二级学科独立设置，具有"交叉学科"和"跨学科研究"特征的健康经济学专业在我国还处于"条块分割"状态。目前，涉及健康经济学内容较多的二级学科可分为五类：一是经济学下的理论经济学和应用经济学；二是公共卫生与预防医学（全球健康）；三是公共管理学下的社会医学与卫生事业管理、公共管理；四是工商管理学下的社会医学与卫生事业管理、社会保障；五是药学下的药事管理、药物经济学。

此外，各高校没有将健康经济学涉及经济学、工商管理学、公共卫生管理和医（药）学相关内容的框架完整地纳入学生培养方案中，造成学生对健康经济学没有一个宏观的整体认识。例如，医科学生对经济理论应用于现实世界的分析和解释以及抽象化的模型选择所知甚少，这在一定程度上局限了经济学在健康领域的运用；同理，经济学的学生也缺乏医学和公共卫生与预防医学等知识技能的培训，不能将经济学模型和分析有效地应用于疾病、治疗方案、防控措施和策略等健康服务的经济学评价中。简言之，目前多学科交叉融合的难度以及健康相关学科研究领域缺乏系统性的短板极大地制约了健康经济学学科建设。

二、中国特色健康经济学：时代要求与历史使命

（一）为什么要构建中国特色健康经济学

《健康中国2030规划纲要》按照从内部到外部、从主体到环境的顺序，系统地针对个人生活与行为方式、医疗卫生服务与保障、生产与生活环境等影响健康的因素，提出普及健康生活、优化健康服务、完善健康保障、建设健康环境、发展健康产业五大战略任务，即"大健康"理念。由此，在国内外健康经济学历史发展的基础上，我国也提出了新时代构建中国特色健康经济学的任务。习近平总书记在2016年全国卫生与健康大会上指出，坚持中国特色卫生与健康发展道路，要坚持正确的卫生与健康工作方针，把人民健康放在优先发展的战略地位，这是全党全社会建设健康中国的行动指南，更是全方位全周期保障人民健康的实践号令。社会更加注重人的全面和健康，人们视健康既是消费品又是健康投资的理念在不断发生变化中释放出了新的健康需求。新中国经过70年的发展，在2020年全面建成小康社会，人民不再仅仅满足于基本的物质需要。党的十九大指出"我国社会主要矛盾已经转化为人民日益增长的美好生活需要和不平衡不充分的发展之间的矛盾"，这一研判深刻地揭示了我国的消费正从过去的物质型消费向服务型消费转变，其中大健康服务是服务型消费的重要组成部分。为了满足人民大众不断增长的健康需求，社会需要寻求一个以加快健康消费、促进健康投资、发展新型健康产业为重点的"生产-消费-投资"经济发展新模式。可以说，将健康融入所有政策，以"大健康"理念确立

和构建具有中国特色的健康经济学理论体系和分析框架已经成为时代诉求。

学科的建设与发展需要根据不同国情与地域特点将理论与实践相结合,因而我国的健康经济学必须在中国特色社会主义制度体系的指导下进行探索。在我国,健康经济学既包含事业性质又具备产业特征,虽与西方国家一样存在医疗卫生领域的信息不对称等现象,但中国与西方国家具有完全不同的社会制度,在中国特色社会主义市场经济体制下完全照搬西方市场经济的做法,使医疗体系完全由市场调节,必将导致卫生不公平性加剧,与我国"坚持全心全意为保障人民的健康服务"的卫生事业服务宗旨背道而驰。西方市场经济的做法在中国出现水土不服的原因在于,西方国家的卫生经济学作为西方经济学的一门应用学科,较为实用,对资源的合理配置与使用方面阐述较为深入,但关于具有集体选择特征的生产关系的研究相对欠缺。因而,我国的健康经济学发展虽可借鉴西方国家的卫生经济学方法与原理,但其立身之本仍是我国的基本国情与卫生事业现状,因此学习和借鉴西方卫生经济学必须在坚持中国特色社会主义的立场和观点上进行。总之,中国特色健康经济学的构建,既要有别于中国传统的卫生经济学,也不完全等同于欧美的健康经济学,而是与中国经济发展阶段和国情适应的大健康经济学。在此背景下,一个以中国传统卫生经济学为起点、吸收欧美成熟健康经济学发展成果,同时与健康中国发展战略相适应的"大健康"理念下孕育的健康经济学呼之欲出,建设一个既能适应新的经济发展模式、又能将健康发展融入国家发展战略的新学科迫在眉睫。

(二) 中国特色健康经济学的目标取向

1. 解决与民众健康密切相关的各种问题

我国大健康经济学的学术和政策研究主要有以下5项任务:一是普及健康生活。从健康促进的源头入手,运用行为经济学的研究范式,研究影响健康的健康行为和健康生活方式。二是优化健康服务。从疾病的预防和治疗到慢性病及重大传染病防控入手,强化覆盖全民的公共卫生服务,实施健康扶贫工程,创新医疗卫生服务供给模式,发挥中医"治未病"的独特优势。三是完善健康保障。通过健全全民医疗保障体系,深化公立医院、药品、医疗器械流通体制改革,加强各类医疗保障制度的整合衔接,改进医疗保障管理服务体系,实现医疗保障能力的长期可持续。四是建设健康环境。开展大气、水、土壤等污染防治,加强食品药品安全监管,强化安全生产和职业病防治，建设健康城市和健康村镇，最大限度地减少外界因素对健康的影响。五是发展健康产业。区分健康产业的基本和非基本，优化多元办医格局，推动非公立医疗机构向高水平、规模化方向发展。加快供给侧结构性改革，支持发展健康医疗旅游等健康服务新业态，积极发展健身休闲运动产业，提升医药产业发展水平。

2. 理论联系实际，突出政策实践性

一是关注基层。2016年8月19日至20日召开的全国卫生与健康大会确定了"健康发展"目标，把人民健康作为优先发展的国家战略（李玲、江宇，2016）。我国医疗体制改革等关注基层卫生机构的运行及管理，旨在让人人享有基本卫生保健，让广大百姓"病有所医"。

二是关注医疗服务价格与成本核算。近年来我国卫生方面的花费巨大，已经略微超过世界平均水平，但是居民健康状况改善程度不像费用增长那样突出，因此有关政府部门及学者认为近年来的卫生改革是失败的，并引发了关于卫生体制改革方向的激烈争论。为此，健康经济学者不断探索正确的改革方向，建议将政府作用与医疗市场运行纳入市场经济机制，通过各地的不同实践逐步推进医疗服务价格改革。

三是关注健康公平性的研究。中国在经济快速发展的同时，贫富和收入差距逐步扩大，研究收入差距对健康公平性的影响有助于卫生政策的制定和促进医疗公平（范方志等，2012）。我国健康经济学者围绕健康决定的收入差距假说并从收入差距影响健康公平性的路径角度进行了大量研究，为2020年全面打赢健康扶贫攻坚战提供了强有力的学术支撑和中国健康经济学的实践。

四是关注人口老龄化的经济学研究。人口老龄化和经济发展是相关的，世界上已进入老龄化阶段的国家的人均GDP基本都大于10 000美元，而我国进入老龄化阶段时仅达到1 000美元。中国作为世界上最大的发展中国家，是在经济发展水平不高的情况下进入了人口老龄化阶段，并且我国老年人口的增长速度快于经济发展速度，出现了"未富先老"的新挑战。健康经济学者针对未来可能出现的资源配置不合理区域进行预警，为医疗资源的空间配置提出了相关建议和指导，以期推进养老服务体系公平性进程。

3. 注重人才培养，促进医教研产深度融合

中国特色健康经济学是以大健康视角的经济学为研究对象的分支学科，超越了传统经济学学科边界，并且同医学、管理学、心理学、社会学

和法学等学科深度融合,其开放性和演化性必定会为健康经济学学科的发展注入新活力。中国特色健康经济学注定要结合经济社会发展需求,形成社会科学、医学和工科的交叉学科研究,树立清晰的大健康视角下的健康经济学复合型人才培养目标。

4. 加强国际合作,筑基人类命运共同体

我国作为世界上最大的发展中国家,在大力推进国内经济社会建设的同时,也建立了中国特色大国外交,并使之在人类命运共同体的构建中发挥了重要作用。尤其是近年来我国"一带一路"倡议的提出和实施,使得我国同"一带一路"沿线国家的国际关系更加紧密。"一带一路"大健康产业创新研讨会、"一带一路"医学救援大会等会议展示了我国为全球健康的实现所做的重要贡献,彰显了我国在人类命运共同体构建中的大国责任与形象。中国特色健康经济学的发展将有助于探索国际健康合作与评估新模式,在有限的成本下为提高健康产出、提高资源利用效率、最大化合作成果提出合理有效的建议与方案,使我国在卫生与健康领域的国际合作中发挥中国特色优势,加快全球健康发展进程。

三、中国特色健康经济学:主体架构与创新内容

(一)大健康理念下健康经济学的主体架构

《健康中国 2030 规划纲要》提出的"大健康"理念以及与之相关的健康中国的五大战略任务,为我们提供了构建中国特色健康经济学的理论坐标。和传统的对卫生经济学的构建相比,大健康理念下的中国特色健康经济学将学科所辖范围从医疗卫生政策延伸至所有健康相关政策,从准公共服务领域延伸至包括自由竞争产业的全链条、全周期领域,从以改善医疗卫生领域资源配置为主的局部范畴延伸至增进国家整体经济和社会高质量发展的全局范畴。由此,"大健康"理念下的中国特色健康经济学分为以下几个层次。第一个层次是以医疗卫生保健需求为对象的狭义健康经济学层次,它包含了我国传统卫生经济学的主要内容和欧美医疗保健经济学(economics of health care)的主要内容。第二个层次是指对健康社会决定因素(social determinants of health,SDH)的研究,即涵盖医疗、卫生服务、教育、收入、生活方式和环境等的广义健康经济学。第三个层次是与大健康理念及其五大战略任务相匹配的大健康经济学。以上三个层次不是逐个替代,而是内涵半径依次延长的关系。换个角度讲,结合健康中国顶

层设计、健康经济学的国内外学术沿革,中国特色健康经济学以大健康理念强调社会主义人本价值观,将人的生命全程理念融入五大战略任务的每个环节,以健康中国彰显中国国家竞争力优势,使大健康服务于中国国家大战略。

(二) 大健康理念下健康经济学的创新内容

近10年来,健康经济学相关理论和学术研究越来越多,但由于各种条件的限制,相关的评价方法和国际上已取得的共识到目前为止还未在国内得到充分认识和利用,很多国际前沿研究在我国尚处于起步阶段。在大健康理念下可由学者们施展才华的健康经济学创新不胜枚举,目前已出现蓬勃发展气象的主要有两个大的研究方向:一是我国目前健康医疗大数据日趋完善和相关产业突飞猛进,计量经济学基本理论与实践在大健康领域的应用将会成为中国特色健康经济学创新领域的主战场;二是行为经济学对于研究人的非理性行为和心理活动、更好地认识自我,以及帮助人们变得更加理性等方面起到了很大的助推作用。尤其是在健康领域,很多疾病的产生和管理是与个人行为密切相关的,习惯、情绪、社会规范等都会影响人们的健康决策。我国人口众多,在老龄化加快的背景下同时面临传染性疾病和慢性病的双重挑战,因此,帮助人们更加理性地做出健康方面的决策是中国健康经济学者的创新心愿。

1. 健康与经济社会发展的理论、实证

系统地规划健康和经济增长的关系是关乎国民经济长期可持续增长和满足人民群众日益增长的健康需求的当务之急。一方面,从经济学的角度考察,健康是人力资本的一个重要组成部分,对于长期的经济增长有至关重要的作用(王健等等,2008);另一方面,经济发展过程造成的不平等和健康贫困问题也隐含有需要政府承担的责任(徐俪筝等,2018)。近年来,传染性疾病和慢性病带来的巨大疾病负担以及日益严重的老龄化问题,给我国医药卫生事业带来了严峻挑战。从人力资本、疾病谱模式转变和老龄化等方面分析健康对经济发展的影响,对确定健康经济学的学科发展方向具有重要的意义。

2. 健康保险与保障

我国健康保障体系的建立与发展需要始终依托现实的国情和紧扣经济社会发展的现实状况。由于城乡二元体制的长期存在,我国健康保障体系在建立伊始就形成了条块分割的以公费医疗、劳保医疗、合作医疗三种医疗制度为主体的基本医疗保障体系模式。随着医疗卫生体制的深化改革以及"健康中国"政策的推进，2018年组建的国家医疗保障局打破了条块分割的管理体制，实现了集定价、采购、支付和监督于一身的"四权合一"，有助于统筹推进"三医联动"改革，更好地保障人民群众"病有所医"的需求。总之，医保制度的新时代和新形势对健康经济学的发展提出了更多的任务要求。

3. 健康产业

健康产业作为我国经济产业中的一大"朝阳产业"，发展潜力巨大，同时也是供给侧结构性改革的重要领域，对稳增长、促改革、调结构、惠民生具有重要意义。国家从战略高度给予健康产业政策支持，"健康中国"建设更是把加快发展健康产业列为新时期的五大重点任务之一。

近年来，我国健康产业在医疗、卫生、保健等诸多领域取得了重大突破，但随着我国老龄化、疾病谱转变、经济快速发展等趋势的显现，健康产业也面临着许多新的发展领域，如以医养结合为特点的健康产业将占据越来越重要的地位。但是，我国健康产业的发展道路上却存在着"拦路虎"。由于健康产业覆盖面广、产业构成复杂、涉及部门和主体众多，加之学界缺乏对健康产业发展规律的深入研究和准确把握，尚未厘清健康产业发展中社会效益与经济效益、扩大产业规模及范畴与控制医药费用快速上涨等问题间的重要关系，健康产业的范围与边界、产业属性与发展方向、发展目标与重点领域等问题也还需要进一步明确，这严重阻碍了我国健康产业的高效、可持续发展。因此，利用健康经济学研究这些新问题就显得尤为必要。特别是健康经济学的实证研究将会在分析和回答如何在健康产业实践过程中解决职责不清、监管复杂、缺乏引导等问题，充分激发健康产业辐射面广、吸纳就业人数多、拉动消费作用大等优势，切实发挥健康产业拉动内需增长、保障改善民生的作用中扮演至关重要的角色，进而为推动健康产业的可持续发展提供政策依据。

4. 健康医疗大数据

大数据技术以过去不可能实现的方式存储、匹配、分析海量数据并使之可视化，从而能够揭示人类行为和过程的关联性，为健康经济学提供前所未有的发展机会。现实世界中以指数级增长的数据集、系统之间的关联以及现实世界证据的应用，为新药的研发、精准医疗的实现等前沿研究内容提供了巨大的可能性。作为一门学科，健康经济学需要开发一系列新的用于处理大数据的应用程序，例如，将大数据技术与个性化医疗关联在一起。在个性化医疗中，临床医生可以选择效果最好且副作用最小的治疗方法,并且就药品而言,医生可以选择更适合患者自身的剂量,进而提升整个卫生服务体系的效率。此外,医疗大数据为在医疗系统中处理测量和存储中的复杂问题提供了可能性,只需在医院数据库中常规收集医疗支出和健康结果的常规测量的大数据,就可以进行健康经济学评估分析。医疗大数据将极大地增加对医疗系统中消费者行为的监控,从而更准确地确定医疗保险覆盖范围能否改善健康、评估其是有效地促进了医疗利用还是造成了道德风险。

对健康经济学的传统研究常常利用模型分析和解释不同来源的数据组合,健康医疗大数据可以使研究中的数据收集、处理和分析变得更加有效,更加有利于生成更准确的医疗结果和成本数据,更能产生基于全人口的有健康价值的分析与解释。在健康医疗大数据时代,人口模拟可能更接近真实人口的规模和复杂性,更能提供真实世界的循证依据。在未来,开放式研究数据可能会更多地用于生成和测试健康经济学研究的假设,大型数据集的使用可能会导致对健康经济学分析技能的需求越来越大。有了更大的患者数据集,就可以生成更多的真实世界的证据,也可以更好地理解治疗之间的相互作用,更好地控制医疗费用。拥有更多的生物监测和生活方式数据将使健康经济学干预措施更适合个人。当然,如果健康经济学的模型存在缺陷,即使使用大数据技术也不能弥补设计不恰当的模型。

5. 欧美健康经济学理论和方法的中国化

(1)健康计量经济学在我国卫生领域应用的展望。中国对健康经济学中真实世界的研究晚于西方[①],结合医药卫生领域的真实世界数据,运用计量经济学方法进行的研究更是少之又少(Wagstaff and Culyer,2012)。虽有学者已经注意到利用模型方法结合数据进行实证分析,但是对健康计量经济学的模型应用还缺乏深入探索。可以说基于真实世界研究数据的健康计量经济学在国内还是一个全新的领域,其模型构建的实用性与适用性还需要进一步的挖掘与发展(褚淑贞等,2014)。健康计量经济学的应用可考虑以下方向:

第一,公共卫生供给方向的应用。健康计量经济学可应用于公共卫生供给的理论性研究、产出函数研究、成本函数研究和边际成本分析等方面。

[①] 费尔德斯坦(Feldstein,1995)开创性地运用包括两阶段最小二乘法、主成分分析、线性规划在内的计量方法进行医疗生产函数等方面的实证研究,结果表明经济学家利用计量方法研究医疗服务体系既是适用的,又是有效的。

第二,公共卫生需求方向的应用。健康计量经济学还可应用于与公共卫生需求相关的因素分析。如利用计量经济学通过筛选变量,建立线性、二次和双重对数函数来分析影响住院需求的因素。

第三,其他方向的应用。健康计量经济学还可应用于体制评价和计划机制。其中,体制评价主要是进行各种比较分析,如对各国的卫生服务体系进行比较分析,我国的医保体系是否公平可及等。

(2) 行为经济学在卫生政策中的应用。

一是有限理性与医疗保险参保流程优化。西蒙的有限理性理论[①]指出:个人处理信息的能力有限,带有主观性且并非完全相同,在进行决策时也无法将全部信息都加以考虑。在西蒙的有限理性理论基础上,有学者提出在助推政策的选择和设计上,应该简化信息的表达方式,使人们能够更容易地做出更好的选择(Kalyanaram and Muralidharan, 2009)。

二是框架效应下的器官捐赠及医保参保行为。卡尼曼与特维斯基在前景理论中分析了框架效应,即个体决策受到选择方式的框架形式影响从而出现偏好逆转的情况。这样的偏好逆转违反了传统经济学理性行为的一贯性假定,却反映了现实中个体决策受选择方案描述影响的非理性特点。

三是易得性启发式判断对健康教育宣传的影响。非理性行为主体在复杂的环境中进行决策时,会依有限的信息启发做出判断从而简化决策过程。行为经济学通过启发式与行为偏差理论来解释这类非理性行为(廖成娟,2018)。

四是有限意志力与健康相关行为的干预。传统经济学采用贴现效用模型(discounted utility model)通过不变的贴现率对人们的跨期行为进行解释,认为行为主体具有时间偏好的一致性。行为经济学以双曲贴现模型(hyperbolic discounting model)分析人们的跨期行为,发现行为主体存在偏好现在甚于将来的现象。

五是利他主义与医生行为。利他主义的存在已经从生物学(Rushton, 2004)、实验经济学(Forsythe et al., 1994)、自然和社会现象(Burkart et al., 2007)中得到证明。在卫生领域,医生的利他行为是指医生为了患者的健康效益而在一定程度上放弃自身的经济利益的行为(李静静、王健,2015)。医生的利他主义假设在卫生经济学领域中是十分有必要的,这一假设可以帮助解决很多研究问题,例如关注患者健康效益(Ellis and

---

① 西蒙. 管理行为——管理组织决策过程的研究 [M]. 北京:北京经济学院出版社,1988.

Mcguire，1986)、提高卫生服务决策质量（Siciliani，2009）及医生的治疗和转诊决策质量（Allard et al.，2011）、降低医生的诱导需求和道德损害现象（Ma and Riordan，2002）等。外部因素和内部因素所导致的医生诊疗行为的扭曲（Agrawal et al.，2013）是可以通过一定的监督和干预加以纠正的。

六是其他方面。在诸如观念和社会规范等文化层面影响人们健康行为的因素方面存在一定的局限性；经济激励是一种非常有效的改变行为的措施，目前我国健康经济学者在将承诺合同激励、彩票激励以及经济激励与其他干预相结合的混合型激励等手段应用于减肥、健康管理、慢性病预防等方面的研究尚属空白。此类关于如何有效提高人们健康行为决策水平的研究是我国尚待拓展的新领域。

四、中国特色健康经济学：学科建设的举措、理论价值与实践意义

（一）中国特色健康经济学学科建设举措

作为一门指导性和应用性很强的学科，中国特色健康经济学着眼于解决与民众健康密切相关的各种问题，在时代特征和世界主流背景下，重点突出"关注健康公平性、基层卫生、强化成本核算与控制、深化医疗服务价格改革、健康产业和健康医疗大数据"等特色。因此，将中国特色健康经济学的实践经验上升到理论的层次是学科能力建设的关键点。即在借鉴或引进以往国内外学科发展经验的基础上，通过提炼新概念、新规律、新范式，形成具有中国特色的健康经济理论和分析框架，从而进一步用于指导实践。

一是建构基于中国特色的健康经济学课程。健康问题的复杂性，决定了健康经济学典型的交叉学科性质。中国特色健康经济学应有机结合国际经验和本土情况，立足健康经济学学科背景，吸收不同学科的特点和优势，将不同领域的研究思路、研究方法融会贯通，用新思路、新方法解决中国的健康问题。如经济学中的基本概念和理论（如资源稀缺性、替代、激励和边际分析）、一些复杂的计量分析方法和模型、社会与行为科学方法等可被中国特色健康经济学吸收覆盖，以相互渗透的交叉学科为最新研究范式，实现人群人力资本最大化和社会健康资源配置最优化。

二是培养既能满足健康中国发展需求又能传播中国特色健康经济学的

人才。中国健康经济学尚未形成规模，缺乏完善的学科体系，人才培养模式、课程设置差别很大，与社会实际需求存在矛盾。因此，努力推动健康经济学学科建设，培养满足社会重大需求、适应健康模式转变以及大健康产业发展需要的健康管理人才，已经成为"大健康时代"医疗卫生事业发展的迫切需要。新型人才的培养应在重视通识教育的前提下，夯实医学基础，强化专业理论。同时，遵循"能力本位"原则，知识、能力、素质三位一体，构建科学合理的理论体系、实践教学体系及教学活动与方式，注重个性化、实践能力和创新能力的培养。

三是探索中国特色健康经济学师资队伍建设以及统编中国特色健康经济学教材，以更好地促进该专业人才成长和学科传播，推动我国特色大健康经济和大健康管理事业的发展。

四是在国家各层各类学术基金申报类目中专列健康经济学，从而为中国特色健康经济学的发展提供支撑。

总而言之，中国健康经济学研究起步较晚，中国特色健康经济学学科体系建设尚待完善，需要学者、政策制定者、实践人员等多方努力，推动中国健康经济学学术研究以及研究成果在相关政策中的应用，使学术研究在公共政策领域内能够发挥更大的作用，最终为中国健康事业发展探索出一条适合中国国情的发展路径。

（二）中国特色健康经济学学科建设的目标、工具和应用

中国特色健康经济学学科建设的目标核心是构建以人为本、解决中国实践问题、服务健康中国发展的学科体系。大健康理念下的人，既具有自然人的特征，又具有社会人的特征，是"天人合一"哲学思想的体现，也是几千年来中华文化传统的主体。但这并不是说经济学不适用或者无效，恰恰相反，大健康为经济学注入了更多的目标体系要素。世界卫生组织给出了关于健康的详细定义，指出健康不是生活的目标，而是用于实现和满足个人日益增长的社会文化需求以及改变环境的一种资源，这与我国政府在2016年提出的大健康理念有着高度的一致性。当健康被当作资源看待时，经济学者就会认为有高于健康的价值和个人日益增长的社会文化需求的存在，这些存在势必要求使用健康这一稀缺资源，即人们为了实现和满足某种价值而愿意支付多少健康，而价值与资源成本的取舍（trade-off）正是经济学的精髓。然而，具有经济学背景的学者通常认为经济学主要是分析和解释世界，研究目的是回答为什么和怎么样的问题，不会涉及道德观念和行为准则，也基本不涉及道德判断的问题。但是大健康理念包含着哲学色彩，即需要涉及道德观念与行为准则，也就是判断是非，辨别什么是好、什么是坏。因此，需要在以经济学为核心的目标体系要素以外和其他实证与规范学科交叉并跨界融合，进而形成"健康经济学＋"的目标体系要素，例如，"健康经济学＋心理""健康经济学＋旅游与文化""健康经济学＋环境""健康经济学＋行为生活方式"等，体现出将健康融入所有政策的健康经济学既是实证学科又是规范学科，最终构建起理论和应用相结合的目标体系。

中国健康经济学学科建设的工具体系是：当健康作为资源时，经济学者就可以定量地把教育、收入、性别、环境、行为、心理甚至基因等因素全部纳入影响健康的研究的范围，特别是跨学科性质的分析工具被引入健康的定义、测量和评价后，涌现出很多跨学科色彩的健康经济学研究。例如，劳动经济学者关于健康服务和健康产业的一些交叉和跨学科研究；环境与资源经济学者对气候变化与健康的经典研究；脑科学研究者对经济激励机制的研究（这一研究推动了脑科学经济学这一经典研究的诞生）。值得一提的是，行为经济学与健康的交叉和跨界研究是很重要的。在现实世界中人们并不是完全理性的，即使是最理性的人，也不能够保证自己在任何时刻、任何地点、任何状态、任何场景下都是理性的。尤其在健康领域，很多疾病的产生和管理是与个人行为密切相关的，习惯、情绪、社会规范等都会影响人们的健康决策，帮助人们更加理性地做出健康方面的决策是行为经济学家们的心愿，为此，塞勒等行为经济学者将"助推"（nudge）理论应用到健康领域，促进了人们的疾病管理与预防行为，提高了社会健康水平（Kalyanaram and Muralidharan，2009）。

将健康当作资源就不得不提及效率的问题，因为效率是衡量人们对经济配置满意度的普适标准，而低效率的配置与各种导致市场失灵的要素密切相关。例如，垄断势力、公共产品（主要是信息和再分配）、外部性等是导致低效率的主要因素。为了纠正这些因素对健康和医疗服务市场机制的扭曲，建立了引入政府干预的政策，即健康政策就是对于这些资源的规制（regulation）。当纠正健康和医疗服务市场失灵被视为政府干预的必要条件后，政治经济学的工具要素就自然而然地被运用到健康和医疗服务体系中。例如，关于公共选择理论的文献中涉及很多的政策制定和实施过程中的问题，新政治经济学者利用公共选择理论回答如何通过政治过程做出决策，即政府和市场在健康领域的角色和作用。

再者，如果将健康与其他社会因素结合在一起，研究健康作为一种资源在社会中的作用，那么经济学的研究体系可以完全适用于健康领域。将健康的研究范围几乎延伸到经济学研究的各个领域中，健康与医学、管理学、哲学、心理学、环境学、相关的理科和工科相交叉，就形成了以健康为核心，利用经济学的分析与解释工具、借鉴相关跨学科分析工具的学科框架。

中国特色健康经济学的应用体系要素包括四个层次：第一个层次指个人躯体的内部环境；第二个层次是个人生活行为习惯，包括控制如吸烟、饮酒、吸毒、选择垃圾食品、有风险的性行为等危害健康的个人生活行为，以及追随如体育锻炼和接种疫苗等提高全民健康素质的社会规则等；第三个层次是指社区环境，包括高效的医疗服务、优化的医药供给格局、完善的公共卫生服务体系、健全的医疗保障体系等；第四个层次是指社会经济和文化环境，包括优良的健康环境、完善的食品药品安全和公共安全体系、蓬勃发展的医药和休闲运动产业等。这四个层次从狭义的个人健康需求向广义的社会健康需求延伸，涵盖了"健康中国"建设的主要内容，也是健康经济学学科建设的应用体系要素。

（三）中国特色健康经济学的理论价值和实践意义

中国特色健康经济学研究将通过进一步引进经济学前沿理论与方法，从经济学的角度重新审视健康、幸福、效用以及财富等社会价值的判断，从而指导个体健康行为的改变以及公共政策的制定。学科发展体现出借鉴性和引进性的特点。在充分学习和吸收西方发达国家先进学科建设经验的同时，固守中国特色社会主义国情，始终牢牢坚持以人为本，把提高全体民众的健康水平放在首位，在发展市场经济的同时把握好政府的宏观调控，用经济学的思维方式将大健康与经济学更好地融合在一起，更好地处理复杂的健康问题，在注重效率的同时也兼顾公平，进一步推动中国医疗改革与卫生事业的发展。

中国特色健康经济学的发展将在理论与实践方面持续探索。在理论方面，发挥健康经济学交叉学科的优势，紧扣以人民为中心的发展理念，全面建立中国特色医疗保障制度和优质高效的医疗卫生服务体系，树立并发展大健康理念，优化卫生资源配置和探索医务人员薪酬分配机制。新古典经济学面对复杂的社会经济行为尤其是大健康领域的经济行为时，常常缺乏解释力，原因之一就是新古典经济学的所有理论都是建立在"理性人"这一基本假设[1]基础上的。但是，人们并不是完全理性的，即使是最理性

---

[1] 亚当·斯密. 国民财富的性质和原因的研究 [M]. 北京：商务印书馆，2002.

的人，也不能够保证自己在任何时刻、任何地点、任何状态、任何场景下都是理性的。因此，除了传统的"理性人"研究，由大健康理念和经济学融合形成的健康经济学对于研究人的非理性行为和心理活动、更好地认识自我，以及帮助人们变得更加理性等方面起到了很大的助推作用。尤其是在健康领域，很多疾病的产生及管理是与个人行为密切相关的，习惯、情绪、社会规范等都会影响人们的健康决策，健康经济学的不断发展将帮助人们更加理性地做出健康方面的科学决策。

在实践方面，健康经济学将以《健康中国2030规划纲要》为指导，推动实施健康中国战略，助力医疗卫生体制改革，探索适合我国的医疗保险支付方式，推动"三医联动"，促进健康事业与健康产业有机结合，通过医学、心理学与经济学等多学科理论结合探索，促进全人群健康行为方式的养成，提高全人群的健康水平。在健康服务成本、服务质量、服务可及性和健康价值已经成为各国亟待解决的重大问题的社会背景下，健康经济学应运而生，学术研究系统日臻完善，研究理论、研究成果层出不穷，为政府部门进行决策发挥着越来越重要的作用。健康经济学作为经济学的一门特殊学科，未来发展前景不仅取决于能否为健康政策制定者提供循证决策，也取决于其影响政策制定者的能力。

参考文献

[1] 褚淑贞，席晓宇，李树祥. 健康计量经济学国内外研究现状及其在我国卫生领域的应用展望[J]. 中国卫生经济，2014，33（4）：8-10.

[2] 范方志，李明桥，石高翔. 中国健康经济学研究综述[J]. 经济学动态，2012（12）：90-93.

[3] 郭晓杰. 中国健康经济学研究：沿革、现状与展望[J]. 经济论坛，2010（7）：5-8.

[4] 江启成，李绍华. 卫生经济学教程[M]. 合肥：安徽科学技术出版社，2002.

[5] 李静静，王健. 医生利他行为模型演绎与供方最优支付方式探索[J]. 中国卫生经济，2015，34（11）：8-10.

[6] 李玲，江宇. 健康中国战略将开启新时代[J]. 中国党政干部论坛，2016（9）：80-82.

[7] 廖成娟. 行为经济学对卫生政策的启示：应用、评价与展望[J]. 中国卫生经济，2018，37（10）：15-18.

[8] 孟庆跃，徐凌中，陈宁姗. 卫生经济学［M］. 海口：海南南海出版公司，1997.

[9] 王健，刘彩，王凤香，陈春辉. 健康与经济发展关系：国外研究综述［J］. 中国卫生政策研究，2008，1（2）：44-47.

[10] 温煦，何平，郑晓瑛. 健康经济学的发展与挑战［J］. 中国卫生经济，2017，36（7）：5-8.

[11] 徐程，尹庆双，刘国恩. 健康经济学研究新进展［J］. 经济学动态，2012（9）：120-127.

[12] 徐俪筝，杨帆，王健. 健康与经济增长论述［J］. 中国卫生管理研究，2018（00）：18—40+153.

[13] AGRAWAL S, BRENNAN N, BUDETTI P. The sunshine act-effects on physicians［J］. New England Journal of Medicine, 2013, 368（22）：2054-2057.

[14] ALLARD M, JELOVAC I, LÉGERP. Treatment and referral decisions under different physician payment mechanisms［J］. Journal of Health Economics, 2011, 30（5）：880-893.

[15] ARROW K J, BERNHEIM B D, MCFADDEN D L, et al. 100 years of the American Economic Review：the top 20 articles［J］. American Economic Review, 2011, 101（1）：1-8.

[16] BECKER G S, TOMES N. Human capital and the rise and fall of families［J］. Journal of Labor Economics, 1986（4）：1-39.

[17] BOLIN K, JACOBSON L, LINDGREN B. The family as the health producer—when spouses are Nash-bargainers［J］. Journal of Health Economics, 2001, 20（3）：349-362.

[18] BORGES A P, HENRIET D, LAUSSEL D. Uncertainty and the welfare economics of medical care［J］. Journal of Public Economic Theory, 2011, 53（5）：941-973.

[19] BURKART J M, FEHR E, EFFERSON C, VAN SCHAIK C P. Other-regarding preferences in a non-human primate：common marmosets provision food altruistically［J］. Proc Natl Acad Sci USA, 2007, 104：19762-19766.

[20] COOPER M H, CULYER A J. An economic survey of the nature and intent of the British National Health Service［J］. Social Science &

Medicine, 1971, 5 (1): 1 - 13.

[21] DEATON A. Income, health and well-being around the world: evidence from the gallup world poll [J]. The Journal of Economic Perspectives, 2008, 22 (2), pp. 53 - 72.

[22] ELLIS R P, MCGUIRE T G. Provider behavior under prospective reimbursement, cost sharing and supply [J]. Journal of Health Economics, 1986, 5 (2): 129.

[23] FELDSTEIN M S. The economics of health and health care: what have we learned? what have I learned? [J]. American Economic Review, 1995, 85 (2): 28 - 31.

[24] FORSYTHE R, HOROWITZ J, SAVIN N, SEFTON M. Fairness in simple bargaining experiments [J]. Games and Economic Behavior, 1994, 6 (3): 347 - 369.

[25] FUCHS V R. The future of health economics [J]. Journal of Health Economics, 2000, 19 (2): 141 - 157.

[26] GROSSMAN M. On the concept of health capital and the demand for health [J]. Journal of Political Economy, 1972, 80 (2): 223 - 255.

[27] HOYT, MITCHELL G. Nudge: improving decisions about health, wealth, and happiness [J]. International Review of Economics Education, 2009, 8 (1): 158 - 159.

[28] JONES R. Declining altruism in medicine: understanding medical altruism is important in workforce planning [J]. British Medical Journal, 2002, 324 (7338): 624 - 625.

[29] MA C T A, RIORDAN M. Health insurance, moral hazard, and managed care [J]. Journal of Economics & Management Strategy Papers, 2002, 11 (1): 81 - 107.

[30] MUSHKIN S J. Health as an investment [J]. Journal of Political Economy, 1962 (70): 129 - 157.

[31] NEWHOUSE J P. Toward a theory of nonprofit institutions: an economic model of a hospital [J]. American Economic Review, 1972, 62 (1/2): 238.

[32] PAULY M V. Nonprofit firms in medical markets [J]. American Economic Review, 1987, 77 (2): 257 - 262.

[33] RUSHTON J P. Genetic and environmental contributions to prosocial attitudes: a twin study of social responsibility [J]. Proceedings of the Royal Society B: Biological Sciences, 2004, 271 (1557): 2583-2585.

[34] SICILIANI L. Paying for performance and motivation crowding out [J]. Economics Letter, 2009, 103 (2): 68-71.

[35] WAGSTAFF A, CULYER A J. Four decades of health economics through a bibliometric lens [J]. Journal of Health Economics, 2012, 31 (2): 406-439.

原载《管理世界》2020年第2期,与王健、毛宗福、郭敏、袁雪丹合作。作者单位:武汉大学董辅礽经济社会发展研究院、武汉大学健康经济与管理研究中心。

附录一：董辅礽先生走得问心无愧
（二〇〇四年八月）

2004年7月30日下午3点15分，我在登机口接到（陈）东升同学的电话，他用低缓的声音告诉我，董老师已于3点03分去世了。

放下电话，我的双手无力地垂下，泪水也无力地流下。一种无边的懊悔包围着我。原本我和东升计划第二天去美国。由于得知董老师可能已是最后的时刻，我们商量东升今天就走，而我只能先赶回北京，再乘第二天的航班去美国。打电话的时候，东升已经办好登机手续了。

为什么没有在29日就走？接到电话就回来，直接到机场，也许能赶上最后的航班，大约20个小时就能到，这样，我们就能陪董老师最后一程。为什么这么长的时间（八个多月）就不能去一趟呢？为什么我就这么相信一向健康的老师不会这么快离去？

悲痛和懊悔折磨着我。接下来的两天，我怎么也平静不下来。老师的音容笑貌，不时地在我脑海里闪现。睿智的严师，和蔼的慈父，董老师，我未能送您最后一程，您永远留下向我们挥手告别的那坚毅、自信的眼神……

一

我初次见到董老师，大约是1980年底。那时我是武汉大学经济系二年级的学生，在学校四区大阅览室听董老师的学术报告。董老师的报告，讲的是东欧社会主义改革的理论和对中国的启示，重点是对国家所有制的分析和批判。在那个年代，第一次听到一个"北京来的大学者"那么明确、系统地"冲击"当时被认为无比神圣的社会主义公有制的"高级"形式，我们感到新奇而震惊。但他的讲演，他讲演中的逻辑和论证，他讲演中表达的对国家和民族振兴的热情，教育和感染了我们每一个人。后来，许多在不同场合听过董老师报告的人，都因此奠定了自己的中国经济改革观，我就是其中的一个。

这次报告后，我开始研究所有制问题。几个月后，我将我的自认为"很有见地"的作品，一篇约一万字的文章《论公有制本质》，认真抄了一遍，寄给了董老师，但没有收到他的任何反馈。几年之后，我已经和董老师比较熟了，终于鼓起勇气问他当年是否收到过一篇这样的文章。董老师说："你大概看了一些马克思著作和分析东欧特别是南斯拉夫经济改革理论的文章，文字组织得不错，字写得也不错，但是对公有制本质的认识不是简单地从概念中得到的，在中国，要从历史、国际环境和中国人民奋斗的目标中体现出来，要从这个角度研究公有制改革的原则和方向。"董老师说："你现在可以继续研究这个题目了。"董老师的回答令我无比惊讶，他看过我的文章，有印象，还记得。但他没有告诉我，为什么没有给我一点回音。也许太忙。也许是后来我体会到的：这个题目太凝重，而我太年轻。

我当时在政府的研究部门工作，从事的多是实证性的工作。董老师的鼓励，使我重拾研究理论的信心。我比较系统地学习了一些国内关于所有制改革理论方面的论述。找到机会，也向董老师讨教。终于有一天，我表达了向他从师进行一个侧面研究的愿望，旋即得到了董老师的支持，他鼓励我向母校报考。完全可以说，是董老师的思想，吸引我在十年机关和公司工作后，下定决心攻读博士学位。

我的论文进展得很不顺利。董老师否定了我原来草拟的两个题目，都是我自认为站得很高的、很理论化的题目。董老师说："你结合一点实践吧，中国最需要的，实际上也是你最擅长的，是改革的原理和实际需求的结合。"受此启发，我选择了一个比较微观的题目：资本化企业制度论，研究中国所有制形态的微观基础——企业制度。

选题不顺，写作也不顺。董老师不赞成我的观点，而我又很坚持己见，矛盾出在对国有资本的看法上。我认为把国家看成一个普通的所有者是很重要的，这里面包含两层含义：一是不能有特权；二是必须和一个普通财务所有者一样，让自己的资本最大限度地保值增值。而董老师则认为，国有资本应退出竞争领域，放弃资本化过程（他理解为圈钱），这样才能实现社会公平与市场效率的结合。最后，还是导师用宽阔的胸怀理解了一个"技术层面意识太强"而执拗的学生。他同意保留我的论述，并为我提供了一些参考资料。他为我请了其他几位著名学者审阅我的论文，并组织了由厉以宁、萧灼基、王梦奎、王积业、伍新木等著名教授组成的答辩委员会。我的论文通过答辩后，董老师握着我的手说："祝贺你，你的观点被大家接受了。"眼睛里充满了高兴和慈祥。

受答辩委员会评论的鼓舞，我联系商务印书馆出版了我的论文。在审核同意后,我兴奋地请董老师为我作序。董老师听完我的话后并没有马上回答,只是说了一点别的事,就打发我走了。过了几天,我收到董老师的司机送来的一封信,封皮上认真地写着"毛振华同志收"。我一打开,几张格子稿纸上,董老师隽秀的字迹跃然在上。他为他的学生的作品写了序。他十分郑重地重申:"博士生的见解可以与导师的见解不一致。只要论文言之有理,导师不应将自己的见解强加给学生。"他花了很大的篇幅阐述了他与我不一样的观点后说:"当然,这是学术讨论,不仅他可以坚持他的看法,我觉得还应该维护他坚持自己主张的权利。正因为这样,我不仅支持他的论文提交答辩并通过,而且也支持他的论文出版。"这就是我慈父般的严师,一个倔强的学者,对他与学生的争执所画的句号。

这就是我的老师教给我的学问和为人之道的哲理。写到这里,再看董老师的评语,我更体会到一个伟大的师魂,弥漫于我的感官神经。冥冥中总觉得,导师正以那慈祥、睿智而执着的目光,淡淡地看着他的学生。

二

董老师是我国第一个系统研究所有制改革理论的经济学大家。他遵循"公平""效率"两个衡量经济体制优劣和改革的原则,第一次揭示了国家所有制必然要经过改革,逐步过渡到混合所有制。

随着我国实践的发展,他关于所有制的理论,也在不断丰富和完善。一开始,他提出我国所有制改革的目标模式是"八宝饭"模式,这是第一次把混合所有制作为我国所有制模式提出来,很多人是在很多年以后才提出与他大体相似的主张。后来他又进一步指出,股份制企业的发展和证券市场的发展,是实现混合所有制的主要途径。他一直坚持,发展民营经济是我国所有制改革的关键。正因为此,在晚年的学术活动中,他大量地参加到证券市场和民营经济的研究中。

董老师的学术生涯,可以说是光辉而又坎坷的。说光辉,是在近25年来,他就一直站在引人瞩目的弄潮儿的位置,并且他的观点的科学性、前瞻性不断地被实践证明;说坎坷,是由于他坚持独立思考,勇于坚持真理,多次遭到不公正的批评甚至迫害。历次"左"的思想占上风的时候,他都受到种种非难和限制,甚至支持他的观点的人也受到牵连。他对证券市场的爱护和"唱好",由于许多人不理解他历史性的角度,遭到一些人的非议和责难。作为近十年来比较多地和他待在一起的学生,虽然我常常为一些技术性的问题与他争论，甚至保留自己的看法，但我理解和尊重他作为一个伟大的历史性的学者，在中国转轨时期，所坚持的最重要的判断。

董老师生命的最后十年，是他最忙碌的阶段。眼见他所研究推动的改革不断深入，而传统的体制也在这一进程中经常表现出反复，他经常站在实践前沿，希望以他的努力，推动事物向他理想的方向发展。他常年奔波在国内，包括西藏、新疆、云南、贵州、广西等边远地区，他还要经常出国从事学术活动。他担任了两届全国人大常委和财经委员会副主任，在年届七十后，又出任了全国政协经济委员会副主任。他积极参与到人大、政协的活动中，成为媒体关注的焦点人物。他利用各种场合发表文章和谈话，支持中国改革的新生事物，研究问题并提出改进的政策措施。

晚年的董老师向人们展示的不只是旧体制的批判者，而更多地表现出他对于新经济体制建设性的热情和贡献。他反对一些人用所谓普遍的、无可争辩的原则否定发展中的中国改革的一些有待改进的事物。对于证券市场和民营企业，他认为发展才是最大的公平，才能让社会资源得到更有效的配置，才能让更多的人最终参与这个过程，获得改造国企的机会。记得有一次，我郑重地找老师商榷他对德隆的产业整合的看法，表达了我对德隆模式的否定以及在中国资本市场发展中"德隆不倒，永无公平"的看法。董老师说，中国民营企业做大做强才是根本。德隆违法了，就应受到法律和市场的惩处。但它想做大做强产业，他很佩服，他说的是这个意思。今天德隆出了问题，如何看待和处理，我觉得，董老师的角度也是值得我们认真思考的。

7月19日，是我最后一次与董老师通话，他说他每天上网看中国的消息，说现在的总理很成熟，在宏观调控中注意到了保护经济增长，保护民营经济，中国不会出大波折、大问题。

三

董老师是一个忙碌的人，也是一个犀利的人，那是在学术研究和讨论之中。在我们这些学生看来，晚年的董老师，更像一位慈祥的父亲。他柔和的目光，开朗的笑声，常常会出现在他与学生的交往中。他说他最愿意看到他的学生们相互支持和帮助。我们这些学生，不仅在学问上得到他的指导，在工作和生活中也经常得到老师的帮助。在他生命的最后一段日子，他给我们打来了为数甚少的电话，多是关心那几位今年毕业的学生的就业和在读学生的实习问题。

曾有节假日的时候，我带着孩子去看望董老师。这时候的老师，几乎完全是一个充满爱意的爷爷。他会用他大师的思维和幼稚的孩童对话，我则听任这种时间的流逝，因为我看到老人的轻松和快乐。

董老师的两个儿女都在国外从事自然科学研究，师母也是国内知名的眼科专家，他们一家很难相聚。前不久，董老师的长女回国，向我们谈及董老师在美国的这一段治疗的日子。她说，"这是20多年来父亲第一次和我们一起过春节、过父亲节、过圣诞节。他和母亲在儿子、儿媳、孙子、女儿、女婿、外孙的陪伴下，体会到了人生的天伦之乐。这是我们家庭的特殊的团聚，我们享受这一段温馨的时光。"我回家向太太讲述这一段，我太太噙着泪说，这才是最重要的。

这的确是最重要的。这个感受能替代董老师所有的痛苦。我们相信，处于生命最后一刻的董老师，是一位普通的父亲，是一位普通的爷爷。

上帝是公平的，一个一生奉献于社会的人，最后弥补了他对子女的爱的亏欠，这正是他伟大一生最伟大的结局。

我们的董老师，在我们的心目中，正是这样一个伟大的普通老人。

我们的董老师，应该是问心无愧地离开这个世界的。

原载《21世纪经济报道》2004年8月5日。《新华文摘》2004年第20期总第320期《人物与会议》栏目以《一个伟大的普通老人》为题全文转载。

下文为董辅礽先生为作者2001年出版的《资本化企业制度论》一书所作的序言，收入本书，是为纪念。

《资本化企业制度论》序

近20年来，对国有企业的改革，讨论得很多，各执一词，莫衷一是。可见这个问题的复杂和困难。这本书的作者毛振华同志以企业是契约的集合的西方企业理论作为研究的切入点，同时把国有企业的改革界定为解决所有者权威与契约的关系，实现二者的有机统一，提出了建立资本化企业制度的主张，把建立资本化企业制度作为国有企业改革的目标，而不是笼统地追求建立现代企业制度。根据作者的想法,在市场经济中,"企业本质上是资本化的企业,它是不同的要素所有者和消费者之间契约的集合,同时又体现所有者的权威;它在某个时点上表现为一组合约,在一段时期又表现为契约的集合的再集合","资本化就是资本不断转化成未来收益的过程。资本和权益是合约的两个方面,资本化是对企业合约演进过程的抽象"。这是一个动态调整过程。国有企业的改革就是要"建立资本化的企业制度,实现资本权益结构的动态调整"。

如果从国有企业必须"实现国有资本最大限度地保值增值"的改革目标出发,提出建立资本化企业制度无疑比笼统地提建立现代企业制度更前进了一步,因为现代企业制度作为市场经济中的企业制度,追求的就是资本最大限度的保值增值,而通常提到现代企业制度特征的那四句话,却并未归结到这一点。本书在这方面无疑提出了新的见解,在理论上做了新的探索,从而在理论上和实践上无疑也是有意义的。

本书作者原是我的博士生,本书是他的博士学位论文,如今出版问世,可供有关研究人员参考借鉴。

博士学位论文是博士生独自探索的成果,虽然有导师的指导,但博士生的见解可以与导师的见解不一致。只要论文言之有理,导师不应将自己的见解强加给学生。这是鼓励博士生独立思考所应持的态度。毛振华同志的这篇论文,有其自己独立的见解,形成了自己的一套思路和理论框架,因此尽管与我的见解不同,我对他写出这样一篇较高水平的博士学位论文,还是很高兴的。

说实在的,我对他的理论并不赞同。借此机会,我想简单地谈一谈我对国有企业改革的探索和认识。

我从改革最初起就研究国有企业改革,至今已有二十多年。起初,实际上也是想参照西方市场经济中的企业模式来改革国有企业,想把国有企业推入市场(甚至连"把竞争性国有企业推入市场"这个提法也是我最早提出来的。见拙作《论把竞争性国有企业推入市场》,载于《中国社会科学院研究生院学报》1992年第1期,该文写于1991年10月16日)。那时我把国有企业分作两大类:(1)非竞争性企业,其中又分为公益性企业和自然垄断企业;(2)竞争性企业(见上面提到的文章,又载于拙著《经济体制改革研究》下卷,经济科学出版社,1997年)。那时我认为非竞争性企业是不能作为以营利为目标的企业进入市场的,需要推入市场的是竞争性国有企业。随后,我调整了自己的看法,认为国有企业不应在竞争性领域存在和发展,并提出了国有企业应从竞争性领域退出来的见解(这也是我最早提出来的,见《社会主义市场经济中国有企业的功能与国有企业改革》[①] 一文,载于《改革》1995年第4期,后收入拙著《论社会主义市场经济》,湖北人民出版社,1998年)。

在我看来,国有企业不应作为以利润为目标的竞争性企业参与竞争。在社会主义市场经济中,不能没有国有企业,它的本质功能在于满足社会及其公众的共同需要,保障国家和社会的安全,为政府实施宏观调控和政策提供物质支持,提高国民经济的整体效率。竞争性领域的企业的功能在于实现利润最大化,提高市场效率,那是非国有企业,特别是非公有制企业适应存在和发展的领域。我有时把这两类企业的功能分别比作狗和猫的功能。狗的功能在于看家。为了让狗看好家,必须喂它,让它吃饱。如果让它自己觅食,它就会不尽力看家,甚至失去看家的本领。国有企业在社会主义市场经济中的功能就类似于狗之看家,不能要求国有企业追求利润,自负盈亏,而是应该让它充分发挥其本质功能。如果因为发挥这些功能而发生亏损,政府应给予补助。如果要求国有企业自负盈亏,增加利润,它所特有的功能就发挥不好,而且它也无法与非国有企业特别是非公有制企业竞争,就像不能让狗去抓老鼠。猫的功能是抓老鼠,这是猫特有的本领。为了让猫抓老鼠,就必须迫使它自己去觅食,抓老鼠来充饥,不能喂它,否则它就不抓老鼠了。非公有制企业就像猫,它在市场中必须努力竞争,自负盈亏。如果经营亏损,无法生存,就只能是让它倒闭,破产,不能给它补贴。这样,国有企业和非国有企业(特别是非公有制企业)在各自所发挥特有功能的领域中存在和发展,社会主义市场经济就能很好地运行、发展,从而实现社会公平与市场效率的结合。

我的上述看法同毛振华同志要把国有企业改革为资本化企业,实现资本最大限度地保值增值的看法是很不相同的。当然,这是学术讨论,不仅他可以坚持他的看法,我觉得还应该维护他坚持自己主张的权利。正因为这样,我不仅支持他的论文提交答辩并通过,而且也支持他的论文出版。

---

① 本文集出版时,经编辑核查,董辅礽教授在该期杂志发表的文章题目为《从企业功能着眼 分类改革国有企业》,此处疑为笔误。

附录二：半生遗憾张培刚
（二〇一一年十二月）

2011年11月26日下午，由张培刚担任组委会主席、我担任执行主席的中国经济学家年度论坛暨中国经济理论创新奖颁奖典礼在北京举行，三百多位经济学界人士参加。在会议开始前，我提议全体起立，向张培刚教授默哀。凝重庄严的气氛里，饱含着中国经济学界对这位为经济学发展做出卓越贡献的大师的崇高敬意。

3天前，下午2时，张老走了。他带走了经济学的一个时代，他是在1949年前已功成名就的那一代人中，最后辞世的一位。

张老是我的导师董辅礽教授的老师。董老师生前多次提到他的"恩师"张老对他的影响。我对张老的一些了解，很多是从我的恩师那里得到的。

30年的无奈

1946年秋，33岁的哈佛博士张培刚，应武汉大学校长周鲠生之邀，回母校担任经济学教授、系主任。董辅礽先生此时刚刚考入武大经济系，成为张培刚的第一批学生，他们相差14岁。

据董老师回忆，他受到了张老的严格训练。一年半后，张培刚应邀出任联合国亚洲及远东经济委员会顾问和研究员，而董辅礽则成为积极的革命分子，成为武大地下党的主要成员，学生已经成为他的掩护身份。

1949年2月，国民党败局已定，张培刚返回武大任教，等待解放。董辅礽积极参与了解放武汉的过程，在武汉庆祝解放的大会上，他作为大学生代表上台致辞。张老和当时绝大多数知识分子一样，憧憬着新中国的未来，他们是旁观者和拥护者。

新中国成立之初，张培刚被任命为武汉大学校务委员、总务长兼经济系主任，代理法学院院长和武汉市人民政府委员、财经委员会委员。从这些任职来看，张培刚显然是新中国的积极建设者，他也得到了新政权的认可。

但形势很快发生了变化，中国选择向苏联一边倒，走计划经济的道路，熟稔西方经济学的张培刚失去了用武之地。

1953年1月，他被调去担任华中工学院建校规划委员会委员兼基建办主任。从经济学研究到搞基建，多年后，他说："他们认为我是从头号资本主义国家美国回来的，学的是资产阶级的东西，教书用不上，但人还可靠，就被调来筹建华中工学院。"他的夫人谭慧则说："当时完全没有选择的权利，你是一颗螺丝钉，让你去哪儿就得去哪儿。"

不过在当时，这一安排可能是某种意义上的重用。张培刚曾回忆说，华中工学院第一期工程花费1 400万元人民币，他是统筹者。

远离学术平台的生活令他惆怅。据曾任湖北省社会科学院院长的夏振坤教授回忆，1953年，受命组建华中农学院农业经济系的夏振坤找到张培刚，希望他出任农经系主任，渴望恢复学术研究的张培刚欣然答应。但没等他赴任，肃反运动开始，农业经济学被当成资本主义的学科，组建农经系的计划破灭，也就没人再提张培刚调动的事了。

我不明白肃反与农业经济学是怎么扯上关系的，第一次听张老讲课时，他在开场白里说："我给大家讲国外经济学，也是回忆，我多年没用过了。我在搞基建，好在我能看懂图纸，也算专业对口吧。"

基建工作或许让他没有机会评论时弊，他不是右派，幸运地在这个岗位上干了10年。这一段岁月，一直未见有记载。张老在《学海扁舟》论文集中剖析自己时说："我有缺点，也有错误。就拿五六十年代来说，受左的影响，我也曾不够公正地写过批判文章，不够客观地评价过西方经济理论。"

再以后就是十年"文化大革命"了，他和许多教授一样被发配到农场劳动，在菱角刺和蚌壳碎片成堆的湖畔参加围湖造田，还放过牛。"由于生于湖北红安农村，他的农活显然比那些城里出身的教授们干得好。他干什么都很认真，牛比别人养得也好。"谭慧老师说。

张培刚再回到经济学领域时，已是1978年了。受中国社会科学院经济研究所之邀，他赴北京参加我国第一部《政治经济学辞典》（三卷本）的编纂工作，这一年，他65岁。

此后，他的工作主要是讲授西方经济学。那时能系统了解西方经济学的人不多，他的身影出现在北京、武汉多所院校和中央省市各级机关。1980年，他与北大教授厉以宁合著出版了《宏观经济学和微观经济学》，该书成为最早系统地介绍西方经济学的著作。那个年代的经济学子，大都是从这本书开始了解西方经济学的。

很显然，他不是一个激烈的反叛者。当新政权放弃他的时候，他选择了接受。他没有成为右派，没有被打成特务、反革命、坏分子，不在"地主、富农、反革命、坏分子、右派、叛徒、特务、走资派"之列，只是一个"臭老九"，没有成为专政对象。

无论是搞基建，还是干农活，他都很努力。他热爱这个国家，一直力所能及地做出自己的努力。他从未丧失过知识分子的坚守，不卖身投靠，不加害同类。在那个时期，他选择沉寂。好在他保全了一副好身体，后来活到99岁，也有一个好心态，能面对这个世界的沉浮与悲欢。

我于1979年考入武汉大学经济系，入校时，系史教育上，只知有个哈佛大学博士张培刚曾担任过系主任，并不知他的学术贡献，甚至没有将他列入值得骄傲的名单。

当时武汉大学经济系的教授中，新中国成立后从美国回来的不少，系主任吴纪先教授也是哈佛大学博士，他和他领导的美国加拿大经济研究所，当时声名正隆。张培刚的入门弟子董辅礽，也在1979年初发表了具有历史意义的论文《关于我国社会主义所有制形式问题》。

尔后不久，董辅礽成为中国社会科学院经济研究所所长，成为改革年代最具影响力的经济学家之一。张培刚的其他学生，如西北大学何炼成教授、四川大学刘诗白教授，分别被称为西北、西南地区的头号经济学家。当时在我心目中，这些人的影响都大过他们的老师，后来被称为大师的张培刚。

2004年7月，比张培刚小14岁的学生董辅礽病故。他留下的最后的文字，是一篇工整得像中学生作文的文章——《守身为大》。1945年他参加武汉大学入学考试，命题作文是《守身为大说》，他已不记得他写过什么，但一直牢记着这个命题。

董辅礽在文中写出了他的价值观——守身如玉，不同流合污，不加害于人，坚持真理。董辅礽身处北京的漩涡中心，为人处世的体会与身处一隅武汉的老师张培刚不同。

以我的理解，守身为大，董辅礽做到了，张培刚也按自己的标准做到了。经历了那样一个年代，我们不能苛求更多。董辅礽生前曾多次谈到恩师对他的影响，由此可见一斑。

张培刚与发展经济学

张培刚的主要成就，都出自1946年回国前。1945年，张培刚完成了他的博士学位论文《农业与工业化》，该论文获得了哈佛大学威尔士奖，他是唯一获得此奖的中国人。令张培刚声名鹊起的，不是这个奖，而是被称为"发展经济学开山之作"的论著。

1979年，美国经济学家刘易斯以其对发展经济学的贡献获得了诺贝尔经济学奖。人们发现，他发表的论文，比张培刚晚了好几年。张培刚在论文中阐述的观点，所展示的方法论，正是发展经济学理论的基本内容。关于张培刚在论文中所展示的经济学意义上的贡献，已广见于各种专业论述，我就不复述了，经济学专业的读者很容易查阅到。

张培刚被推崇至国内学术高峰，是1982年后。这一年，著名经济学家、世界银行副行长钱纳里在访问中国时说："发展经济学的创始人是你们中国人张培刚先生，这是中国的骄傲。"消息见之于报道后，引起中国经济学界的轰动。在我大学期间，学习西方经济学流派时，发展经济学是重要内容之一。"刘易斯-拉尼斯-费"模式、"刘易斯拐点"等发展经济学著名成果中，并没有提及张培刚和《农业与工业化》。即使张培刚本人，也未见提及。

这不奇怪，张培刚已离开西方经济学30多年。即使在恢复经济学教授的前几年，他也只能凭记忆和功底，讲述他上学时所了解的西方经济学理论。他主讲微观经济学和他的老师熊彼特的创新理论，我第一次听到"厂商理论"，正是在他的讲座中。

发展经济学尽管让研究者获得了诺贝尔奖，但在西方经济学界仍然不是主流。这两者结合在一起，加上那时经济学界缺乏国际交流，就使得曾对经济学有巨大贡献的张培刚的早期著作《农业与工业化》，被忽视到连自己都不了解的程度。

钱纳里的谈话，让张培刚动了出版的念头。1982—1983年，他花了10个月的时间，抱病审阅和修订由他当年的研究生曾启贤（武汉大学教授，已过世）和万典武（曾任商务部商业经济研究所负责人，现年① 90岁）在1947—1948年间翻译的《农业与工业化（上卷）——农业国工业化问题初探》。第二年初该书由华中工学院出版社出版发行。至此，中国经济学界才第一次目睹了这部为发展经济学开山奠基的论著。此前，此书已在美国、墨西哥以英文、西班牙文再版多次，被很多学术论文引述。

专著出版后，国内学者发现这本论著的很多分析，至今对我国和其他

---

① 这里的"现年"指写作此文时的2011年。

发展中国家实现工业化都有很大的现实意义。著名经济学家张五常在为该书新版所作的序中，也表达了对张培刚和他的著作的赞赏。

可惜1945年张培刚写完《农业与工业化》后，就再没有从事这方面的研究。或许前一段忙于教学和基建，而后下放农村的这段时间，也未听说他就此问题有过研究。

张培刚在他的中文版的自序中只淡淡地说："三十余年过去了，由于种种原因，我未能再继续从事这一问题的研究。"董辅礽也不无感慨地说："张老师的学术思想，像一颗流星，在20世纪中叶的天空划出一道炫目的亮光之后，便旋即泯灭了……"

武汉大学关于早期张培刚的传说，极富传奇色彩：他15岁半插班考入武汉大学预科一年级，17岁顺利进入经济系，4年后毕业。张培刚后来以极详细的笔墨，写了在武汉大学的求学生涯；发表了万言文，怀念母校讲授基础课的诸位老师。

他是一个极优秀的学生，创下了毕业各科全优的"历史上第一"，并被选送进入中央研究院社会科学研究所从事农业经济的调查研究工作。张培刚把这段日子称为思考中国如何走上工业化道路的酝酿阶段。在这几年，他先后写成了后来被周其仁教授甚为赞许的3本著作：《清苑的农家经济》（1936年）、《广西粮食问题》（1938年）、《浙江省食粮之运销》（1940年），均由商务印书馆出版，而他写作并出版这些著作时，年仅23岁至27岁。

1941年，张培刚参加公费留美考试，以文科第一的成绩被录取，次年进入哈佛大学经济系。如期获得博士学位后，在33岁获邀担任武汉大学教授和经济系主任。

1946年后，他担任过国民政府顾问、联合国雇员、武汉大学系主任、华中工学院基建主任，甚至农场工人，一直到1978年，他都没有再从事研究，没有发表一篇论文。

周其仁教授在20世纪80年代读了张培刚写于40多年前的著作后，惊奇地发现，关于交易费用的概念，以及他论证了的交易费用和组织、产权、市场，几乎所有的制度变量，都出现在张培刚的著作中，这比科斯和张五常早了十几年。如果继续他的研究，他会不会被称为"产权理论"的奠基者呢？

历史车轮无法倒退，前进之后，只留下轮辙，可以考证，但不能假设。历史没有假设，这就是对张培刚学术命运的诠释。

未了的遗憾

在《农业与工业化》出版前的这几年，他忙于编写、讲授西方微观经济学和创新理论。那时能系统讲述西方经济学的人太少，张培刚经常被请到礼堂上大课，一个讲座，几个半天，把西方经济理论介绍一遍。

我第一次见到张培刚，就是听他的讲座。初冬，他拄着拐杖，操着一口带乡下音的武汉普通话，间歇会用发音很标准的英文提及一些西方经济学术语和西方经济学家的名字。他幽默、风趣，有时还自嘲，隐喻中透出豁达、开朗和精明。

"发展经济学开山之作""发展经济学奠基人"的赞誉声渐起之后，张培刚的学术研究生涯在70岁之后进入到一个新的阶段。此时，他发现"发展经济学"在国际学术界已走下坡路，后继无人。他果断地举起了"新发展经济学"的大旗，发表了《发展经济学向何处去？》等重要文章，试图再创发展经济学的辉煌。

此时的中国是改革的年代。传统计划经济体制向市场经济体制转轨，产生了一批极有影响的经济学家，他们做出了巨大贡献。宏观调控和财政、税收、货币、物价等市场工具和运行机制的引入，特别是资本市场的构架，使得中国经济学家面临着一个又一个炙热的命题，不断被推到理论和实践的前沿。农业、农村、农民问题，在20世纪80年代中后期之后，就不再成为学界的中心。张培刚的努力与成果，在与此时的同辈、晚辈的竞争中，显得并不引人瞩目。

张培刚倡导的"新发展经济学"所涉及的内容，正是今天中国需要认真研究的。二元结构、刘易斯拐点、人口红利递减、城市化和城乡协调发展、农民工阶层的形成和转型，已经成为中国发展的不可忽视的问题。这些问题的研究，须在繁荣和浮躁并存的经济学界，以平静而理智的心力，踏实而不失尖锐地进行。

张培刚还帮助华中科技大学（原华中理工大学）完成了经济学科的建设和人才培养。这是一所工科大学，依靠大师级的张培刚，经济类院系得到了相当大的发展。它们需要得到张培刚的支持，却因自身学科架构和学术梯队的缺乏，难以为张培刚提供足够的学术支撑条件。

去年我去看望师祖，师祖夫人谭慧老师谈起师祖的一大遗憾："他带博士生太迟了，刚粉碎'四人帮'那会儿，中国社科院经济所要调，武汉大学要调，华工都没放，等华工批下博士点，他已 85 岁了。"我注意到，此时已沉默少语的师祖，也若有所思地点头好几次。

张培刚还有多少遗憾和惋惜的事呢？他说得极少。或许，他只想让这些伴他进入泥土；或许，他已没有多少遗憾和惋惜。

原载《南方人物周刊》2011 年 12 月 2 日。